Hans-Jürgen Fründt
Costa Blanca

W0105406

„El olor de mar unge las piedras, las celosías,
los manteles, los libros, las manos, los cabellos.
Y el cielo de mar y el sol de mar
glorifican las azoteas y las torres,
las tapias y los árboles."

(Der Geruch des Meeres salbt die Steine, die Gitterfenster,
die Tischtücher, die Bücher, die Hände, die Haare.
Und der Himmel über dem Meer
und die Sonne über dem Meer
verherrlichen die Dachterrassen und die Türme,
die Mauern und die Bäume.)

Gabriel Miró über Alicante und seine Küste

Impressum

Hans-Jürgen Fründt
Costa Blanca
erschienen im
REISE KNOW-HOW Verlag Peter Rump GmbH
Osnabrücker Str. 79, 33649 Bielefeld

© Peter Rump 2002, 2004, 2007, 2009
5., neu bearbeitete und komplett aktualisierte Auflage 2011
Alle Rechte vorbehalten.

Gestaltung
Umschlag: G. Pawlak, P. Rump (Layout); C. Kouperman (Realisierung)
Inhalt: G. Pawlak (Layout); Angelika Scheidewind (Realisierung)
Karten: Catherine Raisin
Fotos: Hans-Jürgen Fründt (jf), Susanne Muxfeldt (sm),
　Helge Wienert (he), Aline Caldwell © www.fotolia.de (ac),
　Bianka Hagge © www.fotolia.de (bh), Turespaña Frankfurt (te),
　Emmanuel Steffan © www.fotolia.de (es), Anja Fröhlich (af),
　Spanisches Fremdenverkehrsamt Frankfurt (sf)
Titelfoto: Hans-Jürgen Fründt

Lektorat: Anja Fröhlich
Lektorat (Aktualisierung): Christina Kouperman

Druck und Bindung: Media Print, Paderborn

ISBN 978-3-8317-2028-6

Printed in Germany

Dieses Buch ist erhältlich in jeder Buchhandlung Deutschlands, der
Schweiz, Österreichs, Belgiens und der Niederlande. Bitte informieren
Sie Ihren Buchhändler über folgende Bezugsadressen:
Deutschland
　Prolit GmbH, Postfach 9, D-35461 Fernwald (Annerod)
　sowie alle Barsortimente
Schweiz
　AVA-buch 2000, Postfach, CH-8910 Affoltern
Österreich
　Mohr Morawa Buchvertrieb GmbH, Sulzengasse 2, A-1230 Wien
Niederlande, Belgien
　Willems Adventure, www.willemsadventure.nl

Wer im Buchhandel trotzdem kein Glück hat, bekommt unsere Bücher
über unseren **Büchershop im Internet: www.reise-know-how.de**

*Wir freuen uns über Kritik, Kommentare und Verbesserungsvorschläge,
gern per E-Mail an info@reise-know-how.de.*
*Alle Informationen in diesem Buch sind vom Autor mit größter Sorgfalt gesammelt
und vom Lektorat des Verlages gewissenhaft bearbeitet und überprüft worden. Da
inhaltliche und sachliche Fehler nicht ausgeschlossen werden können, erklärt der
Verlag, dass alle Angaben im Sinne der Produkthaftung ohne Garantie erfolgen
und dass Verlag wie Autor keinerlei Verantwortung und Haftung für inhaltliche
und sachliche Fehler übernehmen. Die Nennung von Firmen und ihren Produkten
sowie ihre Reihenfolge sind als Beispiel ohne Wertung gegenüber anderen anzuse-
hen. Qualitäts- und Quantitätsangaben sind rein subjektive Einschätzungen des
Autors und dienen keinesfalls der Bewerbung von Firmen oder Produkten.*

9150

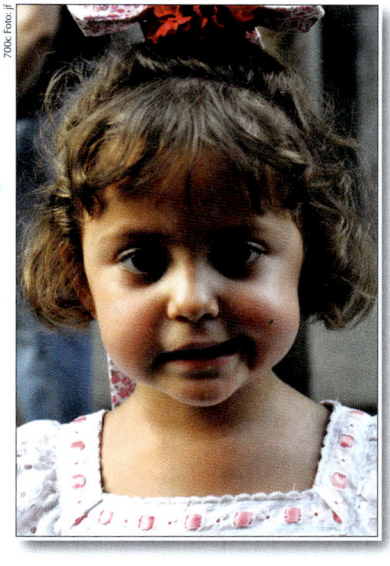

700c Foto: jf

Hans-Jürgen Fründt

Costa Blanca

REISE KNOW-HOW im Internet

Vorwort

Gibt es irgendetwas, das noch nicht gesagt wurde über die spanische Küste? Sind nicht in unzähligen Lobliedern schon alle Klischees bedient worden? Dass die Sonne dreihundertundsoundsoviele Tage sich zeige. Dass die „Weiße Küste", wie die Costa Blanca zu übersetzen ist, schöne Strände, nette Dörfer und ein angenehmes Klima aufweise?

Ja, das alles ist schon zigmal besungen worden – und deshalb doch nicht weniger wahr. Das Klima ist tatsächlich angenehm. Selbst im Konzert der anderen spanischen *costas* spielt die „Weiße" die allererste Geige, 17°C im Jahresmittel wollen erst einmal erreicht werden. Die Strände sind durchweg schön, und es gibt noch urige Dörfer. Da aber schon viele Touristen das erkannt haben, hat sich die Costa Blanca zu einem der beliebtesten Urlaubsziele Spaniens gemausert. Nein, es kann nicht verschwiegen werden: Einige Küstenabschnitte konnten dem Ansturm kaum standhalten, sie wurden regelrecht zubetoniert. Dieses Buch verrät, wo die „betonlastigen" Orte liegen, und hilft Ihnen, sich die schönsten Strände herauszupicken.

Der Autor versucht dabei, die Orte durch die touristisch gefärbte Brille zu sehen und zu beschreiben, was den Urlauber dort erwartet. Möglich ist dabei beinahe alles, sowohl idyllische kleine Orte (wenige), durch Ferienanlagen groß gewordene ehemalige Fischerdörfer (einige) oder auch eine Stadt mit Wolkenkratzerformat (Benidorm). Die Interessen sind eben unterschiedlich. Alles ist machbar, nur gewusst, wo.

Schließlich sollen auch Sie Ihr Loblied auf die Costa Blanca anstimmen können. *Buen viaje!*

Hans-Jürgen Fründt

Inhalt

Reisetipps A–Z

Land und Leute

Exkurse

602cb Foto: af

Kartenverzeichnis

Costa Cálida

Anhang

Begriffe und Abkürzungen

In diesem Reiseführer wird der Leser bei Ortsangaben, Adressen oder auch im beschreibenden Text wiederholt auf ihm unbekannte Begriffe oder Abkürzungen stoßen; diese werden in der folgenden Übersicht übersetzt bzw. erklärt. Oft ist neben der spanischen auch die valencianische Form angegeben, da das Valencianische an der Costa Blanca weit verbreitet ist.

Avenida oder *Avinguda*	Allee; wichtige, breite Straße
Barrio oder *Barri*	(Stadt-) Viertel
c/	Abkürzung für Straße
Cala	kleine Bucht
Cabo oder *Cap*	Landspitze
Calle oder *Carrer*	Straße
Carretera	Über-Landstraße, Fernstraße
Casa	Haus
Castillo	Burg
Centro oder *Centre*	Zentrum
Ciudad oder *Ciutat*	Stadt
GRÚA	spanisches Abschleppunternehmen
Iglesia oder *Església*	Kirche
Mercado oder *Mercat*	Markt
Mirador	Aussichtspunkt
Museo oder *Museu*	Museum
Paseo oder *Passeig*	breite, wichtige Straße (oft am Meer entlang)
Playa oder *Platja*	Strand
Pueblo oder *Poble*	Dorf
Punta	Landspitze
Puig	Berg
s/n	Abk. für *sin número* (ohne Hausnummer)
Torre	Turm
Urbanización	Neubaugebiet, meist lediglich aus Ferienwohnungen bestehend
Vila	Stadt

Zum Gebrauch

Das Kapitel „A–Z" enthält allgemeine Tipps und reisepraktische Hinweise für einen Urlaub an der Costa Blanca. Im Kapitel „Land und Leute" folgt ein Überblick zur Geografie und zum Klima sowie eine erste Annäherung an die Menschen, die Bewohner der Provinz Alicante und der Autonomen Region Valencia; diese wird im Kapitel „Staat und Gesellschaft" vorgestellt. Es folgt ein Überblick über die geschichtliche Entwicklung, Fakten und Daten werden aufgelistet, und auch ein Blick auf die heutige gesellschaftliche, soziale und politische Situation fehlt nicht.

Danach folgt eine Beschreibung der Costa Blanca und des sich anschließenden Küstenabschnittes Costa Cálida von Nord nach Süd. Jeder Ort wird individuell vorgestellt, mit Tipps zu Unterkünften, Restaurants, Aktivitäten und einem breiten Adressenteil. Aber natürlich interessieren Sie auch die Strände und deshalb gibt der Autor eine Einschätzung über ungefähre Größe, Beschaffenheit (feiner Sand oder grober Kiesel) und Lage (zentral im Ort oder umzingelt von Apartments). Strände gibt es nämlich überall, aber sie unterscheiden sich doch beträchtlich.

Wer aber Abwechslung vom Strandleben sucht, findet fundierte und konkrete Ratschläge für einen Tagesausflug nach Alicante, Elche und Cartagena und weiteren kleinen Orten. Niemand muss sich hierbei mit einer organisierten Tour zufrieden geben. Wer auf eigene Faust diese sehenswerten Städte besuchen möchte, findet hier alle nötigen Hinweise, von der Anreise über Parkplatzsuche bis zu einer sinnvollen Stadtbesichtigung. Und Tipps, wo es leckere Tapas gibt, fehlen natürlich auch nicht.

Internetadressen, die über zwei Zeilen laufen, werden ohne Trennstich geschrieben, um Verwechslungen mit den Bindestrichen zu vermeiden, die zur Adresse gehören können.

Wahl des Urlaubsortes

Wer sein Zielgebiet nicht genau kennt, kann schnell enttäuscht werden. Deshalb soll hier in aller Kürze eine Entscheidungshilfe angeboten werden, die die Auswahl des Urlaubsortes erleichtert. Weitere Tipps und Hinweise finden sich im Kapitel „Die Costa de la Blanca im Überblick".

● Sie wollen einen Ort mit **ausgeprägtem Nachtleben,** wo man tagsüber am Strand relaxen kann? Da gibt's nur eins: auf nach Benidorm! Beinahe 60 Diskotheken und unzählige Tresen warten auf Nachtschwärmer. Auch nicht schlecht, aber längst nicht vergleichbar: la Manga del Mar Menor.

● Sie wollen einen **schönen Strand** und abends nicht übermäßig viel Trubel, aber doch ein wenig *action?* Da käme Dénia in Frage. Ebenso könnte Calpe in die engere Wahl aufgenommen werden. Auch in Torrevieja und Jávea muss sich niemand langweilen.

● Sie wollen in einem Ort wohnen, in dem der **Tourismus nicht dominiert?** Guardamar del Segura mit herrlicher Dünenlandschaft und nettem Ambiente, Altea mit seiner weißen Altstadt und Villajoyosa mit farbenfrohen Häusern am schönen Stand und uriger Altstadt zählen zu den bezaubernsten Orten. Manko: Die Nationalstraße führt mitten durch die beiden letztgenannten hindurch.

● Sie wollen nur an den Strand, **„Vamos a la playa"** ist Ihr Motto, der Rest ist egal? Das geht überall, die meisten Strände sind feinsandig und von heller Farbe.

● Sie wollen **surfen?** Fahren Sie zum Mar Menor. Auf Spaniens größtem Binnensee „kachelt" es manchmal ganz gewaltig, aber es lässt sich hier auch gut im flachen Wasser üben.

● Sie wollen dahin, wohin sich **kaum ausländische Touristen** verirren? Testen Sie Águilas, Puerto del Mazarrón oder Moraira (obwohl der hiesige Jachthafen bei Ausländern sehr beliebt ist). Spanische Sprachkenntnisse können nicht schaden.

Praktische
Reisetipps A–Z

Autofahren

Straßen-
netz

Die Costa Blanca ist mit einem bescheidenen Straßennetz ausgestattet. In Nord-Süd-Richtung verläuft die gebührenpflichtige **Autobahn A 7.** Beinahe parallel dazu, teilweise sogar in Sichtweite, nimmt die **Nationalstraße N 332** die gleiche Route. Querstraßen führen zum Meer, allzu weit ist es nie. Weitere Straßen gibt es aber kaum, denn ein Gebirgszug, der sich ziemlich nah am Küstenbereich erhebt, hat weiteren Straßenbau unmöglich gemacht. Nur einige, zumeist kurvige, enge Stichstraßen durchschneiden das Gebirge und führen ins Hinterland. Das Verkehrsaufkommen konzentriert sich vor allem auf die gebührenfreie Nationalstraße, während der Verkehr auf der mautpflichtigen Autobahn, verglichen mit deutschen Verhältnissen, deutlich schwächer fließt. Nur im Großbereich Alicante erhöht er sich spürbar; kein Wunder, denn diese stadtnahen Autobahnabschnitte sind gebührenfrei.

Im Bereich der Costa Cálida entstand eine neue Autobahn, genannt „Autopista del Mediterráneo". Sie trägt die offizielle Bezeichnung AP-7 oder auch die regionale Kennung CT-32. Etwas von der Küste entfernt führt sie von Cartagena an Águilas vorbei bis etwa hinunter nach Vera, mit Anschluss an eine bereits bestehende Autobahn.

Autobahn

Normalerweise gilt: Wer die Autobahn benutzt, muss zahlen. Auf manchen Passagen zieht man bei der Einfahrt ein **Ticket,** das dann bei der Ausfahrt bezahlt wird. Manchmal wird aber auch für eine kurze Strecke ein **fester Betrag angezeigt,** dann gibt's kein Ticket. Begleichen kann man die Summe bar oder per Kreditkarte. Wer den Betrag passend hat, fährt an die Kasse mit dem Schild „automático" und wirft dort die Münzen in einen Trichter. Wechselgeld gibt's hier nicht. Wer es nicht passend hat, reiht sich in die Schlange beim Schild „manual" ein. Dort sitzt ein Kassierer, der wechselt. Und wer mit Kreditkarte zahlen will, nutzt die Spur mit dem „T", das für „tarjeta" („Karte") steht.

Straßen-
karten

- **Costa Blanca 1:200.000,** Mair DuMont. Eine genaue, großflächige Karte, die auch das Gebiet der angrenzenden Costa Cálida zeigt.
- **Costa Blanca, Zoomkarte, 1:130.000,** Michelin. Sehr detaillierte Landkarte.
- **Costa Blanca,** 1:150.000, Freytag-Berndt U., Artaria. Mit Cityplänen und speziellen Tipps.
- In Spanien bekommt man an den meisten Tankstellen eine Karte zur **Costa Blanca** im Maßstab **1:200.000** von **Euro Tours** in Zusammenarbeit mit dem Verlag Plaza & Janes. Sie ist einseitig bedruckt, im Detail nicht immer genau, deckt aber in einem handlichen Format exakt die in diesem Reiseführer vorgestellten Gebiete ab.

- **Literaturtipp:** In der Reihe Praxis ist im REISE KNOW-HOW Verlag ein nützlicher Ratgeber erschienen: Schwieder, Wolfram: **Richtig Kartenlesen,** ISBN 978-3-8317-1393-6. Hier wird auf anschauliche Weise vermittelt, wie man sich im Liniendschungel von Straßen- und Wanderkarten zurechtfindet; des Weiteren enthält der Band Tipps zum Kartenkauf und ein Adressverzeichnis der Landkartenspezialisten in Deutschland, Österreich und der Schweiz.

Verkehrs-regeln

Es gilt **Überholverbot** 100 Meter vor Kuppen und auf Straßen, die nicht mindestens 200 Meter zu überblicken sind.

Auf beleuchteten Straßen, außer Autobahnen und Kraftfahrstraßen, darf man nur mit **Standlicht** fahren.

Das **Abschleppen** durch Privatfahrzeuge ist verboten.

Fremd dürfte vielen Reisenden auch der sehr häufig anzutreffende **Kreisverkehr** sein. An größeren Kreuzungen hat man auf Ampeln verzichtet und stattdessen einen geräumigen Kreisverkehr angelegt. Wie es scheint erfolgreich, denn lange Schlangen bilden sich hier nie. Jeder passt ein wenig auf, fädelt sich ein, dreht eine halbe Runde und fährt wieder raus, fertig! Wer drin ist, hat Vorfahrt, wer reinfahren will, muss warten. Und wenn man nun „seine" Abfahrt verpasst hat? Kein Problem: einfach eine „Ehrenrunde" drehen, auf die Schilder achten und ab.

In etlichen kleineren Orten sind **flexible Ampeln** zu finden. Diese hängen unübersehbar gelb blinkend hoch oben über der Zufahrtsstraße. Rauscht nun ein Pkw mit überhöhter Geschwindigkeit heran, springt die Ampel auf Rot.

„Ticket ziehen in 500 Metern"

Simples Prinzip, nicht wahr? „50 km/h, a más velocidad semáforo cerrado", so steht es dazu auf kleinen Schildern.

In Spanien gilt hochoffiziell die **0,5-Promille-Grenze.** Wer mit mehr Alkohol im Blut erwischt wird, muss mit bis zu 600 € Strafe rechnen.

Eine ähnlich hohe Summe soll derjenige löhnen, der fahrend mit einem **Handy** am Ohr erwischt wird. Erlaubt ist das Telefonieren am Steuer nur über eine Freisprechanlage.

„**Bandas sonoras**" bedeutet, dass zwei quer über die Straße gelegte Schwellen folgen. Wer hier nicht die Geschwindigkeit reduziert, kracht richtig schön darüber, so dass es wirklich „wohlklingt", wie das Schild verspricht.

Cambio de sentido besagt, dass man hier die Richtung wechseln kann, also einen „U-turn", wie es neudeutsch heißt, fahren darf. Es steht aber auch für „Abfahrt" mit anschließender Möglichkeit, die Fahrtrichtung zu wechseln.

Ungewohnt auch dies: Speziell auf Überlandstraßen muss der **Linksabbieger** oftmals zuerst nach rechts auf eine besondere Spur schwenken, die einen Halbkreis beschreibt, und dann die eben verlassene Straße kreuzen. Staus werden so vermieden. Ähnlich verhält es sich an Stellen, an denen man sich in den Verkehr einfädeln will. Biegt man an einer Kreuzung nach links ab, befindet man sich manchmal noch nicht gleich auf der eigentlichen Straße, sondern auf einer Art **Einfädelungsspur**, die links neben der Straße verläuft – ungewohnt, aber durchaus sinnvoll.

Immer häufiger werden **Kontrollen** durchgeführt. Wer als Temposünder erwischt wird, muss zahlen, und zwar sofort! Bis zu 602 € sind dann fällig.

„Achtung! Kurvige Strecke"

Höchstgeschwindigkeiten

	in Orten	Land-straßen[1]	Land-straßen[2]	Auto-bahnen
Pkw und Motorräder	50	90	100	120
Busse	50	80	90	100
Pkw mit Anhänger, Lkw	50	70	80	80 90[3]
Wohnmobile bis 3,5 t	50	90	90	120
Wohnmobile über 3,5 t	50	80	80	100

[1]zwei Fahrspuren   [2]drei Fahrspuren   [3]Lkw ohne Anhänger

Parken

In den Städten einen Parkplatz zu finden, ist nicht immer ganz einfach. Ortsunkundigen kann man nur dringend empfehlen, in den Großstädten den **Parkleitschildern** zu folgen, auch wenn man dort immer eine Gebühr zahlen muss. Wer auf eigene Faust einen Platz irgendwo an einer Straßenecke sucht, kann sich schnell heillos verfahren.

Mit **blauen Linien** gekennzeichnete Parkplätze sind gebührenpflichtig. Also nicht einfach forsch rein in eine Parklücke und verschwinden, sondern erst einmal den Automaten suchen. Dort muss der Parkschein gezogen werden. Hierbei muss man sich ungefähr darüber im Klaren sein, wie lange man parken möchte. Die Gebühren variieren sehr stark, die Höchstparkdauer ebenfalls. In einigen Orten beträgt die Höchstgrenze zwei Stunden, in anderen vier. Wer seine Zeit überzieht und ganz viel Pech hat, wird von der GRÚA (dem staatlichen Abschleppunternehmen) abtransportiert.

Bei **gelben Bordsteinmarkierungen** heißt es aufpassen, hier herrscht absolutes Parkverbot!

Auf eine ärgerliche Unsitte muss noch hingewiesen werden. Die Spanier parken gnadenlos **in der zweiten Reihe!** Leider keine Ausnahme, sondern Alltag – Autos am Straßenrand werden ohne Rücksicht zugeparkt. Zumeist verschwinden die Fahrer dann tatsächlich nur mehr oder weniger kurze Zeit in der nächsten Bar, aber wer weiß? Und ruck, zuck! parkt der Nächste ebenso, dann folgt der Dritte und so weiter, bis eine komplette zweite Reihe steht. Was tun? Da gibt es nur zwei Möglichkeiten: Zunächst versuchen, den Zuparker wegzuschieben. Immerhin sind viele so rücksichtsvoll, keinen Gang einzulegen und die Handbremse nicht anzuziehen. Falls das nicht möglich ist, hilft nur noch eins: so lange gnadenlos auf die Hupe drücken, bis aus irgendeiner Bar jemand angelaufen kommt und unter vielen *perdón!* seinen Wagen wegfährt. Geht gar nichts, muss die **GRÚA** anrücken.

Verkehrs-schilder

Zumindest in einigen Orten kann es vorkommen, dass Verkehrsschilder auf Valencianisch den Weg weisen. Daher folgt hier eine Übersicht der wichtigsten Schilder:

- *prohibit estacionar* = Parken verboten
- *prohibit estacionar caravanes; autocaravanes* = für Wohnmobile und Caravans Parken verboten
- *temps maxim autoritzat 1:30* = maximal erlaubte (Park-)Zeit: 1 Std. 30 Min.
- *zona blava* = blaue Zone; Parken nur mit Parkschein
- *P gratuit* = hier kann kostenfrei geparkt werden
- *aparcament* = Parkmöglichkeit
- *totes direccions* = alle Richtungen (an einer Kreuzung)
- *altres direccions* = andere Richtungen; meist steht dann ein weiteres Schild, das zu einem bestimmten Ort weist
- *centre vila* oder *centre urbà* = ins Zentrum
- *platja* (*platges*) = Strand (Strände)

- *cediu el pas* = Vorfahrt gewähren
- *itinerari amb prioritat* = Vorfahrtsstraße; („Weg mit Priorität")
- *circulació prohibida, zona peatonal* = Durchfahrt verboten, Fußgängerbereich
- *solo turismos* = nur Pkw (nein, es bedeutet nicht, dass hier nur Touristen fahren dürfen ...)

Autounfall Ich hoffe es natürlich nicht, aber es kann ja doch mal passieren, dass es kracht. Was dann? Mir ist klar, dass die folgenden Ratschläge in dem Stress, der womöglich großen Hitze und noch dazu in einer fremden Sprache nicht leicht zu befolgen sind. Dennoch: Hat es gekracht, möglichst die **Polizei** rufen. Zuständig ist innerorts die *Policía Urbana de Tráfico* (Verkehrspolizei), die man unter der Telefonnummer 092 erreicht. Außerhalb von geschlossenen Ortschaften ist die *Guardia Civil zuständig,* die man unter der Nummer 091 rufen kann.

Sie wird allerdings nur bei größeren Schäden oder bei Unfällen mit Verletzten ein **Protokoll** aufnehmen. Deshalb sollte man so genau wie möglich selbst dokumentieren. Hierbei hilft der internationale Unfallbericht, den jeder Versicherer ausgibt. Die Unfallstelle genau fotografieren, exakte Lage der Fahrzeuge, Bremsspuren, Verkehrszeichen nicht vergessen. Auch den Kilometerstein notieren. Anschrift, Kennzeichen und Versicherungsnummer des Unfallgegners festhalten und Anschriften von Zeugen notieren. Den internationalen Unfallbericht vom Unfallgegner unterschreiben lassen.

Seit 2003 gibt es europaweit eine **neue Gesetzeslage,** die eine Schadensabwicklung von im Ausland aufgetretenen Unfällen deutlich vereinfachen soll. Dies beruht auf der Vierten Kfz-Haftpflichtversicherungs-Richtlinie der Europäischen Union. Hauptanliegen dieser Neuerung ist, dass ein Geschädigter sich nicht mehr mühsam durch die ausländische Rechtssprechung kämpfen muss (was man aber sehr wohl noch tun kann!), sondern auch die Möglichkeit hat, in seinem Heimatland Ansprüche geltend zu machen. Dazu wurden eine Auskunftsstelle und eine Entschädigungsstelle eingerichtet.

Alle Kfz-Versicherungen der EU – und damit auch alle spanischen Versicherungen – müssen einen **Schadensregulierungsbeauftragten** in Deutschland benennen, an den man sich später wenden kann. Je mehr Daten man von seinem Unfallgegner in Erfahrung bringen konnte, desto besser. Hierzu gehören: Name, Anschrift von Fahrer und Halter, Policen-Nummer der Kfz-Haftpflichtversicherung und Kennzeichen. Die Adresse des Repräsentanten erfährt man über die folgende Auskunftsstelle:

Erst zahlen, dann parken!

●**Zentralruf der Autoversicherer,** Tel. (0180) 25 026, www.zentralruf.de. Über die gebührenfreie Nummer 0800 NOTFON D ist an 354 Tagen der Handy-Notruf der deutschen Autoversicherer erreichbar. Die Tasten ergeben auf der Tastatur des Handys die Nummer (0800) 6 683 663.

Regress-ansprüche

Geschädigte können sich dann an diesen Repräsentanten der spanischen Versicherung wenden und ihre Ansprüche geltend machen. Der Repräsentant bzw. die spanische Versicherung muss binnen drei Monaten nach Schadensmeldung reagieren, d.h. ein Schadensangebot unterbreiten oder aber eine begründete Absage erteilen.

Erhält der Geschädigte innerhalb dieses Zeitraums keine Antwort, kann er sich direkt an eine **Entschädigungsstelle** wenden. Dies ist auch möglich, wenn die ausländische Versicherung keinen Repräsentanten benannt hat. Unter bestimmten Voraussetzungen kann diese dann sogar selbst den Schaden regeln. Die Adresse:

●**Verkehrsopferhilfe e.V.,** Wilhelmstr. 43/43 G, 10117 Berlin, Tel. (030) 20 205 858, Fax (030) 20 205 722, www.verkehrsopferhilfe.de.

Auch wenn die Abwicklung eines in Spanien geschehenen Unfalls nun von der Heimat aus geregelt werden kann, greift dennoch spanisches Recht. Das bedeutet u. a. eine deutliche Abweichung bei Höchstgrenzen von Entschädigungen bei Sachschäden (100.000 €) und Personenschäden (350.000 €).

Jeder Autofahrer ist gut beraten, einen **internationalen Unfallbericht** und den **Schutzbrief** eines Automobilclubs oder eine **Verkehrsrechtschutzversicherung** zu haben.

Panne

Es muss ja nicht immer der Automobilclub im Heimatland gerufen werden, in mehreren Orten entlang der Küste befinden sich **Werkstätten** der namhaften Autohersteller. Vor allem in den großen Urlaubsorten wie Dénia oder Torrevieja sind viele Marken mit großen Werkstätten vertreten. Sprachprobleme? Dann fragen Sie doch einfach mal den Kellner Ihres Restaurants oder den Hotelportier. Gegen ein gutes Trinkgeld wird er bestimmt helfen. Ich selbst musste dreimal meinen Golf in eine SEAT-Werkstatt bringen. Die Reparaturen wurden binnen 24 Stunden einwandfrei ausgeführt, und zwar zum halben germanischen Stundensatz.

●**Telefonnummern der Pannendienste und der größten Automobilclubs** Deutschlands, Österreichs und der Schweiz siehe unter „Notfälle".

Autobahn-piraten

Kaum hat der Urlauber die spanische Grenze bei La Jonquera passiert und am ersten Rasthaus, keine zwei Kilometer hinter dem Schlagbaum, verschnauft, da bekommt er vielleicht schon den ersten Schrecken. Vom dortigen Touristenbüro werden kleine Warnzettel verteilt, die vor Autobahnpiraten warnen. Im Kern läuft es darauf hinaus, dass diese versuchen, einen Autofahrer zum **unplanmäßigen Anhalten** zu bringen („Feuer!" oder „Öl läuft aus!"). Steigt dann der verunsicherte Fahrer aus, um den vermeintlichen Schaden zu begutachten, wird blitzschnell irgendetwas geklaut. Zwar gibt es derartige Vorfälle, doch sollte man deswegen nicht in Panik verfallen und nur noch ängstlich fahren. Falls man aber doch in eine solche Situation gerät (und nichts darauf hindeutet, dass der Wagen in hellen Flammen steht), fährt man am besten stur bis zum nächsten Rastplatz weiter und steigt erst dort aus, wo sich viele Menschen aufhalten, notfalls direkt beim Tankwart.

Mietwagen In jedem Ort, in dem sich überwiegend ausländische Touristen aufhalten, werden Mietwagen angeboten. Werbende Handzettel liegen überall aus, an der Hotelrezeption genauso wie in vielen Läden. Man kann sie gar nicht übersehen. *Rent-a-car* oder spanisch *alquiler de coches,* manchmal auch *alquiler de motos* („Motorradverleih") heißt es dann. Als Voraussetzung gelten manchmal ein Mindestalter von 21 Jahren und immer der Besitz einer **Kreditkarte.** Der Vermieter zieht sich einen Blankoabschnitt. Wer keine Karte hat, muss einen hohen **Barbetrag hinterlegen.** Es kann auch passieren, dass man ihm gar keinen Wagen leiht.

Der Kunde muss klären, ob der Wagen mit einer **begrenzten Laufleistung** gemietet wird oder ob er so viel fahren kann, wie er möchte. Das Limit liegt zumeist bei 100 Kilometer pro Tag, und die sind schnell erreicht. Wer darüber liegt, zahlt pro Kilometer eine Gebühr.

Die Angebote sind meist so gehalten, dass der **Preis** für einen Tag, für drei und sieben Tage genannt wird, selten jedoch der Endpreis. Addiert werden dann Steuern, Versicherung und eventuell die mehr gefahrenen Kilometer.

Der Wagen muss mit der gleichen Menge **Benzin,** die sich bei Abholung im Tank befand, zurückgegeben werden. Die Menge wird im Vertrag festgehalten.

Wer für einen längeren Zeitraum einen Wagen mieten möchte, sollte sich eventuell schon **zu Hause** darum kümmern. Reiseveranstalter bieten nämlich mitunter ganz erstaunliche Tarife an, die zumeist in Kombination mit einer Flugreise gelten. Außerdem kommt im Streitfall in der Regel deutsches Recht zum Tragen, was im Falle eines Falles nicht unwichtig sein kann.

Neben dem unbedingt empfohlenen Abschluss einer Vollkaskoversicherung kann für Mietwagenfahrer auch eine so genannte **Traveller-Police** von Nutzen sein. In Spanien liegen die Deckungssummen der Haftpflichtversicherungen deutlich unter den in Deutschland üblichen. Bei einem Unfall gehen höhere Schadensforderungen zu Lasten des Unfallverursachers. Die Traveller-Police deckt Personen-, Sach- und Vermögensschäden bis zu 500.000 € ab, wenn die örtliche Haftpflichtdeckungssumme erschöpft ist. Informationen gibt es u.a. über die Automobilclubs.

Camping

Campingurlaub spielt eine **wichtige Rolle** an der Costa Blanca. Nicht wenige Plätze profitieren von nord- und mitteleuropäischen Rentnern, die es in der kalten Jahreszeit für Monate in den Süden zieht. Warum auch nicht, die Plätze sind ausgelastet, und die älteren Herrschaften fühlen sich erkennbar wohl.

Auf etlichen Plätzen haben auch spanische Stadtmenschen einen **Dauerplatz** gemietet und kommen jedes Wochenende. Unter der Woche bleiben diese Plätze eher leer, zumindest außerhalb der Sommermonate. Im Juli und vor allem im August sieht es völlig anders aus. Nicht wenige reisen dann aus Madrid oder anderen fernen Städten an und richten sich im wahrsten Sinne des Wortes häuslich ein – ein Zelt mit Fernseher und ein eigenes Kochzelt mit Kühlschrank zählen zum Standard. Ruhe und Beschaulichkeit darf niemand erwarten, auch keine Zimmerlautstärke. Die nächsten drei Nachbarn können immer verfolgen, welches Fernsehprogramm gerade läuft. Und wenn am Wochenende dann noch das Jungvolk einfällt, die letzten freien Parzellen belegt und die **Autoradios** dröhnen lässt, ergibt das einen Klangsalat, der vielleicht nicht jedermanns Sache ist. Man muss es aushalten können oder auf Camping verzichten. Um Mitternacht werden die Geräte dann aber doch ausgeschaltet.

Das **Unterkunftsverzeichnis** der Provinz Alicante listet knapp 40 Plätze auf, von denen die meisten an der Küste liegen. Generelle **Infos gibt es im Internet** unter www.campingsalicante.com.

Kategorien Spanische Campingplätze sind in **vier Kategorien** eingeteilt, wobei die dritte Kategorie die einfachste Qualität darstellt. Absolute Spitzenplätze tragen das Etikett *lujo* („Luxus"). Die Einteilung erfolgt nach klaren Kriterien. So muss ein Platz der Luxus-Klasse immerhin Parzellen von 90 m² anbieten, bei den Plätzen der 1. Kategorie sind es 70 m², und Stellplätze der 3. Kategorie bringen es auf 55 m². Weiterhin wird z.B. für die Einstufung in die 1. Kategorie gefor-

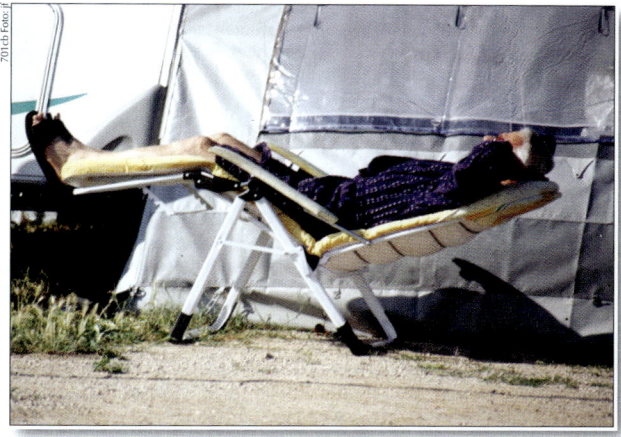

701cb Foto: jf

dert, dass für je 14 Parzellen eine Dusche von 1,30 m² zur Verfügung steht und dass mindestens die Hälfte der Duschen und Wasserhähne warmes Wasser aufweist. Es gibt noch eine ganze Reihe weiterer Gradmesser.

Alle Plätze an der Costa Blanca gehören der 1. (insgesamt sieben) oder 2. Kategorie an. Alle Campings sind durchweg in Ordnung, was Serviceangebot und Einrichtungen betrifft, aber kaum einer kann mit den teilweise exzellenten Plätzen der Costa Brava konkurrieren.

Preise Beim Preis muss man mit etwa **20–30 €** rechnen, je nach Platz und Berechnungsmodalität (also zzgl. oder inkl. Auto, Strom, Steuern usw.). Berechnet wird zumeist die Parzelle und die Anzahl der Personen. Für Familien, die mehrere Zelte aufbauen, wird es so günstiger. Richtig billig ist ein Campingurlaub aber auch nicht.

Diplomatische Vertretungen

Wird der Reisepass oder Personalausweis im Ausland **gestohlen,** muss man diesen bei der örtlichen Polizei melden. Darüber hinaus sollte man sich an die nächste diplomatische Auslandsvertretung seines Landes wenden, damit man einen Ersatz-Reiseausweis zur Rückkehr ausgestellt bekommt (ohne kommt man nicht an Bord eines Flugzeugs!).

Auch in dringenden Notfällen, z.B. medizinischer oder rechtlicher Art, Vermisstensuche, Hilfe bei Todesfällen o.Ä. sind die Auslandsvertretungen in Spanien (s.u.) bemüht vermittelnd zu helfen.

Vertretungen in Spanien

Wie überall auf der Welt, sitzt die Botschaft in der Hauptstadt des Landes, also in Madrid. Konsularische Betreuung wird auch im Bereich der Costa Blanca angeboten:

Deutschland
●**Consulado Honorario de Alemania** (Honorarkonsulat), Plaza Calvo Sotelo, 1–2, 5°, Alicante, Tel. 965 217 060.

Österreich
Österreich hat keine Vertretung an der Costa Blanca, die nächste befindet sich in Valencia:
●**Consulado Honorario de Austria** (Honorarkonsulat), Calle Convento Santa Clara 10–3ª, Valencia, Tel. 963 522 212.

Schweiz
Auch die Schweiz hat keine Vertretung im Bereich der Costa Blanca, die nächstgelegene Behörde ist in Valencia:
●**Consulado de Suiza,** Calle Cronista Carreres, 9–7i, Valencia, Tel. 963 518 816.

Diplomatische Vertretungen in D/A/CH

In Deutschland, Österreich oder der Schweiz lebende **Nicht-EU-Bürger** benötigen unter Umständen ein Visum für Spanien und sollten sich an die zuständige Spanische Botschaft wenden. Adressen siehe Kapitel „Formalitäten".

Essen und Trinken

Spanische Essgewohnheiten

Frühstück
Spanier halten sich nicht lange mit dem Frühstück auf. Ein Kaffee, begleitet von einem **Croissant oder Toast,** das war's im Wesentlichen. Nicht wenige gehen morgens ab 8 Uhr zum *desayuno* gleich in eine Bar und frühstücken überhaupt nicht zu Hause. Ähnlich karg fällt das Frühstück übrigens auch in manchen kleinen, typisch spanischen Hotels aus. Das gilt natürlich nicht für die großen internationalen Hotels; dort wird ein üppiges Frühstücksbüfett serviert.

Wer einen **Kaffee** bestellen will, hat drei Varianten zur Auswahl: Ein **café sólo** ist tiefschwarz und winzig, er wird gerne nach dem Essen bestellt. **Cortado** („Abgeschnittener") nennt sich eine kleine Tasse Kaffee mit etwas Milch, und ein **café con leche** („Milchkaffee") besteht aus einer normal großen Tasse Kaffee mit viel Milch.

Das bisschen Mageninhalt reicht natürlich nicht bis zum Mittag, also wird mindestens noch einmal die Bar für eine Art zweites Frühstück aufgesucht. Zwischen 10 und 11 Uhr bleiben es aber bescheidene Mengen, die verzehrt werden: **Gebäck** vielleicht oder auch eine **Eierspeise,** ein Stückchen **Tortilla.** Um diese Zeit gibt's meist noch Kaffee, nur wenige versuchen sich schon am *vino.*

Zwei Stunden später, so zwischen 12 und 13 Uhr, geht es dann zur Vor-Mittags-Pause in die Bar. Gerne werden jetzt **bocadillos (**belegte Baguettes) gegessen, begleitet von einem **Bierchen** oder **Wein.**

Mittag-essen

Das Mittagessen wird niemals vor 14 Uhr eingenommen, zumeist sogar erst um 15 Uhr. Dann versammelt sich die gesamte Familie am Tisch, die Arbeitskollegen gehen ins Restaurant.

Mittags werden in beinahe allen Restaurants günstige Menüs serviert. Ein **menú del día** besteht zumeist aus zwei Gängen nebst Nachtisch und einer halben oder gar einer ganzen Flasche Hauswein. Der Preis liegt irgendwo zwischen 8 und 15 **€**. Eine andere Variante sind „Mittagsteller", **plato del día** genannt. Dabei bekommt der Gast einen gut gefüllten Teller mit dem jeweiligen Tagesgericht serviert, mehr aber nicht.

704cb Foto: jf

Das Mittagessen zieht sich hin, vor 16 Uhr steht niemand auf, die letzten Ausdauernden erst um 17 Uhr. Dann wird entweder eine *siesta* („Mittagsruhe") gehalten, oder es geht zurück an die Arbeit.

Abend-essen

Abends wird entsprechend **spät** gegessen, vor 21 Uhr öffnen nicht einmal die Restaurants. Eine *cena* („Abendessen") um 22 oder gar 23 Uhr ist nichts Ungewöhnliches. Kein Wunder also, dass Spanier morgens keinen Hunger verspüren.

In den Touristikorten regiert natürlich ein anderer Rhythmus; dort werden in den großen Hotels und auch in vielen Restaurants Mahlzeiten zu den üblichen nordeuropäischen Zeiten serviert.

Spanische und regionale Spezialitäten

Tapas

In spanischen Bars wird eine breite Auswahl kalter, seltener warmer **Häppchen** angeboten, die, auf kleinen Tellerchen serviert, den Wein oder das Bier begleiten. Manchmal sind sie eine kostenlose Beigabe des Wirtes und werden dem Gast, der am Tresen steht und ein Getränk bestellt hat, mit dem Glas gereicht.

Über die **Ursprünge** dieser *tapas* kursieren verschiedene Legenden. Die verbreitetste behauptet, dass im 18. Jahrhundert Gästen in Wirtshäusern das Glas Wein mit einem Tellerchen bedeckt gereicht wurde. So sollte vermieden werden, dass Fliegen ins Glas gerieten. Auf diese Tellerchen wurde dann immer häufiger eine kleine Beigabe gelegt: eine Olive, ein halbes Ei, ein Stück Schinken – die *tapa* war geboren. Der Begriff leitet sich nämlich vom spanischen Wort *tapar* ab, was „zudecken" bedeutet.

Die sympathische Sitte der **kostenlosen Dreingabe** einer kleinen Leckerei wird noch in vielen dörflichen Bars gepflegt, in den Touristikhochburgen natürlich selten.

Es gibt eine unglaubliche **Vielfalt** an Tapas. Einfache Varianten, die kostenlos serviert werden, sind Oliven, eine Sardine oder ein halbes Ei mit einem kleinen Belag, wie etwa ein Paprikastreifen, oder einfach ein Schälchen Erdnüsse, frittierte Kartoffeln oder ein Klecks Kartoffelsalat, manchmal auch eine Scheibe Schinken.

Andere Tapas müssen bezahlt werden, und entsprechend aufwendiger fallen die Kreationen aus: ganze Teller mit Schinken-, Salami- und Käsescheiben oder die unterschiedlichsten Meeresfrüchte, mit einem Zahnstocher auf kleine Scheiben von Stangenbrot gespießt, oder *patatas bravas*, frittierte Kartoffeln in scharfer Sauce.

Es können auch verschiedene Varianten auf einem Teller zusammengestellt werden, so dass der Gast mehrere probiert. *Montados* werden solche Teller auch genannt.

Standard-Tapas sind *albóndigas,* kleine Hackbällchen in scharfer Sauce, oder *ensaladilla rusa,* eine Art Kartoffelsalat, ebenso *boquerones,* sauer eingelegte Sardinen. Dazu ein Bier – schmeckt köstlich! Manche Tapas sind richtig teuer, beispielsweise der *jamón de bellota,* ein Schinken, der unglaublich zart auf der Zunge zergeht.

Wenn der Hunger doch etwas größer ausfällt, kann man gleich eine *ración* (Portion) bestellen. Dann erhält man einen gut gefüllten Teller.

Eine **Tapa-Tour** durch mehrere Bars ist ein kulinarisches Highlight! *Irse de tapas* oder *tapeo* nennt sich der Bummel durch mehrere Tapa-Bars. Ganze Familien, Gruppen, Nachbarn (immer zu mehreren, niemals alleine) treffen sich dann in einer Bar, stehen am Tresen (niemals am Tisch), bestellen eine Runde Bier oder *vino* und die jeweilige Tapa-Spezialität der Bar. Beim Trinken und Naschen der Tapa wird viel geplaudert (niemals geschwiegen), dann zahlt einer die Runde und weiter geht's. Die besten Tapas gibt es übrigens in den baskischen Bars.

Bocadillos

Bocadillos sind **kleine Baguettes** oder etwas größere Brötchen, die ohne Butter unterschiedlich belegt werden, z.B. mit Schinken, Käse, Tortilla, Fleisch oder Salat. Diese idealen Hungerstiller für zwischendurch gibt es in jeder Bar.

Alicantinische Küche

Zwei Faktoren prägen die Küche der Provinz Alicante: **Reis** und **Meeresfrüchte.**

Reis wird an etlichen Stellen angebaut, vor allem aber im nördlich der Provinz Alicante gelegenen Ebro-Delta. Er ist

Tapas werden gern am Tresen verzehrt

die Grundzutat der bekannten **Paella.** Ursprünglich bezeichnete der Name *Paella* nur die Pfanne, in der das Gericht zubereitet wird. Diese ist relativ groß, flach, hat zwei seitliche Griffe und wird über offenem Feuer verwendet. Nur so verbreitet sich die Hitze gleichmäßig. Eine Paella wird heute in vielen Restaurants serviert. Aber Achtung: Die Zubereitung erfordert viel Zeit. Wenn der Kellner nicht ausdrücklich darauf hinweist, dass es bis zu 45 Minuten dauern kann, kommt die Paella höchstwahrscheinlich aus der Mikrowelle.

Weitere **Reisspezialitäten:** *Arroz a banda* wird mit Fischsud gekocht, die Zutaten, u.a. Fisch, werden auf einem Extrateller serviert. Nicht fehlen darf *alioli,* eine Sauce aus Öl und Knoblauch. *Arròs negre* („schwarzer Reis") erhielt seinen Namen und seine Verfärbung durch das Verkochen von Tintenfisch. *Arroz con costra* ist ein Gericht mit Wurst, Huhn und Erbsen. *Barjoques farcides* sind mit Reis gefüllte Paprika.

Fisch und Meeresfrüchte kommen in zahllosen Variationen auf den Tisch, hauptsächlich gebraten oder gegrillt.

Typisch für die Region ist auch die Süßspeise **Turrón,** eine Leckerei aus Mandeln, Honig und Zucker, die hauptsächlich zu Weihnachten gereicht wird, eigentlich …

Weitere regionale Spezialitäten sind Schokolade aus Villajoyosa, Gambas aus Dénia und Langusten aus Guardamar del Segura.

Eine gute Paella wird auf offenem Feuer zubereitet

703cb Foto: sm

Getränke

Bier

Auch Kurzzeiturlauber lernen recht schnell wenigstens ein spanisches Wort: *cerveza*. Tatsächlich hat der **Bierkonsum** schon lange das Weintrinken in den Schatten gestellt. Auf ein kleines Gläschen mal eben in die nächste Bar gehen, auch schon mal morgens um 11 Uhr, das gehört heute zum alltäglichen Leben. Trotzdem sieht man selten einen Spanier sturzbetrunken. Ein kleines Gläschen: ja, auch mehrmals am Tag, aber literweise Bier in sich hineinschütten: niemals!

Ein kleines Glas Bier bestellt man mit „una caña", ein etwas größeres mit „un tubo", beides wird dann blitzschnell gezapft. Die „7-Minuten-braucht-ein-gutes-Bier"-Regel gibt es in Spanien nicht. Wer einen Krug möchte, bestellt *una jarra*. Eine Flasche ist *una botella,* ein winziges Fläschchen *un botellín.* Alkoholfreies Bier, *cerveza sin alcohol,* findet auch in Spanien immer mehr Freunde, und *una clara,* mit Limo gemischtes Bier, schmeckt in der andalusischen Hitze ebenfalls sehr erfrischend.

Wein

Wein aus Spanien ist längst nicht so bekannt wie französischer oder italienischer. Zu Unrecht, denn spanische Winzer achten schon seit den 1920er Jahren auf hohe Qualität. In jener Zeit entstand nämlich ein System der **Herkunftsbezeichnung,** das strengen Kriterien unterliegt.

Eine so genannte *denominación de origen* gilt für bestimmte Weinanbaugebiete, in denen jeweils regionale Vorschriften eingehalten werden müssen. So versucht man, eine
gleich bleibende Qualität zu erzeugen. Momentan existieren rund 40 *denominaciones* in ganz Spanien, davon zwei
im Gebiet der Costa Blanca: La Marina Alta (süße Weine
und Moscatel) sowie Vinalopó (Rotweine).

Festgelegt wird beispielsweise, welche Rebsorten verwendet werden dürfen, in welchem Gebiet angepflanzt
wird, und gegebenenfalls ist sogar eine Höchstmenge fest-
gesetzt. Weiterhin wird die Lagerzeit bestimmt. Weiß- und
Roséweine müssen wenigstens ein Jahr, Rotweine zwei
Jahre gelagert werden, ein Jahr davon im Fass. Die Einhal-
tung all dieser Vorgaben überwacht ein unabhängiges Gre-
mium und vergibt dafür ein **Gütesiegel.** Jedes Gebiet der
denominaciones hat sein eigenes. Obendrein erhalten die
Weine eine fortlaufende Nummer, so dass eventuelle Un-
regelmäßigkeiten sich genau zurückverfolgen lassen. Auf
den Etiketten der Flaschen müssen neben dem Herkunfts-
siegel und der Nummer die Traubenbezeichnungen erscheinen.

Wein kann wie überall in unterschiedlichen Qualitäten
und zu entsprechenden Preisen bestellt werden. In den
Bars ist der **Hauswein** preiswert, aber leider nicht immer
gut. Bestellt wird er am Tresen einfach mit „un blanco" (ein
Weißer), „un rosado" (ein Rosé) oder „un tinto" (ein Ro-

Typische spanische Bar

ter). Im Restaurant klappt es im Prinzip ähnlich, da sollte nur der Zusatz „vino de la casa" (Hauswein) nicht fehlen. Eine erfrischende Variante heißt schlicht *vino del verano* („Sommerwein"), eine Art gespritzter Rotwein mit Eis.

Lokalitäten

Bar

In jedem noch so kleinen Dorf findet man wenigstens eine Bar. Darunter darf man sich aber keinen Nachtclub oder Ähnliches vorstellen, sondern mehr eine Mischung aus **Eckkneipe und Café.** Die Einrichtung ist meist schlicht, die Gäste drängeln sich am Tresen, um ein Gläschen zu trinken und eine Kleinigkeit zu essen. Die meisten verweilen aber nicht lange, so dass die wenigen Sitzplätze selten in Anspruch genommen werden.

Cafetería

Unter einer Cafetería darf man sich wiederum kein stilvolles Kaffeehaus vorstellen, in dem Kellner Tabletts mit Kaffee und Cognac durch rauchgeschwängerte Luft balancieren. Eine Cafetería ist ein **schlichtes Lokal,** das sich meist nur durch andere Öffnungszeiten von einer Bar unterscheidet. Auch die Cafetería ist mit einem langen Tresen, grellem Neonlicht, einigen wenigen Tischen und einem häufig unterbrochen laufenden Fernseher ausgestattet. Der Unterschied: Hier kann man meist ein kleines Mittagessen einnehmen, während dies nicht in jeder Bar möglich ist.

Der Snack vor der Tür ist oft teurer als der am Tresen

Chiringuito *Chiringuitos* waren früher kleine, **einfache Kioske** am Strand oder auf dem Lande. Dort wurde eine begrenzte Anzahl an Gerichten für die Urlauber oder Wochenendgäste zubereitet. Das Angebot war bescheiden, Ambiente und Preise ebenfalls. Mit der Zeit entwickelten sich beliebte und gefragte Chiringuitos zu kleineren Bars, vor allem an Stränden, die von vielen Menschen aufgesucht wurden.

Restaurant-Knigge

In einem typischen Restaurant geht es oft recht laut her, auch wenn niemand zuschaut, läuft der **Fernseher** mit voller Lautstärke. Man sollte sich jedoch davon nicht abschrecken lassen, denn dies sagt nichts über die Küche des Hauses aus. Abendessen wird in einem spanischen Restaurant nicht vor 21 Uhr angeboten. Ausnahmen werden natürlich in den Touristenorten gemacht.

Platzsuche Wer ein **Restaurant** betritt, setzt sich niemals direkt an einen freien Tisch. Ein Kellner wird unverzüglich kommen,

La propina oder die Würde des Kellners

Man kennt das. Immer wieder taucht die Frage auf: Wie viel darf oder muss ich geben? Die Rede ist hier vom Trinkgeld, spanisch: *la propina*. Wie viel Trinkgeld also gebe ich? Und wie macht man das eigentlich? Was heißt zum Beispiel: „Stimmt so!" auf Spanisch? Keine Ahnung, aber hier kommt der Trost: In Spanien funktioniert es anders. Egal, ob im Luxus-Restaurant ein Spitzenmenü mit Geschäftsfreunden auf Spesen genossen oder nur ein Gläschen Bier am Tresen gekippt wird, die Bezahlung erfolgt grundsätzlich nach dem gleichen Muster. Und damit auch die Frage des Trinkgeldes. Also gut aufgepasst, was nun folgt, gilt immer.

Der Gast möchte bezahlen und bittet um die Rechnung. „La cuenta, por favor" heißt das oder etwas umgangssprachlicher: „Me cobra, por favor", was in etwa: „Ziehen Sie es mir bitte ab" bedeutet. Daraufhin bringt der Kellner die Rechnung auf einem kleinen Tellerchen. In einem Sterne-Restaurant kann es auch schon mal ein ledergebundenes Büchlein sein oder ein mit Samt ausgeschlagenes Kirschholzkästchen. Aber meist bleibt es doch ein schnödes Tellerchen, auf das man jetzt den Betrag legt. Bloß nicht anfangen, die Summen auseinander zu dividieren, nach dem Motto: „ Also, ich hatte zwei Cola, die 25 und einen Salat." In Spanien zahlt einer oder man legt zusammen, fertig. Das Tellerchen steht nun noch ein Weilchen unbeachtet auf dem Tisch, die Gäste unterhalten sich angeregt weiter. Dann taucht der Kellner auf, murmelt ein „Gracias" und nimmt mal so eben im Vorbeigehen Tellerchen

nach der Personenzahl fragen und dann Tischvorschläge unterbreiten. Sollten alle Tische besetzt sein, wird man gebeten, einen Moment an der Bar zu warten. Niemals selbst zu einem Tisch gehen und fragen: „Ist hier noch frei?", auch dann nicht, wenn nur eine Person einen Riesentisch okkupiert!

In spanischen **Bars** stellt man sich an den Tresen. Der Kellner nimmt die Neuankömmlinge garantiert wahr und fragt nach den Wünschen. Sodann wird das Plätzchen am Tresen geputzt und ein neuer Aschenbecher platziert, dann kommen auch schon Speis und Trank. Wer an einem Tisch Platz nimmt, wartet zwar auch nicht länger, zahlt aber mehr. Und noch ein wenig teurer wird es für den, der draußen auf einer Terrasse sitzt.

Bezahlen Die **Preisliste** muss in allen Gastronomiebetrieben aushängen. Zwar findet man die Liste häufig erst nach intensivster Suche, aber es gibt sie immer. In Bars und Cafés, aber auch in manchen Restaurants, findet man auf der Preisliste unter den Worten **barra** und **mesa** zwei verschiedene Preise.

und Geld mit. Die Gäste plaudern weiter. Irgendwann kommt der Kellner zurück und platziert den Teller mit einem erneuten „Gracias" wieder auf dem Tisch. Darauf liegen die Rechnung und das Wechselgeld. Die Gäste ignorieren das. Jetzt aber kommt der entscheidende Moment: Irgendwer klaubt lässig die Münzen auf, so mal eben nebenbei, während die Unterhaltung natürlich fortgesetzt wird. Und genau in diesem Moment lässt man etwas Kleingeld als Trinkgeld auf dem Tellerchen liegen. Natürlich nicht willkürlich, sondern irgendwie in Richtung international üblicher 5–10 %, je nach Summe. Wer nur einen Kaffee oder *vino* am Tresen hatte, gibt meist nur ein kleines Trinkgeld, etwa um 10 Cent, selten mehr. Auf jeden Fall kommt es immer mehr auf die Geste an.

Unsere Gäste plaudern jedenfalls noch ein Weilchen weiter. Dann erhebt man sich und unter ausgiebiger Verabschiedung und ausführlicher Kommentierung der Speisen, des Wetters, der letzten Fußballergebnisse verlässt man zufrieden das Lokal. Jetzt erst schnappt der Kellner sich erneut das Tellerchen, ruft ein halblautes „Adiós, gracias" und packt das Trinkgeld in ein Gefäß mit der Aufschrift „bote". Da aber mancher Bote-Topf ein wenig erhöht im Regal steht, muss der Kellner die Münzen mit Schwung hineinwerfen. Und das macht er mit einer unnachahmlichen Geste. Ohne groß hinzugucken, schmeißt er sie in Richtung *bote*. Die Münzen fliegen durch die Luft, die Hälfte segelt vorbei, prasselt über Flaschen, Teller und Gläser auf den Fußboden. Egal. Bloß nicht bücken! „Danke für's Trinkgeld, aber eigentlich hab' ich's nicht nötig", sagt uns diese Geste. Was natürlich Quatsch ist. Abends ist sich niemand zu schade, alle Münzen aufzuklauben. Natürlich nicht, denn 10–20 Euro *propina* sind auch in einer einfachen Bar pro Kellner drin.

Das Getränk am Tresen, an der *barra,* zu bestellen und zu verzehren ist immer billiger als am Tisch *(mesa),* da der Laufweg des Kellners entfällt. Einige Lokale haben noch einen dritten Preis, den man auf der Terrasse *(terraza)* zahlt. Der Terrassenpreis ist immer der teuerste, da der Kellner den weitesten Weg zurückzulegen hat.

Wer in einem Restaurant speist, zahlt in der Regel inklusive Bedienung. **Trinkgeld** *(la propina)* wird zwar immer gegeben, aber nie besonders viel (siehe Exkurs: „La propina oder die Würde des Kellners"). Beim Bezahlen wird immer die Gesamtrechnung auf einem kleinen Tellerchen präsentiert, auseinanderdividiert wird nicht. Die spanischen Kellner sind **getrennte Rechnungen** nicht gewöhnt und mögen sie auch nicht besonders. Es sollte möglichst einer für alle zahlen.

Feste und Feiertage

Jeder Ort feiert seine eigenen Feste, nicht nur das des jeweiligen Ortspatrons, sondern auch weitere, die meist uralten Traditionen entspringen. Unter den jeweiligen Ortsbeschreibungen sind die Termine zu den wichtigsten lokalen Festivitäten aufgeführt.

Semana Santa

Obwohl die Spanier die **Osterwoche** mittlerweile auch gerne zum mehrtägigen Kurzurlaub nutzen, wird das Fest noch immer weihevoll-feierlich begangen. Es beginnt mit der **Prozession** am Palmsonntag, also am Sonntag vor Karfreitag. Auch an den folgenden Tagen finden Messen und prunkvolle Umzüge statt. Im Mittelpunkt steht die Leidensgeschichte Jesu. Gewaltige Figuren werden von stolzen Trägern gemessenen Schrittes durch die Straßen getragen, die Bevölkerung folgt würdevoll.

Besonders spektakulär sind die **Osterprozessionen** in Lorca, einer 70.000-Einwohnerstadt in der Region Murcia, im Hinterland der Costa Cálida.

Fiestas

Jeder Ort, sei er noch so klein, feiert einmal im Jahr das **Fest zu Ehren des Ortspatrons.** Im Grundsatz verlaufen diese *fiestas* immer ähnlich. Nach einer Messe wird das Bildnis des Ortspatrons bzw. der Ortspatronin in einer Prozession durch die Straßen getragen, die Bewohner gehen hinterher. Je nach Ausrichtung werden diese Umzüge mal feierlich, mal feucht-fröhlich gehalten. Aber immer findet abends eine richtige *fiesta* statt, die die ganze Nacht dauert, und das kann man wörtlich nehmen.

Prozession zu Ehren des Stadtheiligen

Praktische Reisetipps A–Z

70bcl Foto: sm

Romerías

Ähnlich verlaufen die *romerías*. Im ursprünglichen Wortsinn sind das **Wallfahrten** zu Ehren bestimmter Heiliger. Am berühmtesten ist die *romería* zu Pfingsten nach El Rocío, einem kleinen Dorf im Südwesten Andalusiens. Von Sevilla aus wandert eine Gruppe von Pilgern in tagelangen Märschen dorthin, manches Jahr 100.000 Menschen.

Besonders spektakulär fallen die *romerías* zu Ehren der Virgen del Carmen aus. Der 16. Juli ist der **Día de Nuestra Señora del Carmen,** der Patrona de la Mar, also der Schutzpatronin aller Seeleute und Fischer. Überall an der spanischen Küste wird der Virgen gedacht, auch in vielen Orten der Costa Blanca, wie beispielsweise in Benidorm, Villajoyosa, Calpe, Santa Pola oder Altea. Das sieht dann so aus, dass das Heiligenbild der Schutzpatronin aus der Kapelle der Bruderschaft der Seefahrer zu einem festlich geschmückten Schiff gebracht wird. Begleitet von vielen ebenso fein hergerichteten Booten findet eine Prozession über das Meer statt. Auf offener See wird der Verstorbenen gedacht, die ihr Leben auf dem Meer ließen. Blumengebinde werden zum Gedenken über Bord geworfen. Nach der ebenso feierlichen Rückkehr folgen meist Feuerwerk, gemeinsames Essen und eine lange Nacht.

Las Fallas

Die Fallas werden in der Nachbarprovinz Valencia in jedem Dorf gefeiert, im Bereich der Costa Blanca eher nur in den nördlichen Gemeinden. Auf verschiedenen markanten Plätzen werden große **Figuren** oder gar Figurengruppen aus Holz, **Pappmaschee** und ähnlichen Materialien errichtet. Es sind äußerst kunstvolle Gebilde mit vielen Details, die unter einem Oberthema stehen und/oder eine Geschichte erzählen. In der Nacht zum 19. März werden all diese Figuren verbrannt. Auf diese Weise wird symbolisch der Winter verabschiedet.

Hogueras de San Juan

Ähnlich spektakulär fallen die am 24. Juni in ganz Spanien gefeierten Hogueras de San Juan aus. Am *Día de San Juan* (Johannistag) werden in der Nacht große Holzstapel (*hogueras*) verbrannt. In der kürzesten Nacht des Jahres verbinden die Menschen mit dem **Anzünden diverser Feuer** mythische Vorgänge, wie das Vertreiben von Geistern und die Belebung der Fruchtbarkeit der Erde, sowie, ganz irdisch, der Liebe.

Das größte Fest dieser Art wird im Bereich der Costa Blanca in Alicante gefeiert. Dort heißt das Fest auf Valencianisch *Fogueres de Sant Joan*. Direkt vor dem Rathaus wird pünktlich um Mitternacht ein riesiger Holzstapel angezündet, nachdem vorher ein beeindruckendes Feuerwerk den Himmel verzaubert hat. In der so genannten **Nit de Foc** („Nacht des Feuers") ist dies der Auftakt zum Anzünden von gut 200 weiteren Feuern in der ganzen Stadt. Dabei werden wie bei den Fallas in Valencia auch Figuren aus Pappmaschee verbrannt. Dann folgen eine ganze Nacht lang Musik, Tanz und Mutproben à la „über das langsam verglimmende Feuer springen". Die Feuerwehr steht bereit und löscht die restlichen Flammen. Die Jugendlichen lassen sich derweil bereitwillig nass spritzen. Diese Aktion trägt dann auch den netten Namen *banyà* („Bad nehmen"). Gefeiert wird eine ganze Woche lang, meist vom 20. bis 29. Juni.

Gesetzliche landesweite Feiertage

- 1. Januar: **Año Nuevo,** Neujahr
- 6. Januar: **Día de Reyes,** Heilige Drei Könige
- Gründonnerstag: **Jueves Santo**
- Karfreitag: **Viernes Santo**
- 1. Mai: **Día del Trabajo,** Tag der Arbeit
- 25. Juli: **Santiago Apóstol,** Sankt Jakobus
- 15. August: **Fiesta de la Asunción,** Mariä Himmelfahrt
- 12. Oktober: **Día de la Hispanidad,** auch:
  Día de la Raza, Jahrestag der Entdeckung Amerikas
- 1. November: **Todos los Santos,** Allerheiligen
- 6. Dezember: **Día de la Constitución,** Tag der Verfassung
- 8. Dezember: **Purísima Concepción,** Tag der Unbefleckten Empfängnis
- 25. Dezember: **Navidad,** Weihnachten

Feiertag der autonomen Region Valencia

- 9. Oktober: **Fiesta de San Dionisio,** zur Erinnerung an die Befreiung aus maurischer Herrschaft

Las Fallas – auch dieses Kunstwerk wird verbrannt

009-cb Foto: sf

Moros y Cristianos

Dieses Fest wird in beinahe jedem Ort der Costa Blanca gefeiert, wenn auch zu unterschiedlichen Terminen. Es geht tief in die Historie und erinnert an die Zeit, als Spanien **unter maurischer Herrschaft** stand (daher: *moros*). Die Christen *(cristianos)* eroberten schließlich einen Ort nach dem anderen und verjagten die Araber. An diese Vertreibung erinnern die Feste. Der Ablauf orientiert sich durchaus an der **lokalen Historie,** folgt aber überall auch einem generellen Schema. Zunächst marschieren sowohl die Truppen der Moros als auch die der Cristianos feierlich in den Ort ein. Alle sind perfekt verkleidet, in authentische Uniformen und Gewänder des jeweiligen Lagers gehüllt. Musik, feierliches Auftreten und Reden gehören immer dazu. In den meisten Küstenorten wird auch die Anlandung in Booten nachgespielt. Schließlich kommt es zur entscheidenden Schlacht, die ebenfalls relativ „echt" nachgestellt wird: mit Kanonendonner, Pulverdampf und Schwerterkampf Mann gegen Mann. Am Ende – na klar – siegen immer die Christen, vertreiben die Moros oder diese lassen sich konvertieren. Die bekannteste Fiesta de Moros y Cristianos findet im April in Alcoi statt.

Fiesta de Cartaginenses y Romanos

Auf ähnliche Weise gedenkt man in Cartagena der Historie: Man feiert dort ein gewaltiges einwöchiges Fest zur Erinnerung an die Zeit der **Karthager und Römer.** Die Fiesta de Cartaginenses y Romanos bildet jene Epoche nach, mit Schlachtengetümmel in Originaluniformen, Aufmarsch von Legionen und allem, was dazugehört. Die Bürger der Stadt nehmen begeistert daran teil. Das Fest beginnt immer am Freitag vor dem letzten Sonntag im September und dauert eine Woche.

Formalitäten

Kontrollen

Spanien hat das Schengen-Abkommen unterschrieben und gehört somit zu dem Territorium, das als sogenanntes grenzloses Gebiet gilt. Bürger aus EU-Ländern können sich hier **ohne Grenzkontrollen** bewegen. Staatsangehörige der **Schweiz** dürfen ohne Visum für drei Monate nach Spanien einreisen.

Für längere Aufenthalte müssen **Schweizer** z.B. bei der spanischen Botschaft in Bern ein Visum beantragen. In Deutschland, Österreich oder der Schweiz lebende Staatsbürger von Nicht-EU-Staaten müssen grundsätzlich ein Visum bei der entsprechenden diplomatischen Vertretung Spaniens beantragen:

- **Deutschland:** Spanische Botschaft, Lichtensteinallee 1, 10787 Berlin, Tel. (030) 2 540 070, Fax (030) 25 799 557.
- **Österreich:** Spanische Botschaft, Argentinierstraße 34, 1040 Wien, Tel. (01) 5 055 788, Fax (01) 505 578 825.
- **Schweiz:** Spanische Botschaft, Kalcheggweg 24, Postfach 99, 3000 Bern 15, Tel. (031) 3 505 252, Fax (031) 3 505 255.

Auch für alle Durchreiseländer über Land müssen **Nicht-EU-Bürger** ein Visum beantragen. Die diplomatischen Vertretungen kann man hier erfahren:

Ein farbenfrohes Fest: Moros y Cristianos

Tapfere Legionäre auf der Fiesta de Cartaginenses y Romanos

●**Deutschland:** www.auswaertiges-amt.de (Länder- und Reiseinfos), Tel. (030) 50 000, Fax (030) 50 003 402.
●**Österreich:** www.bmaa.gv.at (Bürgerservice), Tel. (05) 011 504 411, Fax (05) 011 590.
●**Schweiz:** www.dfae.admin.ch (Reisehinweise), Tel. (031) 3 238 484.

Papiere

Das bedeutet aber nicht, dass auf den **Personalausweis oder Reisepass** verzichtet werden kann, im Gegenteil, die meisten Hotels und alle Campingplätze verlangen ein Personaldokument. Die meisten Campingplatz-Betreiber nehmen den Ausweis sogar als Pfand in Verwahrung und geben ihn erst nach Bezahlen der Rechnung zurück. Auch wer eine Flugreise gebucht hat, sollte seinen Ausweis mitnehmen. Kinder müssen ihren Kinderausweis mitführen.

Wer mit einem Pkw einreist, benötigt nur den nationalen Führerschein und das Nationalitätenkennzeichen am Fahrzeug.

Geldfragen

Banken (bancos) sind montags bis freitags von 9 bis 14 Uhr geöffnet.

Kaufkraft

Ein Billig-Reiseland ist Spanien schon lange nicht mehr. Sicherlich werden immer noch einzelne Produkte billiger als bei uns angeboten, aber bei der Kalkulation des Urlaubsbudgets sollte man von **heimatlichen Preisen** ausgehen.

Währung

In Spanien gilt der Euro, 1 € = 1,27 Schweizer Franken, 1 SFr = 0,79 €.

Geldautomat

In jeder Stadt finden sich heute Geldautomaten, an denen man mit Maestro-Karte (in Deutschland auch EC-Karte genannt) oder Kreditkarte Geld ziehen kann. Die Geheimnummer eintippen und als nächsten Schritt die Sprache wählen, dann folgen alle weiteren Anweisungen auf Deutsch. Kleiner Haken: Die **Höchstgrenze** der Maestro-Karten liegt bei etlichen (aber nicht bei allen) Banken bei **150 €**, also deutlich unter dem garantierten Höchstbetrag. Je nach Hausbank wird dafür pro Abhebung eine Gebühr von ca. 1,30–4 € bzw. 4–6 SFr berechnet.

Kreditkarte

So sollte man vielleicht **größere Ausgaben** per Kreditkarte bezahlen. Hotels und viele Campingplätze bieten diesen Service genauso an wie die meisten Geschäfte, die touristische Artikel im Sortiment führen. An Tankstellen wird das Plastikgeld ebenfalls akzeptiert. Vorteil: Die engen Höchstgrenzen der Maestro-Karte gelten hier nicht. Nachteil: Innerhalb der Euro-Länder sollte die Barauszahlung per Kreditkarte nach der EU-Preisverordnung nicht mehr kosten als im Inland, aber je nach ausgebender Bank kann das Kreditkartenkonto mit bis zu 5,5 % der Abhebungssumme belastet werden (am Schalter in der Regel teurer als am Geldautomaten). Für das bargeldlose Zahlen per Kreditkarte innerhalb der Euro-Länder dürfen die ausgebenden Banken keine Gebühr für den Auslandseinsatz veranschlagen; für die Schweizer wird jedoch ein Entgelt von ca. 1–2 % des Umsatzes berechnet.

Bei **Verlust** oder **Diebstahl** der Karten siehe „Notfälle".

Gesundheit

Ein nicht unerhebliches Hindernis beim Arztbesuch ist das Sprachproblem. Über das deutsche Honorarkonsulat in Alicante oder über seinen Automobilclub können Adressen von **deutschsprachigen Ärzten** erfragt werden.

Gesetzliche Krankenversicherung

Die gesetzlichen Krankenkassen von Deutschland und Österreich garantieren eine Behandlung im akuten Krankheitsfall auch in Spanien, wenn die Versorgung nicht bis nach der Rückkehr warten kann. Als Anspruchsnachweis benötigt man die **Europäische Krankenversicherungskarte**, die man bei seiner Krankenkasse erhält.

Im Krankheitsfall besteht ein Anspruch auf ambulante oder stationäre Behandlung, dazu muss (!) zunächst eines der staatlichen Gesundheitszentren oder ein staatliches Krankenhaus aufgesucht werden. Eventuell wird man dann an einen Facharzt überwiesen. Da jedoch die Leistungen nach den gesetzlichen Vorschriften im Ausland abgerechnet werden, kann man auch gebeten werden, zunächst die Kosten der Behandlung selbst zu tragen. Obwohl bestimmte Beträge von der Krankenkasse hinterher erstattet werden, kann ein Teil der finanziellen Belastung beim Patienten bleiben und zu Kosten in kaum vorhersagbarem Umfang führen.

Auslandskrankenversicherung

Deshalb wird der Abschluss einer privaten Auslandskrankenversicherung dringend empfohlen.

Bei Abschluss der Versicherung – die es mit bis zu einem Jahr Gültigkeit gibt – sollte auf einige Punkte geachtet werden. Zunächst sollte ein **Vollschutz ohne Summenbeschränkung** bestehen, im Falle einer schweren Krankheit oder eines Unfalls sollte auch der **Rücktransport** übernommen werden, denn den Krankenrücktransport von den gesetzlichen Krankenkassen nicht bezahlt. Diese Zusatzversicherung bietet sich auch über einen Automobilclub an, insbesondere wenn man bereits Mitglied ist. Sie bietet den Vorteil billiger Rückholleistungen (Helikopter, Flugzeug) in extremen Notfällen.

Wichtig ist auch, dass im Krankheitsfall der Versicherungsschutz über die vorher festgelegte Zeit hinaus **automatisch verlängert wird,** wenn die Rückreise nicht möglich ist.

Zur Erstattung der Kosten benötigt man ausführliche **Quittungen** (mit Datum, Namen, Bericht über Art und Umfang der Behandlung, Kosten der Behandlung und Medikamente).

Schweizer sollten bei ihrer Krankenversicherungsgesellschaft nachfragen, ob die Auslandsdeckung auch für Spanien inbegriffen ist. Sofern man keine Auslandsdeckung hat, kann man sich kostenlos bei Soliswiss (Gutenbergstr. 6, 3011 Bern, Tel. 031-3810 494, www.soliswiss.ch) über mögliche Krankenversicherer informieren.

Hin- und Rückreise

Per Auto

Wer zwei oder drei Wochen Urlaub hat, wird um eine Fahrt über die gebührenpflichtigen **französischen Autobahnen** nicht herumkommen. Ich habe selbst vor Jahren einmal versucht, über Landstraßen durch Frankreich zu rollen, aber es dauert mindestens einen Tag länger.

Grob führen je nach Ausgangspunkt drei Wege in Richtung Spanien, alle laufen spätestens ab Lyon zusammen. Norddeutsche reisen vorzugsweise **über Freiburg,** zunächst über die A 7, später über die A 5. Die Grenze wird bei Mulhouse überquert, es geht weiter über die französische Autobahn A 36 Richtung Dijon. Dort stößt die A 36 auf die nach Süden führende Autobahn, die über Lyon, Montpellier und Narbonne zur spanischen Grenze führt.

Alternativ kann ein Reisender aus Norddeutschland auch den Weg wählen, den die meisten Westdeutschen wohl fahren werden, nämlich **über Luxemburg.** Die Route führt von Trier über Luxemburg nach Frankreich, verläuft dann über die A 31 nach Metz und Nancy und erreicht schließlich auch Dijon, wobei das Stück bis Nancy gebührenfrei bleibt. Ab Dijon verdichtet sich der Verkehr, denn dort vereinen sich drei Autobahnen, die aus Paris, die aus Mulhouse und die aus Luxemburg.

Wer aus dem Raum Süddeutschland startet, kann sowohl die Variante über Freiburg wählen als auch **durch die Schweiz** fahren. Diese Route führt über Zürich, Bern, Lausanne und Genf und stößt schließlich bei Lyon auch auf die zur spanischen Grenze führende Autobahn.

Praktische Reisetipps A–Z

Luxemburg – Dijon

Luxemburg ist schnell passiert, die Autobahn ist hervorragend ausgeschildert und kostenfrei. Das kleine Herzogtum wird in Richtung A 31 verlassen und der ganze Weg über Thionville bis **Metz** bleibt gebührenfrei, immerhin fast 60 Kilometer. Die Autobahn verläuft großzügig an Metz vorbei und führt schnurstracks nach Süden, immer noch mautfrei. Erst bei dem Ort **Toul,** unweit von Nancy, wird erstmals eine Zahlstelle erreicht, da sind aber schon 130 Kilometer zurückgelegt.

Die A 31 verläuft ab Toul stetig nach Süden, nächster neuralgischer Punkt ist das Autobahndreieck bei Langres, da sich dort die Autobahn mit der A 15 aus Paris vereint. Nach etwa 320 Kilometern (von Luxemburg) wird schließlich **Dijon** erreicht. Nun fehlen nicht mehr allzu viele Kilometer bis **Beaune,** wo sich das Verkehrsaufkommen spürbar erhöht. Von Paris kommt die A 6, die beiden Autobahnen vereinen sich und verlaufen als A 6 nach Süden, als **Autoroute du Soleil.**

Freiburg – Dijon

Die Grenze zwischen Deutschland und Frankreich nimmt man kaum wahr. War man eben noch in Freiburg und folgte deutschen Schildern, huscht man rüber auf französisches Gebiet, ohne es richtig zu realisieren, und schon wird **Mulhouse** erreicht. Die Autobahn A 36 verläuft über gut 240 Kilometer und erreicht bei **Dole** die nach Süden führende A 39, die bei Lyon auf die nach Süden führende Autobahn stößt.

Dijon – spanische Grenze

Der Rastplatz Beaune-Tailly bei Kilometer 307 hat nicht nur ein gutes Motel und mehrere Restaurants, sondern auch eine richtige Sehenswürdigkeit zu bieten, das **Archéodrome Bourgogne.** Eine wunderbare Möglichkeit, um den lieben Kleinen in der Pause mal etwas Abwechslung zu bieten. Dieses archäologische Museum zeigt, wie unsere Vorfahren lebten, und dies nicht mittels staubtrockener Exponate, sondern mit durch Puppen nachgestellten Szenen des Alltags bis hin zu Schwerter schwingenden Kämpfern. Eine weitere Überraschung bietet der Rastplatz bei Kilometer 364, der ganz „im Zeichen des Pilzes" gehalten ist, mit originellem Kinderspielplatz und Trimmpfad.

Weiter auf der Autobahn wird **Lyon** erreicht, immer noch das einzige Nadelöhr auf dem Weg nach Süden. Zwei Wege werden angeboten, einer führt mitten durch die Stadt, auf dem anderen wird der Fahrer weiträumig an ihr vorbeigelotst. Ich bin beide Strecken gefahren, und mir schien der Weg durch die Stadt angenehmer. Bis auf einen ganz kurzen Abschnitt verläuft nämlich eine zweispurige, autobahnähnliche Straße mitten durch Lyon (auf der Rückfahrt kann man hier übrigens stur der Beschilderung „Paris" folgen). Die Umgehungsstrecke erfordert etwas mehr Konzentration, da hier etliche Gabelungen richtig zu nehmen sind.

Die Autobahn heißt nun A 7 und führt stetig nach Süden. Zunächst wird **Valence** passiert, später **Montélimar,** und nun folgt auch schon bald der erste Hinweis auf „Barcelone". Die Autobahn verläuft parallel zur Rhône, vereinzelt erheischt man einen Blick auf den Fluss. Nach etwa 700 Kilometern (von Luxemburg) wird **Orange** erreicht, hier gabelt sich die Autobahn erneut. Die A 7 biegt ab in Richtung Marseille, während die Strecke zur Costa Brava A 9 heißt und über Avignon, Nîmes, Montpellier und Narbonne immer dem **Küstenverlauf des Mittelmeers** folgt. Bei Montpellier kann man erstmals das Meer erspähen. Dann wird bei Narbonne ein weiteres Autobahndreieck erreicht: Die A 61 von Toulouse stößt auf unsere „Route des Südens". Nach gut 1000 Kilometern (von Luxemburg) gelangt man nach Perpignan. Die Raststätte „Village Catalan" gibt einen ersten Eindruck in das kulturelle Umfeld, in dem man sich nun bewegt: Ein katalanisches Dorf wurde hier nachgebaut. Kurze Zeit später erreicht man endlich die **Grenze,** heutzutage brausen wir nur noch durch, dem Schengen-Abkommen sei Dank.

Höchstgeschwindigkeiten in Frankreich

	in Orten	Landstraßen	Autobahnen
● Pkw	50	90	130/110[1]
● Pkw mit Anhänger	50	80	80

[1] bei Regen

Autobahngebühren

Unter www.autoroutes.fr kann man die aktuellen französischen **Autobahngebühren** auf Englisch und Französisch erfragen. Ebenso bieten der ADAC (www.adac.de unter „Reiseservice, Tourplaner") Hilfestellung.

Schweizer Autofahrer finden unter www.tcs.ch Infos.

Wer ein Wohnmobil steuert, muss etwa 60–90 % mehr bezahlen, je nach Größe seines Fahrzeugs. Ein kleiner Gepäckanhänger unter 500 kg bleibt kostenfrei, während ein Caravan noch einmal etwa 50 % des Pkw-Preises zusätzlich kostet.

Die Schweizer bzw. Österreicher Vignette muss jeder Autofahrer haben, der in diesen Ländern auf Autobahnen oder autobahnähnlichen Strecken fährt. Wer ohne sie erwischt wird, zahlt eine saftige Strafe und muss die Vignette obendrein nachkaufen. Automobilclubs verkaufen die Vignette, ansonsten kann sie noch an den Grenzen erworben werden.

Staugefahr

Im Juli und August ist die Strecke zwischen Lyon und der spanischen Grenze eine der am stärksten befahrenen Autobahnen Europas! Schon aus diesem Grund sollte jeder sein Pensum nicht zu großzügig bemessen und Staus genauso wie Übernachtungspausen einkalkulieren.

Übernachten in Frankreich

Etwa alle 80 Kilometer befindet sich auf einem der großen Rastplätze ein **Motel**. Diese sind immer rechtzeitig ausgeschildert, erstmals bereits 20 Kilometer vorher. Angeboten werden drei Zimmertypen, deren qualitative Unterschiede marginal sind. Die Preise liegen bei etwa 70 bis 90 € pro Zimmer. Das Frühstück wird extra berechnet, der Wagen parkt direkt vor dem Zimmer. Erstaunlicherweise schläft es sich recht ruhig, trotz der unmittelbaren Nähe zur Autobahn.

Die **Raststätten** fallen grundsätzlich recht großzügig aus. Wenn sogar ein Motel errichtet wurde, hat man nicht an Platz gespart. Ein Restaurant fehlt nie, ein kleiner Laden auch nicht, ein Bistro, eventuell noch eine Snackbar runden das Angebot ab. Aber auch die Raststätten ohne Tankstelle und Verpflegung können sich sehen lassen, ein WC gibt es immer, eine Freiluft(!)-Dusche meistens.

Motels von Nord nach Süd:
- **A6:** km 307 – Aire de Beaune-Tailly
- **A6:** km 375 – Aire de Mâcon-St. Albain
- **A7:** km 28 – Aire de St. Rambert (bei Annonay, kurz hinter Lyon)
- **A7:** km 120 – Aire de Montélimar
- **A9:** km 18 – Aire de Travel-Nord
- **A9:** km 110 – Montpellier Fabrèques
- **A9:** km 182 – Narbonne-Vinassan
- **A9:** km 264 – Village Catalan (bei Perpignan)
- Wer von **Freiburg** kommt, findet an der **A 36** bei km 112, Besançon Marchaux, ein Motel.

Campingplätze für unterwegs

In Frankreich liegen viele Plätze in erträglicher Distanz zur Autobahn. Hier nur ein paar Tipps in Nord-Süd-Richtung.
- **Camping Des Etangs du Bois de Revenge,** geöffnet: Mai–Sept., sehr großer Platz im Grünen; zu erreichen: Autobahn A 36 Besançon–Mulhouse, Abfahrt Nr. 5 Baumes-les-Dames und weiter Richtung Rougemont und Villersexel auf der D 50.
- **Camping La Grappe d'Or,** geöffnet: Ende März–Okt., kleiner Platz, nicht allzu weit von der Autobahn entfernt; zu erreichen: Autobahn A 6 Dijon–Lyon, Abfahrt Beaune und dann weiter über die N 74 nach Changy.
- **Camping L'Eperviere,** ganzjährig geöffnet, unweit der Autobahn gelegener mittelgroßer Platz; zu erreichen: Autobahn A 7 Lyon–Valence, Abfahrt Valence Sud und über die N 7 Richtung Tournou, beschildert.
- **In Spanien** bietet sich der nur wenige Kilometer südlich der französischen Grenze gelegene Ort **Sant Pere Pescador** als Übernachtungsziel an. Insgesamt sieben Camping-

plätze liegen direkt an einem sehr schönen Strand. Alle sind bereits im Ort gut ausgeschildert und leicht zu erreichen. Obendrein zählen einige dieser Plätze zu den größten und besten Plätzen Spaniens überhaupt (La Ballena Alegre 2, Les Dunes oder L'Àmfora). Einziger Nachteil: relativ begrenzte Öffnungszeiten von Ostern oder Anfang Mai bis Ende September. Zu erreichen: Autobahnabfahrt Nr. 5 (L'Escala, Empúries) und zuerst Richtung Empúries bzw. Sant Martí fahren, dann der Ausschilderung nach Sant Pere Pescador folgen.

Durch Spanien

Glücklich an der französisch-spanischen Grenze angekommen, bleiben immer noch schlappe 700 Kilometer. Die Grenze selbst nimmt man heute kaum noch wahr. Auf spanischer Seite rollt zunächst recht viel Verkehr Richtung **Barcelona.** Im Großraum dieser Millionenstadt, der nach etwas mehr als 100 Kilometern erreicht wird, verdichtet sich das Verkehrsaufkommen. Der Urlauber, den es nach Süden zieht, wird großzügig um Barcelona herumgeleitet. Ausgeschildert sind Tarragona und die A 7. Zwischen beiden Städten verläuft die *autopista* dreispurig, wenn auch nicht durchgehend. Mehrfach müssen übrigens kleinere Summen zwischen 3 und 5 € an Mautgebühr bezahlt werden, Kleingeld also bereithalten.

Wer über die Autobahn anreist, wird häufig zur Kasse gebeten

Wenn **Tarragona** erreicht ist, wird es auch etwas ruhiger auf der Autobahn. Die A 7 verläuft weiterhin parallel zur Küstenlinie nach Süden, ausgeschildert sind bereits „Valencia" und „•Alicante". Für ein gut 200 Kilometer langes Teilstück heißt es nun „Kilometer fressen", denn allzu viel Spannendes gibt es unterwegs nicht zu sehen. Die Landschaft wird erkennbar karger. Bei Tortosa passiert man das **Ebro-Delta,** das einen Zwischenstopp wert ist. Die flache Ebene ist vom Reisanbau geprägt und zeichnet sich in Meeresnähe durch sehr schöne Strände aus, wo mit dem „Delta-Hotel" auch ein reizender Zwischenstopp empfohlen werden kann (www.deltahotel.net), es ist ab Deltebre ausgeschildert.

Weiter auf der A 7 erreicht man schließlich **Valencia.** Den Autofahrer leitet eine eindeutige Ausschilderung großzügig an der drittgrößten Stadt Spaniens vorbei. Falls doch einmal Zweifel auftauchen: immer nach „A 7" oder „Alicante" richten. Das Verkehrsaufkommen erhöht sich im Bereich Valencia kurzfristig, aber sobald die gebührenpflichtige Strecke erreicht ist, ebbt der Strom spürbar ab.

Nun kann man zum Endspurt ansetzen. Mit der Abfahrt Nr. 62 (Dénia) ist die Costa Blanca erreicht. Bis **Alicante** folgen die Abfahrten 63: Benissa, 64: Altea, 65: Benidorm (gibt's gleich zweimal), 66: La Vila Joiosa oder Villajoyosa und 67: Sant Joan oder San Juan. Wer noch weiter südlich gelegene Ziele hat, muss sich alsbald entscheiden: Die A 7 verläuft hinter Alicante in Richtung Murcia weit im Hinterland. Zielgebiete wie Santa Pola, Torrevieja oder auch **Mar Menor** erreicht man am schnellsten über die Abfahrt 72 in Richtung Flugplatz und von dort über die N 332. Alternativ kann man aber auch weiter auf der A 7 Richtung Elche fahren und bei der Abfahrt 76 auf die A 32 wechseln, die zum Mar Menor führt.

Per DB AutoZug

Im Hochsommer quält sich halb Europa über die französischen Autobahnen Richtung Spanien und steht kollektiv im Stau. Bequemer und vor allem entspannter geht es mit dem DB AutoZug, wenn auch zunächst der Preis manchen Reisenden zögern lässt.

Die DB AutoZug GmbH bietet von verschiedenen Terminals (Düsseldorf, Frankfurt, Hamburg, Hildesheim, Berlin) eine Verbindung bis zum südfranzösischen **Narbonne** an. Von dort fährt man dann nur noch 140 Kilometer bis zur spanischen Grenze. Die Fahrt dauert rund 20 Stunden, der angehende Urlauber erreicht jeweils gegen 10 Uhr ausgeschlafen Narbonne. Gewählt werden kann zwischen Schlafwagenabteilen (für maximal drei Personen), Einzelplätzen im Liegewagen und einem ganzen Liegewagenabteil für maximal fünf Personen.

Für die 1660 Kilometer lange Strecke von Hamburg nach Narbonne zahlen zwei Erwachsene im Liegewagen inklusive Autotransport je nach Saison 400–660 € (einfache Fahrt). Wer mehr Komfort wünscht, kann zu einem entsprechenden Mehrpreis auch einen Platz im Schlafwagen buchen. Für Schnellbucher gibt es **Autozug-Spezial,** ein vergünstigter Tarif von nur 209 € für zwei Personen im Liegewagen und Fahrzeugmitnahme. Buchbar bis 7 Tage vor Abfahrt, solange der Vorrat reicht.

Gefahren wird von April bis Oktober zwischen ein- bis zweimal wöchentlich. Damit ist die Reise im DB AutoZug allemal ihren Preis wert. Nicht zu vergessen, dass man statt rund 100 € Autobahngebühren in Frankreich (ab Freiburg) nur noch ca. 10 € ab Narbonne zu zahlen hat und sich auch noch eine Hotelübernachtung spart.

● **DBAutoZug,** www.dbautozug.de oder Tel. 01805 241 224 (0,14 €/Min.).

Per Bahn

Langsamer und manchmal sogar teurer als mit dem Billig-Flieger – dafür mit mehr Erlebnis-Faktor!

Die Bahnreise zur Costa Blanca führt **zunächst nach Barcelona-Sants,** dem Hauptbahnhof der katalonischen Metropole. Von dort gelangt man ungefähr alle 2 Std. mit den Schnellzügen der Spanischen Eisenbahn RENFE weiter in den Süden. Die kaum 5-stündige Fahrt bis Alicante kostet ab 45 Euro.

Ideal für die Anreise bis Barcelona ist der **Hotel-Zug „Pau Casals".** Er fährt im Sommer täglich, sonst dreimal wöchentlich ab Zürich, Bern und Genf. Der Zug bietet Ruhesessel-Wagen oder Schlaf-Abteile mit zwei oder vier Betten sowie ein Restaurant mit gutem Angebot und eine Bar für den Schlummertrunk am Abend.

Eine Klasse für sich – allerdings auch hinsichtlich des Preises – sind die **„Gran Classe"-Abteile** mit eigener Dusche und WC sowie einem mehrgängigen Abend-Menü und einem guten Frühstück im Zug-Restaurant.

Ein weiterer Hotelzug namens **Juan Miro** fährt jede Nacht von Paris-Austerlitz – interessant für Reisende aus Nord- und Westdeutschland, von wo aus per ICE Köln und dann per Thalys Paris-Nord erreicht wird. Der Bahnhofswechsel in Paris ist mit der Metro recht unkompliziert – wenig Gepäck vorausgesetzt – und erfordert gut eine Stunde.

Die Talgo-Züge werden von der RENFE bewirtschaftet: Service und Bord-Sprache sind Spanisch. So kommt schon in Zürich, Paris oder Bern die richtige Urlaubsstimmung auf. Und sie sind sehr beliebt: In der Hochsaison kurzfristig noch Plätze zu bekommen, ist meist aussichtslos.

Eine **dritte Variante** bildet der unterschiedlich oft verkehrende Liegewagen- und Ruhesessel-Zug von Strasbourg und Mulhouse zum Grenzort Cerbere/Port Bou. Dort besteht direkter Anschluss Richtung Valencia, Alicante, Murcia und Cartagena, ohne Umsteigen in Barcelona. Dieser Zug ist etwas preiswerter als die Talgo-Nachtzüge, aber langsamer und weniger komfortabel.

Die **Nachtzüge** fahren an ihrem Abgangs-Ort jeweils gegen 20 Uhr und erreichen am nächsten Morgen gegen 9 Uhr ihren Endbahnhof.

Von Alicante erreicht man den Norden der Costa Blanca mit einer Kleinbahn, die bis Denia verkehrt. Alternativ benutzt man in Valencia die häufig fahrenden Linienbusse.

Die südlichen Küstenorte sind per Bus sehr gut ab Alicante zu erreichen.

Buchung und Infos

● **Deutsche Bahn,** www.bahn.de, (D)-Tel. 11 861 (anfangs 0,03 €/Sek., Weiterleitung zum Reiseservice 0,39 €/Min.).
● **Österreichische Bahn,** www.oebb.at, (A)-Tel. 051 717 (zum Ortstarif).
● **Schweizer Bahn,** www.sbb.ch, (CH)-Tel. (0900) 300 300 (1,19 SFr/Min.).
● **SNCF** (Frankreich), www.voyages-sncf. com.
● **RENFE** (Spanien), www.renfe.es.
● **Gleisnost** am Stadttheater, Bertoldstr. 44, 79098 Freiburg, Tel. (0761) 383 031 oder Gleisnost im Bahnhof Littenweiler, Lindenmattenstr. 18, 79117 Freiburg, Tel. (0761) 62 037, www.gleisnost.de. Wer sich nicht selbst durch den Dschungel der Bahntarife und Fahrpläne schlagen und trotzdem Geld sparen will, erhält bei diesem spezialisierten Reisebüro kompetente Beratung – und auf Wunsch die Tickets ins Haus geschickt.

Per Bus

Internationale Buslinien fahren im Bereich der Costa Blanca Benidorm, Benissa und Alicante an, im Bereich der Costa Cálida bis Murcia. Die Fahrt dauert je nach Abfahrtsort zwischen 30 und 36 Stunden. Die Ankunftszeit liegt planmäßig bei 18.30 Uhr (Benidorm) und 19.15 Uhr (Alicante). Die Preise liegen bei etwas über 200 € hin und zurück, die einfache Fahrt kostet rund 120–130 €. Es gibt aber auch erhebliche Frühbucherrabatte. Infos:
● **Deutsche Touring GmbH,** Tel. (069) 790 3501, www. touring.de.

Per Flugzeug

Der Flugplatz für Deutsche, Österreicher und Schweizer an der Costa Blanca liegt in Alicante. Für einen Hin-und Rückflug zahlt man 100–350 €, je nach Saison. Tickets von Condor, Iberia und Spanair werden von folgendem Reisebüro zu günstigen Preisen angeboten:

- **Jet-Travel,** Bonn, Tel. (0228) 284 315, www.jet-travel.de.

Billigflieger

Außerdem steuern folgende Airlines auch **Alicante** an: **Air Berlin** fliegt von vielen Flughäfen in Deutschland, Österreich und der Schweiz (www.airberlin.com), **Easyjet** von Dortmund, Basel-Mulhouse-Freiburg und Genf (www.easyjet.com) sowie **Ryanair** von Bremen, Weeze/Niederrhein, Maastricht, Basel und Karlsruhe-Baden (www.ryanair.com).

Last Minute

Wer sich erst im letzten Augenblick für die Reise entscheidet oder gern pokert, kann Ausschau nach Last-Minute-Flügen halten, die **ab etwa 14 Tage vor Abflug** angeboten werden, wenn noch Plätze zu füllen sind. Diese Flüge lassen sich bei Iberia direkt (www.iberia.de) und ansonsten nur bei Spezialisten buchen:

- **L'Tur,** (D)-Tel. (0180) 5 212 121, www.ltur.com, (A)-Tel. (0820) 600 800, (CH)-Tel. (0848) 808 088.
- **Lastminute.com,** (D)-Tel. (0180) 5 777 257, www.de.lastminute.com.
- **5 vor Flug,** (D)-Tel. (0180) 5 105 105, www.5vorflug.de.
- **www.restplatzboerse.at:** Schnäppchenflüge für Österreicher.

Eine Taxifahrt vom Flugplatz Alicante in die City kostet wenigstens 15 €. Alternativ kann der Bus Nr. C6 genutzt werden. Er verkehrt alle 40 Minuten und fährt zum Busterminal sowie zur zentralen Puerta del Mar. Dauer ca. 40 Minuten.

Mini-„Flug-Know-how"

Check-in

Nicht vergessen: Ohne einen **gültigen Reisepass oder Personalausweis** (letzteres nur für EU-Staatsbürger) kommt man nicht an Bord. Bei innereuropäischen Flügen muss man mindestens eine Stunde vor Abflug am Schalter der Airline eingecheckt haben. Viele Airlines neigen zum **Überbuchen,** d.h., sie verkaufen mehr Tickets, als Sitze im Flugzeug vorhanden sind, und wer zuletzt kommt, hat dann das Nachsehen.

Gepäck

In der Economy-Class darf man in der Regel nur **Gepäck bis zu 20 kg pro Person** (Ausnahme z.B. *Ryanair* mit nur 15 kg) einchecken und zusätzlich ein Handgepäck von 7 kg in die Kabine mitnehmen, welches die Größe von 55 x 40 x 23 cm nicht überschreiten darf. In der Business Class

Praktische Reisetipps A–Z

sind es meist 30 kg pro Person und zwei Handgepäck-
stücke, die insgesamt nicht mehr als 12 kg wiegen dürfen.
Man sollte sich beim Kauf des Tickets über die Bestimmun-
gen der Airline informieren. **Flüssigkeiten** oder vergleich-
bare Gegenstände in ähnlicher Konsistenz (z.B. Getränke,
Gels, Sprays, Shampoos, Cremes, Zahnpasta, Suppen) dürfen Fluggäste nur noch in der Höchstmenge von jeweils 0,1
Liter als Handgepäck mit ins Flugzeug nehmen. Die Flüssigkeiten müssen in einem **durchsichtigen, wiederver-
schließbaren Plastikbeutel** transportiert werden, der maximal einen Liter Fassungsvermögen hat. Da sich diese Regelungen jedoch ändern können, sollte man sich beim Reisebüro oder der Fluggesellschaft nach den derzeit gültigen
Regelungen erkundigen.

Aus Sicherheitsgründen dürfen **Taschenmesser, Nagelfei-
len, Nagelscheren, sonstige Scheren** und Ähnliches nicht
mehr im Handgepäck untergebracht werden. Diese sollte
man unbedingt im aufzugebenden Gepäck verstauen, sonst

werden diese Gegenstände bei der Sicherheitskontrolle einfach weggeworfen. Darüber hinaus gilt, dass Feuerwerke, leicht entzündliche Gase (in Sprühdosen, Campinggas), entflammbare Stoffe (in Benzinfeuerzeugen, Feuerzeugfüllung) etc. nichts im Passagiergepäck zu suchen haben.

Infostellen

Ortsbüros

Die meisten der hier vorgestellten Orte haben ein eigenes Touristenbüro, die Adresse steht jeweils im Infokasten vor der Ortsbeschreibung. Wer **allgemeine Infos** zu diesem Ort möchte oder eine **Liste der Unterkünfte,** der wird hier gut bedient. Die Büros antworten auch auf Anfragen aus dem Ausland. Wer eine spezielle Frage stellt, wird dagegen oft enttäuscht. Der Prospektversand klappt ausgezeichnet, individuelle Fragen fallen jedoch häufig durch.

Spanisches Fremdenverkehrsamt

Mit ganz allgemeinen Auskünften kann man sich auch an eines der spanischen Fremdenverkehrsämter wenden. Auch hier klappt der Prospektversand tadellos, anzufordern unter Tel. (06123) 99 134, Fax 9 915 134.

- **Berlin:** Kurfürstendamm 63, 10707 Berlin, Tel. (0180) 3 002 647, Fax 8 826 661, berlin@tourspain.es.
- **Düsseldorf:** Grafenberger Allee 100 (Kutscherhaus), 40237 Düsseldorf, Tel. (0180) 3 002 647, Fax 6 803 985, duesseldorf@tourspain.es.
- **Frankfurt/M.:** Myliusstr. 14, 60323 Frankfurt/M., Tel. (0180) 3 002 647, Fax 725 313, frankfurt@tourspain.es.
- **München:** Postfach 151940, 80336 München, Tel. (0180) 3 002 647, Fax 53 074 620, munich@tourspain.es.
- **Wien:** Walfischgasse 8, 1010 Wien, Tel. (01) 5 129 580, Fax 5 129 581, viena@tourspain.es.
- **Zürich:** Seefeldstr. 19, 8008 Zürich, Tel. (044) 2 536 050, Fax 2 526 204, zurich@tourspain.es.
- **Genf:** 15, rue Ami-Lévrier-2°, 1211 Geneve-1, Tel. (022) 7 311 133, Fax 7 311 366, ginebra@tourspain.es.

Internet

- **www.costablanca.org**
  Viele Infos zu allen Orten und Kreisen an der Küste.
- **www.comunitatvalenciana.com**
  Die autonome Region Valencia stellt sich vor, zu der auch die Costa Blanca zählt (auf Deutsch).
- **www.tourspain.es**
  Große Informationsauswahl zu ganz Spanien.
- **www.costablancanachrichten.com**
  Homepage der deutschsprachigen Zeitung der Costa Blanca, die ihre aktuellen Artikel auch online bringt.

●**www.costanachrichten.com**
Infos zur Costa Blanca und auch zur Costa Cálida (auf Deutsch).
●**www.spain.info**
Die Homepage von Tourespaña bietet viele praktische Infos, aber auch fundiertes Hintergrundwissen.
●**www.reise-know-how.de**

Mit Kindern unterwegs

Die schönen, breiten Sandstrände der Costa Blanca werden sicher auch die lieben Kleinen begeistern. Wer seinen Kindern noch mehr Urlaubsvergnügen bieten möchte, kann es mit folgenden Unternehmungen versuchen, an denen wohl die ganze Familie ihren Spaß haben dürfte.

Schmalspurbahn
Der etwas andere Ausflug: mit der Schmalspurbahn zwischen Dénia und Alicante die **Küste entlangschaukeln** und aussteigen, wo immer es einem beliebt.

Bootstrip
Vom Hafen in **Dénia** werden Fahrten entlang der Küste bis nach Jávea oder Calpe angeboten. Eine prima Gelegenheit, einmal den Strand „von der anderen Seite" zu begucken. Bootstouren nach Benidorm oder Dénia bzw. Jávea kann man von **Calpe** aus unternehmen.

Cueva de Benidoleig
Eine kühle und leicht finstere **Tropfsteinhöhle,** in der man mit viel Fantasie die tollsten Figuren in den Stalaktiten und Stalakmiten erkennen kann. Die Höhle liegt etwa 15 Kilometer von Dénia entfernt im Hinterland.

Fuentes de Algar
Einmal einen rauschenden **Wasserfall** erleben und anschließend in einem **Naturpool** planschen: Nicht nur für Kinder ist das ein außergewöhnliches Erlebnis. Im Hinterland von Altea kann man es realisieren.

Aquarium
Das Acuario Municipal in **Santa Pola** zeigt in neun großen Aquarien die Artenvielfalt des Mittelmeeres.

Schokomuseum
In **Villajoyosa** widmet sich ein ganzes Museum der süßen Leckerei. Hier wird alles über den Anbau der Rohstoffe und die Herstellung erklärt.

Aqualandia
In Benidorms **Badepark** mit diversen Rutschen und Spaßbädern kommen Wasserratten voll auf ihre Kosten.

011cb Foto: sm

Terra Mítica Der zweitgrößte **Themenpark** Spaniens stellt verschiedene Kulturen des Mittelmeerraumes vor und bietet allerlei Abwechslung wie Achterbahnen und weitere Fahrattraktionen. Der Park liegt unweit von Benidorm.

Festilandia Ein weiterer **Vergnügungspark** für Kinder, natürlich in Benidorm.

Notfälle

Autopanne/ -unfall Hilfe ist z.B. für ADACPlus-Mitglieder oder ÖAMTC-Mitglieder teilweise kostenlos. Man kann sich auch direkt an seinen Club wenden. Hier die drei größten:

- **ADAC** München ist erreichbar unter Tel. (0049) 89 222 222 oder in Barcelona unter Tel. 935 082 828, unter Tel. (0049) 89 767 676 gibt es Adressen von deutschsprachigen Ärzten in der Nähe des Urlaubsortes.
- **ÖAMTC** Wien unter Tel. (0043) 12 512 000 oder in Barcelona unter Tel. 935 082 825.
- **TCS** Genf unter Tel. (0041) 224 172 220.

Verlust von „Plastik- karten" Bei Verlust oder Diebstahl der Kredit- oder Maestrokarten sollte man diese umgehend sperren lassen. Für deutsche Maestro- und Kreditkarten gibt es die **einheitliche Sperr-**

Notfall-Telefonnummern

- **Notruf allgemein:** 112
- **Notdienste, schwere Fälle:** 061
- **Ärztliche Hilfe:** 144 000
- **Rotes Kreuz:** 915 222 222
- **Feuerwehr:** 080
- **Polizei:** Policía Municipal (städtische Polizei) 092
Policía Urbana de Tráfico (Verkehrspolizei) 092
Guardia Civil 091
- **Pannendienste:** 091 441 2222
- **GRÚA** (Infos über abgeschleppte Autos): 092
- **Telefonauskunft:** Inland 1003, Europa 1005,
außereuropäische Länder 025
- **Diplomatische Vertretungen:**
Deutsches Honorarkonsulat Alicante 965 217 060
Konsulat Österreichs in Valencia 963 522 212
Honorarkonsulat der Schweiz in Valencia 963 518 816

nummer **(0049) 116 116** und im Ausland zusätzlich (0049) 30 40 504 050. Für österreicherische und schweizerische Karten gelten:

- **Maestro-Karte (EC-Karte),** Tel. (0043) 12 048 800; Tel. (0041) 442 712 230, UBS: (0041) 848 888 601, Credit Suisse: (0041) 800 800 488.
- **MasterCard,** internationale Tel. 001 6 367 227 111.
- **VISA,** Tel. (0043) 1 7111 1770; Tel. (0041) 589 588 383.
- **American Express,** Tel. (0049) 6 997 971 000; Tel. (0041) 446 596 333.
- **Diners Club,** Tel. (0043) 1 501 350; Tel. (0041) 587 508 080.

Geldnot   Wer dringend eine größere Summe ins Ausland überweisen lassen muss wegen eines Unfalls oder Ähnlichem, kann sich über **Western Union** Geld nach Spanien schicken lassen. Für den Transfer muss man die Person, die das Geld schicken soll, vorab benachrichtigen. Diese muss dann bei einer Western Union Vertretung (in Deutschland u. a. bei der Postbank) ein entsprechendes Formular ausfüllen und den Code der Transaktion telefonisch oder anderweitig übermitteln. Mit dem Code und dem Reisepass geht man zu einer beliebigen Vertretung von Western Union in Spanien (siehe Telefonbuch oder unter www.westernunion. com), wo das Geld nach Ausfüllen eines Formulars binnen Minuten ausgezahlt wird. Je nach Höhe der Summe wird eine Gebühr von derzeit 10,50 € und mehr erhoben.

Ausweis-verlust, dringender Notfall

Wird der Pass oder Ausweis im Ausland gestohlen, muss man diesen bei der örtlichen Polizei melden. Darüber hinaus sollte man sich an die nächste diplomatische Auslandsvertretung seines Landes wenden, damit man einen Ersatz-Reiseausweis ausgestellt bekommt (ohne kommt man nicht an Bord eines Flugzeuges).

Auch in **dringenden Notfällen,** z.B. medizinischer oder rechtlicher Art, sind die Auslandsvertretungen bemüht vermittelnd zu helfen (siehe Kap. Diplomatische Vertretungen).

Öffentliche Verkehrsmittel

Bahn

Zwischen Dénia und Alicante verkehrt eine **Regionalbahn,** die unterwegs mehrere Dutzend Male hält und so jeden Ort an der Küste erreicht – eine prima Möglichkeit, um einen Ausflug zu unternehmen. Die Fahrt bis Alicante dauert durch die häufigen Stopps zwar recht lange, bietet aber **grandiose Blicke auf die Küste.** Streckenweise verläuft die Bahnlinie tatsächlich unmittelbar am Meer entlang. Allerdings muss in El Campello in eine Straßenbahn umgestiegen werden.

Das aber soll sich ändern, Alicante hat große Pläne. So wurden schon mitten im Zentrum der Stadt Alicante mehrere unterirdische Bahnhöfe errichtet und neue Stadt-Bahn-Linien geplant bzw. in Auftrag gegeben. Eines nicht so fer-

132cb Foto: jf

nen Tages soll zusätzlich eine **Schnellbahn** hoch bis Dénia fahren und nur noch an den wichtigsten Orten halten. Außerdem ist eine Linie bis zum Flugplatz geplant.

Bus

Von praktisch allen Orten kann man per Bus in die Provinzhauptstadt **Alicante** reisen. Verbindungen zwischen den einzelnen Küstenorten existieren auch, zumeist wird aber nur der jeweilige Nachbarort angefahren.

Öffnungszeiten

Geschäfte

Generell sind die Geschäfte von **9 bis 14** und von **17 bis 20 Uhr** geöffnet. Dies wird aber nicht als unumstößliches Dogma verstanden, besonders nach hinten bleibt oft Spielraum. Größere Geschäfte und Supermärkte schließen über Mittag nicht, manche haben abends sogar bis 21 oder 22 Uhr geöffnet.

Aufgrund der sommerlichen Hitze wird die **siesta** ansonsten besonders genau eingehalten. Um 13.30, spätestens 14 Uhr schließen die Geschäfte, lassen die Metallrollos herunter, sperren die Sonne aus. Dann leeren sich die Straßen spürbar, bestenfalls ein paar unbelehrbare, rotgesichtige Touristen stolpern schwitzend herum. Vor 17 Uhr läuft zumeist gar nichts. Dann rattern die Rollladen wieder quietschend nach oben, öffnen sich die Türen, schleppen sich siesta-müde Verkäufer wieder hinter die Tresen. Im August kann es sogar passieren, dass kleinere Läden am Nachmittag gar nicht mehr aufsperren. Wohlgemerkt: In den Orten, wo der Tourist dominiert (im Sommer an der Costa Blanca nicht selten der Fall), gilt all dies nur eingeschränkt. Natürlich öffnen dort alle Geschäfte am Abend – vor allem am Abend sogar.

Andere Einrichtungen

● **Post:** ähnliche Öffnungszeiten wie Geschäfte.
● **Telefónica:** meist 10–14 und 16.30–22 Uhr.
● **Banken:** 8.30/9–14 Uhr.
● **Touristenbüros:** wie Geschäfte, einige im Juli/August durchgehend geöffnet.
● **Museen:** mit wenigen Ausnahmen montags geschlossen.

Post

Briefmarken verkauften früher ausschließlich die Post und der Tabakladen *(estanco)*. Das ist vorbei, die meisten Kioske verkaufen sie heute gleich mit. Postkarten und Standardbriefe (bis 20 Gramm) nach Deutschland, Österreich und in die Schweiz kosten 0,64 Euro.

Die Karten wird man in den öffentlichen **Briefkästen** los, große, unscheinbare gelbe Kästen mit dem verschnörkelten Wappen der spanischen Post *(correos)*. Manchmal finden sich unterschiedliche Einwurfschlitze, beispielsweise *provincia* („Provinz") und *extranjero* („Ausland"). Die Karten und Briefe in die Heimat wandern in den *extranjero*-Kasten. Etwa nach fünf bis acht Tagen sollte der Gruß die Daheimgebliebenen erreicht haben.

Und noch ein Hinweis: Ein beliebter Fehler der Abteilung *falsos amigos* („falsche Freunde") ist es, nach einer **carta** zu fragen und eine Postkarte zu meinen. Das spanische Wort *la carta* wäre tatsächlich „der Brief", während „Postkarte" **tarjeta postal** heißt.

Briefkästen sind auch hier gelb

Radeln mit kühler Brise vom Meer

Radfahren

Costa Blanca

Entlang der Costa Blanca kann man nicht besonders gut Rad fahren, weil es nur eine nennenswerte Straße gibt, die parallel zur Küste verläuft und die Orte verbindet. Dies ist die stark befahrene Nationalstraße N 332. Einzig im Bereich Dénia und Calpe gibt es noch ein paar Straßen von Ort zu Ort. Ein Ausweichen ins Hinterland bedeutet riesige Umwege und vor allem das Durchqueren der küstennahen Gebirgszüge. **Keine guten Aussichten** für Radler also.

Costa Cálida

An der Costa Cálida gibt es beim **Mar Menor** ein paar Strecken, die sich zum Radfahren besser eignen. Westlich von Cartagena beginnt dann sogar eine echte Radler-Herausforderung. Die N 332 verläuft über Mazarrón (37 Kilometer von Cartagena) nach Águilas (45 Kilometer) durch wild zerklüftetes, leicht bergiges Gebiet. Die Straße ist hier nicht stark befahren, aber bedingt durch etliche Steigungen, Hitze und fehlende Ortschaften (Wassernachschub!) ist dies kein leichtes Revier. Nichts für den gemütlichen Hobby-Radfahrer.

Neue Gesetze

Vor einigen Jahren verabschiedete das spanische Parlament neue Gesetze, die die Radler kräftig benachteiligten. Nach heftigsten Protesten wurde nachgebessert, aber dennoch bleiben unschöne Einschränkungen. So bestehen jetzt eine **Helmpflicht** außerhalb von Ortschaften sowie die Pflicht zum Tragen von **reflektierender Kleidung.** Verboten sind außerdem Kinderwagenanhänger.

Reisezeit

Scheint die Sonne nun 280 Tage lang oder gar 300 Tage? Wer will das so genau sagen? Unbestritten bleibt das **Klima** der Hauptanziehungspunkt. Aus klimatischen Gründen kann man beinahe zu jeder Jahreszeit an die Costa Blanca und die Costa Cálida fahren. Nur in den Monaten März, April und auch im Oktober fällt mal heftiger Regen, statistisch gesehen. Selbst im Winter liegt der Durchschnitt der Temperaturen bei 13°C.

Im **Sommer** wird es hingegen sehr heiß und sehr voll, da die Spanier selbst Urlaub machen, vorzugsweise im August. Ebenso nutzen viele Spanier die **Osterwoche** zu einem Kurzurlaub. Viele nord- und mitteleuropäische Pensionäre zieht es sehr früh im Jahr, etwa ab Februar/März, in den Süden, und sie bleiben dann gleich einige Monate, bis die Sommerhitze sie wieder zurück nach Norden vertreibt. Einige Campingplätze verzeichnen dann eine derartige Auslastung, dass man ohne Reservierung kaum einen Platz bekommt. Ähnlich sieht es im Herbst aus, auch wenn dann nicht ganz so viele Nordeuropäer kommen. In den größeren Orten leben dauerhaft viele ausländische Residenten. Einige vermieten ihre Wohnungen auch zeitweise, so dass es eigentlich keine echte „tote" Saison gibt.

Die **besten Reisezeiten** sind wohl die Zeit nach Ostern bis etwa Anfang Juni sowie der Monat September.

Sicherheit

Ist Spanien ein gefährliches Pflaster? Nein! Aber auch ein klares „Aber". Denn: Mittlerweile reisen über 60 Millionen Ausländer nach Spanien, von denen etwa 40 Millionen mindestens eine Übernachtung einlegen. Eine ungeheuer große Zahl, auf jeden Einwohner kommt ein Tourist. Das weckt ganz augenscheinlich **Begehrlichkeiten.** Die meisten Touristen reisen an die Küsten. Und genau das wissen auch die Gauner, die auf Nachlässigkeiten der Reisenden lauern. Während Urlauber aber sofort auffallen, verhält es sich umgekehrt leider nicht so. Wer kann schon einen potenziellen Dieb im Gewühl erkennen? Zumal es beileibe nicht nur Spanier sind, die nach Opfern suchen. Ein Dieb-

„Eine Blume?" „Nein, Danke!"

Praktische Reisetipps A–Z

012d Foto: sm

stahl kann sich beinahe überall ereignen, mal dreist, mal unglaublich geschickt eingefädelt, am helllichten Tage auf dem Parkplatz eines Luxushotels ebenso wie auf einem halb leeren Campingplatz oder in der Nacht auf der Hauptflaniermeile.

Was also tun? Nicht leichtsinnig sein. Natürlich ist das einfach gesagt, aber schwer getan unter spanischer Sonne. Trotzdem ist die alte Weisheit, dass man nicht zeigen soll, was man Wertvolles mit sich herumträgt, noch immer ratsam. Besser noch: Hab und Gut in sichere Verwahrung geben. Jedes Hotel und immer mehr Campingplätze haben kleine **Mietsafes,** die Gebühren sind gering, und die Wertsachen sind dort gut aufgehoben.

**Blumen-
verschen-
kerinnen**

Speziell vor bekannteren Sehenswürdigkeiten warten manchmal die „Blumenverschenkerinnen". Vor denen warnt selbst das Touristenbüro, leider muss dies weitergegeben werden. Die Frauen haben nichts zu verschenken, sie beschwatzen einen und wollen natürlich eine kleine Münze als Gegenleistung. Gewährt man diese, wissen sie, **wo die Börse steckt.** Also, nicht auf ein Gespräch einlassen, sondern sofort nachdrücklich ablehnen und weitergehen. In Málaga passierte mir beinahe etwas Ähnliches. Während der *feria* zog ich fotografierend durchs Gewimmel. Plötzlich Auftritt einer Blumenverschenkerin: Nelke vors Gesicht, ablenken, beschwatzen, dabei ein schneller Griff zur Kamera. Erfolglos, denn diese war mehrfach mit dem Trageriemen ums Handgelenk geschlungen.

Der Kampf mit den Stieren

Auch in Spanien wird um die *corrida de toros* heftigst gestritten. Fanatische Befürworter zanken sich mit ebensolchen Gegnern. Tatsache ist, dass der Stierkampf weiterhin seinen Platz im **Alltagsleben** hat. Die wichtigsten Corridas werden live im Fernsehen übertragen. Aber damit nicht genug: Die beste und angesehenste spanische Zeitung El País schreibt am Montag mit dem gleichen Ernst über die Stierkämpfe aus Madrid und Sevilla wie ein paar Seiten weiter über Fußball und Basketball.

Der Stierkampf entwickelte sich aus einer **früheren Jugendtradition,** bei der Stiere mit Lanzen bekämpft wurden. Erst im 16. Jh. wurde daraus ein Sport für junge Adlige. Nachdem man ihnen verboten hatte, auf diese Weise ihr Leben aufs Spiel zu setzen, entstand daraus eine Mutprobe für das „niedere Volk". Die *muleta,* das rote Tuch, entwickelte sich aus dem großen Mantel, mit dem Mutige dem Stier entgegentraten. Den offiziellen Charakter erhielt die Corrida aber erst durch *Romero.* Sein Heimatort Ronda in Andalusien gilt als die Wiege des Stierkampfes. Hier wurde 1775 die erste Arena Spaniens gebaut.

Früher bestand die Corrida de Toros nicht nur aus würdigen Ritualen, die nach strengen Regeln vom Torero in ebenso würdiger Haltung aufgeführt wurden. Sie war vielmehr eine Art Gaudi für jedermann. Die (männlichen) Zuschauer nahmen nicht selten aktiv am Geschehen teil, stürmten in die Arena, um den Stier zu ärgern oder dem Torero beizustehen. Ebenso begnügten sich die Toreros nicht damit, den Kampf nach den allgemein gültigen Regeln abzuhalten, sondern man sprang schon mal über den angreifenden Stier hinweg oder „bekämpfte" ihn mit ei-

Tercio de Banderillas –
ein gefährlicher Moment

www.fotolia.de Foto: Aline Caldwell

nem Stuhl. Erst im Laufe der Zeit bildete sich die heutige Form des Kampfes heraus, wobei das Buch des legendären *Pepe Illó* über den modernen Stierkampf eine wichtige Rolle spielte.

Ob Gegner oder Fan, dem Spektakel können und wollen sich nur wenige entziehen. Viele Urlauber schauen sich wenigstens einmal eine Corrida an. In den Sommermonaten wird sie jeden Sonntag in vielen Städten ausgetragen, meist zur klassischen Uhrzeit um **17 Uhr.** Dies ist übrigens schon sprichwörtlich geworden, gilt doch eine Verabredung *a la hora de los toros* („zur Uhrzeit der Stiere") als klar umrissener Zeitpunkt – um 17 Uhr eben. In allen touristischen Orten werden Sonderfahrten angeboten, die Plakate hängen unübersehbar überall aus.

Wer sich das Spektakel einmal gönnen möchte, sollte jedoch wenigstens die **Grundregeln** kennen. Ein unbedarfter Zuschauer kann nämlich nur eine unaufhörliche Folge von Versuchen, dem Stier irgendwelche Speere, Degen oder Messer in den Nacken zu rammen, erkennen. Zwischendurch wird noch ein wenig mit dem roten Tuch gewedelt, das scheint dann alles zu sein. Tatsächlich ist es wesentlich komplizierter. Der Ablauf ist genau festgelegt, und jede Handlung, jede Körperdrehung hat ihren Namen.

Am Beginn jeder Corrida steht der Umzug aller Teilnehmer, der **paseo,** bei dem die Musikkapelle den berühmten Paso Doble spielt. Angeführt wird der Zug von Männern in der Tracht des *siglo de oro* („goldenes Jahrhundert" = 16./17. Jh.). Dann folgen die drei *matadore,* die je zwei Kämpfe bestreiten werden; rechts geht der älteste, links der zweitälteste und in der Mitte der jüngste. Ihnen folgen die *picadores* zu Pferd und die *banderilleros.* Den Schluss bilden die Helfer in roten Hemden und blauen Hosen, die nach dem Kampf den getöteten Stier von Maul-

Tercio de la muerte –
der Matador sticht zu

tieren aus der Arena schleifen lassen. Der Präsident (jede Corrida steht unter der Leitung eines Präsidenten) wirft einen Schlüssel in die Arena, mit dem das Tor aufgeschlossen wird, hinter welchem die Stiere warten.

Wenn der Stier in die Arena stürmt, beginnt die erste der drei Phasen: **tercio de varas** („Drittel der Lanzen"). Im Nacken des Stieres steckt ein kleines Fähnchen mit den Farben seiner Zucht. Der Matador und seine Helfer vollbringen zum Kennenlernen des Stieres einige Manöver mit der *capa*, einem gelb-weinroten Tuch. Dieser Teil wird *suerte de capa* („Mantelparade") genannt. Der Matador überprüft auch, ob der Stier gesund ist, die Sehkraft ungetrübt ist usw. Falls er nicht einwandfrei ist, wird der Stier auf Zeichen des Präsidenten wieder aus der Arena gelockt.

Im zweiten Abschnitt des ersten Drittels, dem *suerte de varas* („Lanzengang"), findet der Auftritt des Picadors statt. Dies ist gewöhnlich ein schwerer Mann, der auf einem muskulösen Pferd reitet. Die Augen des Pferdes sind verbunden. Die Aufgabe des Picadors besteht darin, den Stier mit der *pica*, einer 2,60 Meter langen Lanze, zwischen den Schulterblättern zu treffen und ihn somit zu schwächen. Er muss dafür sorgen, dass der Stier nur von rechts angreift, da nur diese Seite besonders gut gepanzert ist. Den Schwung des angreifenden Stieres nutzt der Picador aus, um die Lanze zwischen die Schulterblätter zu stoßen, da es ihm aus eigener Kraft niemals gelingen würde. Dabei darf er den Stier nur zwischen der Holzwand und maximal dem inneren Kreidekreis bekämpfen, besser jedoch zwischen Wand und äußerem Kreis. Über die Anzahl der *picas* entscheidet der Präsident. Tatsächlich wirkt dieser Akt recht brutal, verglichen mit den eleganten Bewegungen der Kämpfer in den beiden

Geschafft! Ehrenrunde für die stolze Equipe

folgenden Dritteln. Da der Picador oft genug mit dem ängstlichen Pferd beschäftigt ist, kann der Stier schon mal Ross und Reiter zu Fall bringen und verletzen.

Im zweiten Drittel, **tercio de banderillas** („Spießgang"), treten die Banderilleros auf. Ihre Aufgabe ist es, dem anstürmenden Stier zwei oder drei *banderillas*, kleine Holzstäbe mit einer Stahlspitze, in den Nacken zu stoßen. Stier und Mensch stürmen aufeinander zu, der Banderillero sticht mit Schwung in den Nacken und schwingt sich förmlich mit einem eleganten Seitenschwung vorbei. Bleiben die Stäbe stecken, ist der Applaus gewiss.

Der dritte Teil, **tercio de la muerte** („Degengang"), ist dann der eigentliche Auftritt des Matadors. Zu Beginn vollführt er die bekannten Manöver mit der *muleta*, versucht sie möglichst mutig, geschickt und genau durchzuführen. Ob der Stier links vom Matador steht oder rechts, mit gesenktem Kopf oder erhobenem, jede Bewegung hat ihren Namen und ist genau festgelegt. Diese *faena de la muleta* („Arbeit des roten Tuches") soll nicht zu lange andauern, um den Stier nicht übermäßig zu quälen.

Aufgabe des Matadors ist es, den Stier schließlich in die richtige Stellung zu manövrieren, um ihm den tödlichen Stoß mit dem Degen zu versetzen. Der Kopf des Stieres muss weit gesenkt sein, was durch die Ablenkung mit der *muleta* gelingt. Der Degen muss an der Wirbelsäule vorbei, genau zwischen die Schulterblätter gestoßen werden. Dieser Stoß, der *toque de la verdad* („Augenblick der Wahrheit") genannt wird, tötet bei richtiger Ausführung den Stier augenblicklich. Da das aber nur einem guten Matador auf Anhieb gelingt, muss er leider häufig mehrmals wiederholt werden.

Wenn es geklappt hat, gibt es tosenden Applaus, die ganze Equipe schreitet stolz eine **Ehrenrunde** und Maulesel schleifen den toten Stier aus der Arena. Für den erfolgreichen Kämpfer gibt es Geschenke und Blumen. Als Anerkennung erhält er ein Ohr des Stieres, bei einem besonders guten Auftritt sogar beide Ohren und den Schwanz.

Da gerade *suerte de varas* und *tercio de la muerte* in kleinen Arenen von Anfängern oder sogar von Stümpern ausgeführt werden und sie damit tatsächlich zum blutigen Spektakel eskalieren können, lohnt es in jedem Fall, etwas mehr Geld für eine gute Corrida in einer großen Stadt auszugeben. Eine *corrida de novillos* ist übrigens ein Anfängerkampf von Leuten, die noch nicht die *alternativa*, die Matadorenweihe, erhalten haben. Die hier Auftretenden kämpfen mit Jungstieren.

Zu den **Eintrittspreisen:** Grundsätzlich unterteilt man die Plätze in billige *sol* („Sonnenplätze") und teure *sombra* („Schattenplätze"). Manchmal gibt's auch noch die Zwischenstufe *sol y sombra*. Das sind die Plätze, die zunächst in der Sonne, später aber im Schatten liegen.

Auto abstellen

Mit dem Pkw die Küste entlanggondeln, kleine Fischerdörfer besuchen oder ins Hinterland fahren, dagegen ist nichts einzuwenden. Gewarnt werden muss aber vor einer Spritztour nach **Alicante** und vor dem unbeaufsichtigten Abstellen des Wagens. Suchen Sie dort unbedingt eine Tiefgarage oder einen **bewachten Parkplatz** auf oder noch besser: gleich aufs Auto verzichten! In praktisch allen touristisch stark frequentierten Orten besteht die Gefahr, dass das Auto geknackt wird. Die Täter gucken sich vielversprechende Wagen aus, und das sind nun mal Pkws mit ausländischen Kennzeichen. Deshalb **nichts im Auto liegen lassen,** was einen Dieb zur Tat reizen könnte.

Sport und Erholung

Hier eine knappe Übersicht über sportive und andere Aktivitäten, genaue Adressen sind unter den jeweiligen Ortsbeschreibungen zu finden.

Wandern

Eine echte Herausforderung bietet der Gebirgszug **Sierra del Montgó** bei Dénia, dessen höchster Punkt immerhin 753 Meter misst. Aufstieg und mehrere Wanderungen von teilweise gut 3½ Stunden lassen sich unternehmen.

Markierte Wanderwege durch eine karstige, einsame Landschaft bietet auch die **Sierra Helada** unweit von Altea.

Surfen

Auf dem **Mar Menor** herrscht meist ein zum Surfen gut geeigneter Wind. Da es sich aber um einen Binnensee handelt, ist das Wasser dabei sehr ruhig. Am Mar Menor gibt es auch verschiedene Verleiher.

Segeln

In **Altea** und in **Jávea** können erfahrene Segler Boote mieten.

Tauchen

In Moraira, Jávea, Benidorm und am Mar Menor gibt es Tauchschulen, die Exkursionen, Schnupper-Tauchgänge oder auch komplette Ausbildungsprogramme anbieten.
●**Literaturtipp:** Nützliche Informationen rund ums Tauchen bietet der im REISE KNOW-HOW Verlag erschienene Ratgeber von *Klaus Becker* „Tauchen in warmen Gewässern", aus der Reihe Praxis.

Fahrradvermietung

Die Costa Blanca ist kein ideales Radlergebiet. Wer es trotzdem versuchen will, findet in vielen Touristenorten Vermieter. Eine der wenigen guten Radstrecken führt rund um die Salzberge bei Torrevieja, ebenso kann man ganz gut von **La Manga del Mar Menor** die Gegend erradeln.

Kuren in Thermalquellen

Schon die alten Römer kannten den therapeutischen Nutzen von Heilschlamm. Wer es einmal ausprobieren möchte: In **Los Alcázares** beim Mar Menor ist's möglich.

Sprache

Valencià

An der Costa Blanca spricht man neben **Spanisch** auch **Valencianisch** *(valencià)*, das zur katalanischen Sprachgruppe gehört. Die Bewohner gehen hier aber entspannter damit um als die Katalanen. Während in Katalonien z. B. Ortsschilder ausschließlich in Katalanisch geschrieben sind und strenge Gesetze den Gebrauch der Sprache in der Öffentlichkeit regeln, wird diese Frage in der Provinz Alicante nicht allzu rigoros vertreten. Die Beschilderung ist meist in Spanisch und Valencianisch gehalten. Man findet hin und wieder sogar arabische Schriftzeichen für die algerischen Emigranten. Sicher, auch die Bewohner der Costa Blanca sprechen untereinander nicht unbedingt Spanisch, und es gibt sogar einen Fernsehsender auf Valencianisch, aber Touristen, die wenigstens etwas Spanisch sprechen, dürften zumeist auf ein wohlwollendes Gegenüber stoßen.

Literatur

Wer weniger oder gar kein Spanisch spricht, sollte in den großen Urlaubsorten trotzdem klarkommen; mehr oder weniger jedenfalls, denn die Hoteliers, Kellner und Taxifahrer haben die Grundzüge der Sprachen ihrer Kunden verinnerlicht. Aber es macht doch viel mehr Spaß, mal ein paar tapsige Schritte in der Sprache des Gastlandes zu wagen, oder? Eine gute Hilfe dabei bieten, neben der kleinen Sprachhilfe im Anhang, Bücher aus diesem Verlag.

● **Spanisch Wort für Wort,** Band 16 der Reihe Kauderwelsch, bietet eine fundierte Einführung in die Grammatik und gibt Kommunikationsbeispiele. Zu dem Bändchen ist ein AusspracheTrainer auf Audio-CD erhältlich. Die Kombination von Lehrbuch und AusspracheTrainer bietet **Kauderwelsch digital** auf CD-ROM. Mit ihm kann man bequem am heimischen PC üben; REISE KNOW-HOW Verlag.
● **Spanisch Slang,** Band 57 der Reihe Kauderwelsch, vom Autor dieses Buches, eher für Fortgeschrittene. Etwa 1000 Beispiele aus der Alltags- und Umgangssprache werden anschaulich dargestellt und erklärt; REISE KNOW-HOW Verlag.

Telefonieren

Telefonzellen stehen noch überall, öffentliche Fernsprecher gibt es auch in Bars und Restaurants, aber es werden weniger. Dort sind die Geräte leuchtend rot, während die Telefonzellen generell eine hellblaue Farbe aufweisen. Die Telefonnummern lauten in Spanien einheitlich **neunstellig,** seit die ehemalige Vorwahl in die Nummer integriert wurde. Jetzt muss sie auch bei Ortsgesprächen immer mitgewählt werden. Eine Telefonnummer, die mit einer 6 beginnt, gehört zu einem Handy.

Vorwahlen

- **Von Spanien ins Ausland:**
  Deutschland: 0049
  Österreich: 0043
  Schweiz: 0041
  Nach der Landesvorwahl wird jeweils die lokale Vorwahl ohne Null gewählt, dann die Anschlussnummer.
- **Nach Spanien:** 0034 + neunstellige Anschlussnummer.

Telefónica

Wer ein Ferngespräch führen oder ins Ausland telefonieren möchte, sollte eine *Telefónica* aufsuchen. Das sind kleine **Telefonzentralen,** die in allen touristisch wichtigen Orten zu finden sind, zumeist an zentralen Punkten wie Strandpromenade oder Hauptplatz. Dort gibt es etwa je zehn Kabinen. Eine Aufsicht weist dem Kunden eine Kabine zu und dann kann er ohne Münzen und Telefonkarte telefonieren, bezahlt wird hinterher. Noch ein Vorteil: Die *Telefónicas* sind in der Regel bis 22 Uhr geöffnet, und man kann auch ein **Fax** verschicken. Nur mittags von etwa 14 bis 17 Uhr sind sie geschlossen.

Telefon-karten

Einen Anruf kann man mit dem Kauf einer Telefonkarte *(tarjeta telefónica)* **günstiger** gestalten. Die Karten gibt es u.a. in Tabakläden, Kiosken und an Tankstellen. Und so funktioniert es: Man erwirbt eine Karte, die eine Geheimnummer trägt. Diese wird freigerubbelt. Dann wählt man die jeweilige Nummer des Anbieters, danach die Geheimnummer und anschließend die Anschlussnummer.

Handy

Mit dem Handy kann man auch von Spanien aus nach Hause telefonieren, die meisten Mobilfunkgesellschaften haben Roamingverträge mit den spanischen Gesellschaften Amena (GSM 1800 MHz und 3G, www.amena.com), Movistar (GSM 900/1800 MHz und 3G, www.movistar.com) oder Vodafone (GSM 900/1800 MHz und 3G; www.vodafone.es). Wegen hoher Gebühren sollte man bei seinem Anbieter nachfragen, welcher der Roamingpartner günstig ist und diesen per **manueller Netzauswahl** voreinstellen. Nicht zu vergessen sind die **passiven Kosten,** wenn man von zu Hause angerufen wird (Mailbox abstellen!). Der Anrufer zahlt nur die Gebühr ins heimische Mobilnetz, die teure Rufweiterleitung ins Ausland zahlt der Empfänger. Preiswerter ist es, sich von vornherein auf **SMS** zu beschränken, der Empfang ist dabei in der Regel kostenfrei.

Falls Ihr Mobiltelefon SIM-lock-frei ist, also nicht für andere Provider gesperrt ist, können Sie sich eine wiederaufladbare **Prepaid-Karte** (tarjeta recargable) in Spanien besorgen. Diese lässt sich unproblematisch in den Läden der Telefongesellschaften wie Vodafone, Amena oder Movistar erwerben. Man muss sich nur daran gewöhnen, dass man dann eine neue, spanische Nummer hat.

Deutsch-land direkt

Wer völlig abgebrannt sein sollte, kann einen „Notruf" nach Hause schicken, auf Kosten der Angerufenen. „Deutschland direkt" nennt sich dieser Service, den die Telekom anbietet. Im Prinzip handelt es sich dabei um die Wiederbelebung des guten alten **R-Gesprächs.** So funktioniert es: Die unten angegebene kostenlose Nummer anrufen. Nach dem Begrüßungstext wird man aufgefordert, die Nummer des Teilnehmers zu wählen und anschließend den eigenen Namen auf Band zu sprechen. Nun wird die Verbindung aufgebaut. Übernimmt der Angerufene die Kosten, kann schließlich telefoniert werden.
● Die Telefonnummer der Zentrale in Deutschland lautet: **900 990 049,** der Minutenpreis liegt bei 0,50 €, die Vermittlung per Operator kostet einmalig 3,99 €.
● **Infos:** www.telekom.de/r-gespraech.

Unterkunft

Pauschal-reise

Die Costa Blanca zählt zu den beliebtesten spanischen Ferienzielen, und tatsächlich werden auch eine Reihe von Hotels über **große Reiseveranstalter** angeboten. Vor allem in Benidorm und Dénia, aber auch in Altea und am Mar Menor finden Interessierte Angebote.

Ferienwoh-nungen

Es gibt nicht wenige Orte an der Costa Blanca, die ausschließlich aus Ferienwohnungen bestehen. Diese Siedlungen werden *urbanización* genannt (und dann folgt irgendein Fantasiename). Eine **urbanización** ist nichts weiter als ein künstlich geschaffener Ort, eine Ansammlung von Apartments oder Reihenhäusern, die teilweise oder dauerhaft bewohnt sind – z.B. von deutschen Rentnern, die seit Jahr und Tag hier leben und sich irgendwann eine Wohnung gekauft haben, oder von anderen Ausländern, denen ein Hausteil gehört und die zwei-, dreimal pro Jahr kommen. Möglich auch, dass jemand sein Apartment über eine Agentur vermietet und nur selten selbst hinfährt. Aber nicht nur Ausländer zieht es in die Wärme, auch viele Spanier haben eine Zweitwohnung an der Küste und vermieten diese privat, sodass sie in keinem Verzeichnis auftaucht.
Bei der Anmietung einer Ferienwohnung erfolgt die Anreise individuell, den Schlüssel erhält man von der **ört-**

lichen Agentur, die auch für die Betreuung und die Abrechnung der Nebenkosten zuständig ist. Preisangaben zu machen ist praktisch unmöglich. Der Mietpreis richtet sich nach Größe, Lage, Anbieter und Saison. Grundsätzlich können die Preise in den Sommerferien leicht das Doppelte der Nebensaison erreichen.

- ●**Interhome,** Hoeschplatz 5, 52349 Düren, Tel. (02421) 1 220, Fax 122 299, mit einem über 200 Seiten umfassenden Spanienkatalog. Internet: www.interhome.com.
- ●**Interchalet,** Postfach 5420, 79021 Freiburg, Tel. (0761) 210 077, Fax 2 100 154, bietet einen dicken Katalog mit breitem Spanienangebot. Internet: www.interchalet.com.
- ●**Terraviva,** Scheffelstr. 4 A, 76275 Ettlingen, Tel. (07243) 30 650, Fax 537 677, www.terraviva.com.
- ●**Atraveo,** großes Internet-Portal zur Online-Vermittlung von Ferienhäusern und -wohnungen, zu finden sind auch Kundenbeurteilungen. Infos: www.atraveo.de.

Hotels

Jedes Touristenbüro hat eine **Hotelliste** für die jeweilige Provinz. Diese Hefte sind zwar niemals vollständig, bieten aber eine gute Übersicht, obendrein werden auch Campingplätze und Apartments genannt.

Der deutsche Reiseveranstalter Ibero Tours bietet einen eigenen Spanien-Katalog an, in dem ausschließlich besondere Hotels gebucht werden können.

- ●**Ibero Tours,** Immermannstraße 23, 40210 Düsseldorf, Tel. (0221) 8 641 520, Fax 8 641 529, www.iberotours.de.

Sterne-kategorien

Hotels werden in **fünf Kategorien** eingeteilt. Ein Stern bedeutet einfaches Hotel, während die fünfte Kategorie für ein 5-Sterne-Luxushotel steht. Ausschlaggebend für die Beurteilung sind in erster Linie die Lage und Einrichtung, weshalb manch kritischer Reiseveranstalter in seinen Prospekten eigene (niedrigere) Sterne vergibt.

Parador

Paradores sind **staatlich geführte Hotels,** die entweder in einer landschaftlich reizvollen Umgebung oder in historischen Gemäuern zu finden sind. Das erste Haus wurde 1928 in der Sierra de Gredos eröffnet, heute existieren in ganz Spanien knapp 90, weitere werden eröffnet. Da in jeder Provinz wenigstens ein Parador eröffnet wurde, liegen sie maximal 150 Kilometer auseinander. Viele Häuser wurden in alten Schlössern oder Burgen untergebracht, so in Carmona und Cardona, oder in malerischen alten Städtchen wie in Santillana del Mar. Sogar im nationalen Kunstschatz, der Alhambra in Granada, wurde ein Parador ein-

Das Geheimnis der Adressen

- **Pl., Plz.** oder **Pza.** = *Plaza* („Platz")
- **c/** = *Calle, Carrer* („Straße")
- **P°** = *Paseo, Passeig* („Promenade")
- **Av., Avda.** = *Avenida, Avinguda* („Allee, Chaussee")
- **Ctra.** = *Carretera* („Fernstraße")
- **s/n** = *sin número* („ohne Hausnummer"), wird gewählt, wenn es sich um ein markantes Gebäude handelt.

Bei Wohnungen gibt es so gut wie nie Namensschildchen, stattdessen wird auf das **Stockwerk** und die **Lage** im Flur (links, rechts, zentral) hingewiesen.

- **i** oder **iz.** bzw. **izqu.** = *izquierda* („links")
- **c** = *centro* („Mitte")
- **d** oder **derr.** = *derrecha,* („rechts")

Als ich noch in Madrid wohnte, lautete meine Adresse: „c/ Ave María 50, 1° i", das bedeutet „Calle Ave María Hausnummer 50, erster Stock links", alles klar?

gerichtet. Der vielleicht ungewöhnlichste Ort befindet sich auf Teneriffa in 3000 Meter Höhe, unweit der Seilbahnstation, die zum höchsten Berg Spaniens führt. Einsamer geht's nicht! Im Bereich der Costa Blanca liegt ein Parador am Strand von Jávea. Infos unter:

- **Paradores, Reservation Center,** c/ Requena 3, E-28013 Madrid, Tel. 915 166 666, Fax 915 166 6-57, -58, www.parador.es.
- Ein zweisprachiges Verzeichnis hält **Ibero International** bereit: Immermannstr. 23, 40210 Düsseldorf, Tel. (0211) 8 641 520, Fax 8 641 529, www.iberotours.de.

Hostal

Die kleinere Version eines Hotels, zumeist etwas **familiärer** gehalten. Einteilung von ein bis drei Sternen.

Hotel Residencia

An einem Schild mit dem Kürzel „HR" auf hellblauem Untergrund erkennbar; es sind Unterkünfte **ohne Restaurant,** also reine Garni-Betriebe, die nur Frühstück bieten.

Fonda

Eine *Fonda* ist eine sehr kleine, familiäre Bleibe, gekennzeichnet durch ein weißes „F" auf hellblauem Untergrund. Oft handelt es sich um eine **einfache Pension** mit Gemeinschaftsbad, manchmal vermietet auch eine Witwe ein oder zwei Zimmer ihrer Wohnung. Tendenziell findet sich in den Städten ein schlechterer Standard als auf dem Land.

Casa de Huespedes

Ähnlich verhält es sich mit einer *Casa de Huespedes* („CH" auf hellem Untergrund). Bei diesem „Gästehaus" darf nicht viel mehr als ein **günstiger Preis** erwartet werden. Fonda und Casa de Huespedes verschwinden nach und nach. Beide Begriffe werden seit etlichen Jahren von der internationalen Bezeichnung *Pension* abgelöst.

Albergues

Jugendherbergen sind auch an der Costa Blanca zu finden, z.B. in Alicante. Buchen kann man direkt über die Website der spanischen Jugendherbergen: **www.reaj.com.** Hat man noch keinen Jugendherbergsausweis aus dem Heimatland, kann man bei der spanischen Jugendherberge als Erwachsener für 11 € und als Familie für 22 € Mitglied werden.

Spartipp: Hat man einen **internationalen Jugendherbergsausweis** aus dem Heimatland, schläft man auch bei den spanischen Jugendherbergen zum günstigeren Tarif, sonst muss man eine Tagesmitgliedschaft erwerben. Die Jahresmitgliedschaft bei den Jugendherbergsverbänden daheim kostet 12–20 € in Deutschland (www.jugendherberge.de), 10–20 € in Österreich (www.oejhv.or.at) und 22–55 SFr in der Schweiz (www.youthostel.ch).

Tipp: Kann man auch als **Familie** beantragen.

Weitere Kategorien

● **HA = Hotel Apartamentos:** ein Aparthotel, also ein Haus, das Apartments vermietet, auch für längere Zeiträume, aber nicht für die Ewigkeit.
● **RA = Residencia Apartamentos:** ein Aparthotel ohne Restaurant.
● **M = Motel:** wie international üblich.

Preise

Die Preise müssen an der Rezeption aushängen sowie in den Zimmern an der Tür oder am Schrank, eine Gesetzesvorschrift. **Sie gelten grundsätzlich für ein Doppelzimmer** (2 Personen). Einzelzimmer sind selten und kosten meistens 60–70 % des Doppelzimmers. Nur in seltenen Fällen ist die **Preisliste** gezielt unterteilt. Natürlich schwanken die Preise je nach **Saison** und bei der Festlegung der Saisonzeiten entwickeln die Hoteliers ein gehöriges Maß an Kreativität. Nichts ist klar, alles möglich. Der eine bietet einen einzigen Preis im Jahr, der nächste führt alle möglichen Gründe ins Feld, die Tarife schwanken zu lassen, als da wären: „N" *(Navidad)* also Weihnachten, aber wann beginnt „Weihnachten"? SS *(Semana Santa)*, das wäre Ostern und, ganz besonders schick, FL *(Fiestas locales)*, also örtliche Feste.

Die **Hotelpreise in diesem Buch** sind in Kategorien angegeben, die über den Preisrahmen für ein Doppelzimmer in der Hauptsaison informieren. Es handelt sich hier nicht um „offizielle" Sternekategorien.

Hotelkategorien

€	=	bis 40 €
€€	=	40–70 €
€€€	=	70–100 €
€€€€	=	über 100 €

Nur bei absoluten Ausreißern ist der tatsächliche Preis angegeben, damit niemand eine Überraschung erlebt. In den Sommermonaten liegen auch die Hotelpreise am oberen Limit, sie können jedoch sehr schnell fallen, schon im Juni bzw. September (Betonung liegt auf „können").

Wer nach einem Doppelzimmer fragt, sollte übrigens bedenken, dass *cama matrimonial* **„Ehebett"** heißt, zumeist ist damit ein etwas kleineres französisches gemeint. Ansonsten stehen zwei Betten hübsch getrennt im Raum.

Beschwerdeblätter

Hojas de reclamación („Beschwerdeblätter") müssen überall vorrätig liegen. Wer einen Mangel anzeigen will, füllt das Formular aus. Die rosa Kopie erhält der Wirt, das weiße Original schickt man nach Madrid an die Touristikbehörde (die Adresse steht drauf), und der grüne Teil verbleibt beim Gast.

Versicherungen

Die wichtigste Versicherung dürfte eine **Auslandskrankenversicherung** sein, Näheres dazu lesen Sie im Kapitel „Gesundheit".

Ist man mit einem Fahrzeug unterwegs, ist der **Europaschutzbrief** eines Automobilclubs eine Überlegung wert. Wird man erst in der Notsituation in der Schweiz Mitglied, gilt diese Mitgliedschaft auch nur für dieses Land und man ist in der Regel verpflichtet, fast einen Jahresbeitrag zu zahlen, obwohl die Mitgliedschaft nur für einen Monat gültig ist. Autofahrer benötigen außerdem immer noch die **Grüne Versicherungskarte**, auch wenn dies heute kein Mensch mehr an der Grenze kontrolliert. Sollte es aber zu einem Unfall kommen, wird die Polizei danach fragen.

Ob es sich lohnt, weitere Versicherungen wie eine Reiserücktritts-, Reisegepäck-, Reisehaftpflicht- oder Reiseunfallversicherung abzuschließen, ist individuell abzuklären. Speziell diese Versicherungen enthalten viele Ausschlussklauseln, sodass sie nicht immer Sinn machen.

Eine **Reiserücktrittsversicherung** für 35–80 € lohnt sich nur für teure Reisen und für den Fall, dass man vor der Abreise einen schweren Unfall hat, schwer erkrankt, schwanger wird, gekündigt wird oder nach Arbeitslosigkeit einen

neuen Arbeitsplatz bekommt, die Wohnung abgebrannt ist
u.Ä. Nicht gelten hingegen: Terroranschlag, Streik, Naturkatastrophe etc.

Eine **Reisegepäckversicherung** lohnt sich selten, da z.B.
bei Flugreisen verlorenes Gepäck oft nur nach Kilopreis
und auch sonst nur der Zeitwert nach Vorlage der Rechnung ersetzt wird. Wurde eine Wertsache nicht im Safe
aufbewahrt, gibt es bei Diebstahl auch keinen Ersatz. Kameraausrüstung und Laptop dürfen beim Flug nicht als
Gepäck aufgegeben worden sein. Gepäck im unbeaufsichtigt abgestellten Fahrzeug ist ebenfalls nicht versichert. Die
Liste der Ausschlussgründe ist endlos ... Überdies deckt
häufig die Hausratsversicherung schon Einbruch, Raub und
Beschädigung von Eigentum auch im Ausland. Für den Fall,
dass etwas passiert ist, muss der Versicherung als Schadensnachweis ein Polizeiprotokoll vorgelegt werden.

Eine **Privathaftpflichtversicherung** hat man in der Regel schon. Hat man eine **Unfallversicherung,** sollte man
prüfen, ob diese im Falle plötzlicher Arbeitsunfähigkeit aufgrund eines Unfalls im Urlaub zahlt. Auch durch manche
(Gold-)Kreditkarten oder eine Automobilclubmitgliedschaft ist man für bestimmte Fälle schon versichert. Die
Versicherung über die Kreditkarte gilt jedoch meist nur für
den Karteninhaber!

Zollbestimmungen

In allen EU- und EFTA-Mitgliedstaaten gelten weiterhin **nationale Ein-, Aus- oder Durchfuhrbeschränkungen,** z.B.
für Tiere, Pflanzen, Waffen, starke Medikamente, Drogen
und auch für Cannabisbesitz und -handel.

Zollfrei einführen darf man **persönliches, gebrauchtes
Reisegut,** Reiseproviant sowie alkoholfreie Getränke. Für
die steuerfreie Mitnahme von Alkohol, Tabak, Kaffee u.a.
bestehen jedoch Grenzen. Bei Überschreiten der Freigrenzen muss nachgewiesen werden, dass keine gewerbliche
Verwendung beabsichtigt ist.

Waren, die zu **gewerblichen Zwecken** verwendet werden, müssen grundsätzlich beim Finanzamt zur Umsatzsteuer angemeldet werden und sofern sie der Verbrauchssteuer unterliegen, auch beim Hauptzollamt.

**Innerhalb
von
EU-Ländern**

- **Alkohol:** 90 Liter Wein (davon höchstens 60 Liter
Schaumwein), 110 Liter Bier, 10 Liter Spirituosen über
22 Vol.-% und 20 Liter unter 22 Vol.-%.
- **Tabakwaren:** 800 Zigaretten, 400 Zigarillos, 200 Zigarren, 1 kg Tabak.
- **Anderes:** 10 kg Kaffee, 20 Liter Kraftstoff in einem Benzinkanister.

Für Schweizer

Bei der **Rückeinreise in die Schweiz** müssen Schweizer folgende Freimengen beachten:

- **Alkohol:** 2 Liter bis 15 Vol.-% und 1 Liter über 15 Vol.-%.
- **Tabakwaren:** 200 Zigaretten oder 50 Zigarren oder 250 g Pfeifentabak.
- **Nahrungsmittel:** 3,5 kg Fleisch, 1 l/kg Butter/Rahm, 5 l/kg Käse und andere Milchprodukte.
- **Anderes:** neu angeschaffte Waren für den Privatgebrauch bis zu einem Gesamtwert von 300 SFr.

Nähere Informationen

- **Deutschland:** www.zoll.de oder beim Zoll-Infocenter Tel. (069) 46 997 600.
- **Österreich:** www.bmf.gv.at oder beim Zollamt Villach Tel. (04242) 33 233.
- **Schweiz:** www.ezv.admin.ch oder bei der Zollkreisdirektion in Basel Tel. (061) 2 871 111.

Haustiere

Für die EU-Länder gilt, dass man eine **Tollwutschutzimpfung** und einen **EU-Heimtierausweis** *(Pet Passport)* für Hund oder Katze haben muss. Dieser gilt in allen EU-Staaten sowie im Nicht-EU-Land Schweiz und kostet 10 €. Darüber hinaus muss das Tier mit einem **Microchip** oder übergangsweise bis zum Juli 2011 mit einer lesbaren Tätowierung gekennzeichnet sein.

Praktische Reisetipps A–Z

Land und Leute

Geografie

Wo liegt die Costa Blanca?

Der Name **„Costa Blanca"** ist ein künstlich geschaffener Begriff, der keine historischen Wurzeln hat – geschaffen von Tourismusmanagern, die einen griffigen Slogan für einen bestimmten Küstenabschnitt suchten. Deswegen gibt es auch keine eindeutige Definition, die genau abgrenzt, welche Landesteile zur Costa Blanca gehören. Im Allgemeinen versteht man heute darunter die Küstenlinie der Provinz Alicante. Manche sehen es aber auch großzügiger und ziehen die Costa Blanca noch bis weit hinter das südlich gelegene Mar Menor. Dieses Gebiet liegt aber schon in der Provinz Murcia, wo die heimischen Tourismusmanager ebenfalls versuchen, ihre Küste mit einem eigenen Namen abzugrenzen. Man spricht hier von der **„Costa Cálida".** In diesem Buch werden beide Küsten unter ihrem eigenen Namen vorgestellt.

Comunitat Valenciana

Die Costa Blanca (im engeren Sinne) verläuft über 212 Kilometer von Dénia bis San Pedro del Pinatar und liegt innerhalb der Grenzen der **Provinz Alicante.** Diese bildet zusammen mit den Provinzen Castellón und Valencia die autonome Region Comunitat Valenciana, was etwa einem deutschen Bundesland entspricht. Die Comunitat Valenciana nimmt eine Fläche von 23.305 km² ein und misst in der Nord-Süd-Ausdehnung 317 Kilometer. Damit ist sie eher im Mittelfeld der 17 autonomen Regionen Spaniens angesiedelt. Innerhalb der Comunitat Valenciana liegt die Provinz Alicante im südlichen Bereich und ist flächenmäßig die kleinste der drei. Unter touristischen Gesichtspunkten darf sie sich aber klar die Nummer eins nennen.

Die Küste

Die alicantinische Küste zeichnet sich durch zumeist sehr **schöne hellsandige Strände** aus sowie durch eine Reihe von Ortschaften, die sich im Lau-

fe der Zeit von kleinen Fischerdörfern zu großen, touristisch geprägten Städten gewandelt haben.

Bei Torrevieja und Santa Pola befinden sich mehrere größere **Salinen,** die zur Salzgewinnung genutzt werden.

Flüsse Der größte Fluss der Region ist der **Río Segura,** der bei Guardamar del Segura ins Meer mündet. Ansonsten ist die Costa Blanca nicht gerade von vielen Flussläufen durchzogen, und mancher „Strom" wird sogar **río rambla** genannt, weil er überwiegend ausgetrocknet ist. *Ramblas* sind gewissermaßen Täler oder Einschnitte, die eben kein Wasser führen. So beispielsweise der Vinalopó, der durch Elche „fließt".

Gebirge Nur wenige Kilometer von der Küste entfernt zeigt sich das **Hinterland** äußerst gebirgig. Aber nur selten reichen Gebirgsausläufer direkt an die Küste heran. Fast ein Drittel des gesamten Territoriums der Comunitat Valenciana ist von Gebirge durchzogen. Und nicht gerade von geringer Höhe: Fünfzehn Gipfel übersteigen allein in der Pro-

An der Costa Blanca gibt es zahllose schöne Strände

vinz Alicante die 1200-Meter-Marke, vier sind sogar höher als 1300 Meter. Die höchste Erhebung, der **Pico Aitana** mit 1558 Metern, befindet sich in der Sierra de Aitana, keine 20 Kilometer Luftlinie von Benidorm entfernt.

Erschließung

Das hat Konsequenzen: Die größeren Orte liegen alle an der Küste, nur einige wenige im Hinterland. Lediglich zwei Straßen folgen dem Küstenverlauf, die gebührenpflichtige **Autobahn A 7** und die **Nationalstraße N 332,** die die Ortschaften am Meer miteinander verbindet. Vielfach quält sich der Verkehr auch mitten durch die Ortskerne. Nur ganz wenige Straßen führen von der Küste durchs Gebirge ins Hinterland.

Costa Cálida

Der Begriff „Costa Cálida" bezeichnet den Küstenabschnitt innerhalb der Grenzen der autonomen Region **Murcia.** Es gibt hier zwei herausragende landschaftliche Phänomene. Im nördlichen Bereich liegt das sehr stark touristisch genutzte **Mar Menor,** Spaniens größter Binnensee mit netten Stränden und flachem Hinterland. Wenige Kilometer weiter westlich schließt sich eine äußerst **felsige Küstenszenerie** an. Kurz hinter Cartagena windet sich eine Straße weit ins Hinterland. Nur beim ehemaligen Fischerort Mazarrón nähert sie sich kurz dem Meer. Mittlerweile verläuft auch eine Autobahn von Cartagena durchs Hinterland bis Águilas. Bei Mazarrón ist die Küste derart zerklüftet, felsig und steil, dass man bis auf spärliche Ausnahmen keine nennenswerten Strände findet.

Klima

Das Gebirge im Hinterland beschert der Costa Blanca ein durchgehend **angenehmes Klima.** Überwiegend weht der Wind aus westlicher Richtung, eventuelle Wolken regnen sich also regelmäßig vor Erreichen der Küste im Gebirge aus.

**Wetter-
daten**

Viel Sonne und wenig Regen kennzeichnen das Wetter an der Küste. Etwas mehr als **300 Sonnentage** zählt die Statistik und im jährlichen Mittel kaum 340 mm **Niederschlag** in Benidorm oder 320 mm in Villajoyosa. Die jährliche Durchschnittstemperatur der ganzen Provinz wird mit 18–19 °C angegeben. Das sagt noch wenig aus, aber tatsächlich bleibt es das ganze Jahr über relativ warm. Selbst im Januar liegen die **Temperaturen** noch im Bereich von bis zu 16 °C, fallen nur vereinzelt auf „arktische" 6 °C. Der absolute Tief-

Mittlere tägliche Maximum- und Minimumtemperaturen in °C

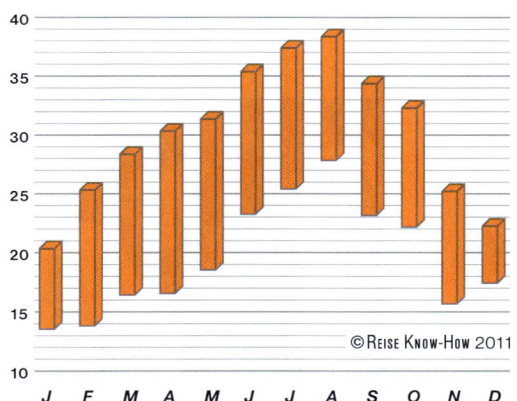

© Reise Know-How 2011

Durchschnittliche Wassertemperaturen in °C

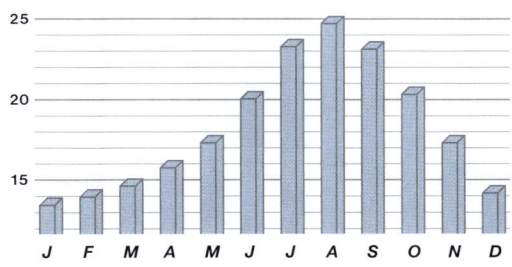

punkt wurde einmal mit minus 4,6 °C gemessen – am 2. Februar 1956.

Ein Blick aufs Detail: Meteorologische Aufzeichnungen am Flughafen Alicante zeigen runde 3000 Stunden Sonnenschein im Jahr und nur 340 mm Regenfall, die sich auf 61 Tage verteilen. 94 Tage bleiben komplett wolkenfrei und selbst der Januar bietet durchschnittlich angenehme 11 °C.

Der „kalte Tropfen"

Statistisch muss im Oktober und im April mit verstärktem Regenfall gerechnet werden. Auch der September kann einige Regentage bringen. In der Vergangenheit kam es speziell im Oktober ein paar Mal zu ziemlich heftigen **Regengüssen,** die teilweise katastrophale Ausmaße erreichten. *Gota fría* („kalter Tropfen") wird dieses Phänomen auch

genannt, das 1957, 1973, 1982, 1987 und 1999 auftrat. Der „kalte Tropfen" ist also ein eher seltenes Phänomen, das aber doch wieder häufiger auftritt: 2007, 2009 und 2010 schlug der „kalte Tropfen" erneut zu, allerdings weiter nördlich und nicht direkt über der Costa Blanca. So kam es im Oktober 2007 zu sintflutartigen Regenfällen mit einem Spitzenwert von 407 Litern in 24 Stunden, in Calpe wurde der Strand stark beschädigt. Im staubtrockenen Murcia fielen in 48 Stunden 240 Liter Regen, was der gesamten sonstigen Jahresmenge entspricht. Und die Stadt Alicante verzeichnete 300 Liter in zwei Wochen, der höchste Wert seit 1877!

Die Menschen

Die Provinz Alicante befindet sich am Rande und doch **im Schnittpunkt.** Alicante liegt zwischen dem Meer und den trockenen Weiten Kastiliens, zwischen den Orangenfeldern Valencias und der kargen Wüstenregion von Almería, eingeklemmt zwischen Extremen. Hier der weite Blick übers Meer, halb neugierig, halb furchtsam, da der sinnliche Genuss der süßen Früchte. Dort die Kargheit und Armut, hier Industrie, Ackerbau und Tourismus. Im Vergleich zu vielen anderen spanischen Gegenden ist Alicante ein **gesegnetes Land.** Was die Bewohner durchaus ähnlich sehen und mit einem gewissen Stolz betrachten. *Alacant, la millor terra del mon* („Alicante, die beste Erde der Welt"), ist ein geflügeltes Wort.

Mit den nördlichen Nachbarn, den Katalanen, teilt man die Sprache, mit den westlichen, den Kastiliern, den Stolz und mit den südlichen, den Andalusiern, die Leichtigkeit des Seins. Die drückt sich besonders im Gebrauch der **Sprache** aus. Valencianisch, das zur katalanischen Sprachenfamilie zählt, wird zwar in der gesamten Provinz gesprochen, aber mit einer gewissen **Lässigkeit** gepflegt. Keine fast verbissene Hervorhebung ihrer Sprache, wie es die Katalanen mittlerweile praktizieren. Alle Straßenschilder sind selbstverständlich zweisprachig gehalten, ohne die harsche Forderung an alle Fremden – inklusive Spanier anderer Landesteile –, unbedingt Katalanisch zu lernen. Beobachtet man die Einheimischen, wie sie in Alicante die Flanierpromenade entlangspazieren, wird deutlich: Man nimmt die Dinge ein bisschen lockerer, genießt das Leben. Und arbeitet doch fleißig. Katalanischer Fleiß und andalusische Lebensweise – bei 3000 Sonnenstunden im Jahr geht das gut zusammen.

Stolz ertragen werden auch die Heerscharen von Touristen und ausländischen Residenten, wenn auch nicht jeder gewisse Antipathien verbergen kann. Zu viele kamen in den letzten Jahren, trugen ihren Anteil an steigenden Preisen und verbauten Landschaften. Aber das bleiben Ausnahmen. Viele Menschen fanden im **Tourismussektor** Arbeit, andere wurden reich durch Landverkäufe. Allein in Torrevieja wurden 1989 beispielsweise mehr Baugenehmigungen erteilt als in der gesamten autonomen Region Valencia.

Mit **Fleiß** beackerten die Alicantiner schon immer ihre Felder, schickten große Flotten zum Fischen aufs Meer und errichteten eine nicht zu kleine Industrie. Vor allem Textilien, Leder und Schuhe werden im größeren Stil produziert. **Findige Unternehmer** konnten ihre Produkte so gut absetzen, dass deren Heimatort mittlerweile als Synonym für eine bestimmte Ware steht, so wie Lübeck für Marzipan: Spielzeug aus Ibi oder Onil, Teppiche aus Crevillente oder die Süßspeise Turrón aus Jijona.

Die Alicantiner wissen ziemlich genau, was sie haben. Man zeigt es, aber durchaus nicht überbordend. Man arbeitet hart und weiß doch zu leben. Man grenzt sich auch nicht so krass ab von der Zentralregierung in Madrid, wie es die Katalanen gerne machen. Als Alicantiner lebt man ja auch viel dichter am kastilischen Kernland. Im Zweifel arrangiert man sich, zumal die Menschen hier lange Erfahrungen mit fremden Zungen und Herrschern haben.

Hacer puente – eine Brücke bauen

Wie baut man eine Brücke? Benötigt werden zwei Stützpfeiler und eine Verbindung, ganz einfach. Warum baut man Brücken? Um eine Lücke – einen Fluss, eine Tiefe – zu über-brücken. Das ist in Spanien genauso, hier aber baut man auch **symbolische Brücken.** Hacer puente heißt es dann, „Brücke machen". Besser passen würde aber „Pause machen" oder noch besser „ein verlängertes Wochenende einlegen".

Die Brücke wird immer dann gemacht, wenn sich ein Feiertag störrisch, irgendwie quer zur Arbeitswoche stellt. Beispielsweise Christi Himmelfahrt, das ja nun ungünstig immer auf einen Donnerstag fällt. Wer die halbe Woche schon geschuftet hat, mit freudigem Blick auf die kurze Unterbrechung, der würde nur sehr ermattet den Freitag im Büro überstehen und völlig aus dem Tritt geraten. Was nicht gut wäre für die Firma. Lieber deshalb gleich eine Brücke bauen und erst am Montag erfrischt neu starten.

Eine Brücke kann man aber auch bauen, wenn sich Feiertage geschmeidig ums Wochenende legen wie zu Ostern. Karfreitag ist Feiertag. Die vorhergehende Woche von Palmsonntag bis Ostersonntag zählt zu den wichtigsten christlich-religiösen Phasen. Man spricht deshalb auch von der Semana Santa, von der „heiligen Woche". Da kann man schon mal hübsche Brücken bauen.

Manchmal wird eine Brücke auch **ganz pragmatisch** gebaut. Fällt beispielsweise das wichtigste Fest eines Dorfes, das Patronatsfest, auf einen Mittwoch, herrscht Handlungsbedarf. Mittwoch ist ganz schlecht! Die Lösung: Verlegung der Feier auf Montag. Dann kann man eine prima Brücke bauen und am Mittwoch noch einmal feiern.

Selbst als Bürger einer Großstadt kann man schon mal Glück haben. Eines der wichtigsten Feste in Madrid ist die Fiesta zur Erinnerung an den 2. Mai (der historische Hintergrund ist eher tragischer Natur und soll hier nicht erklärt werden). El dos de mayo kann aber zum Glücksfall werden, wenn der 1. Mai, der Tag der Arbeit (Feiertag auch in Spanien), auf einen Montag fällt. Dann lohnt es sich gleich richtig, und man baut eine superlange Brücke. Und wer es sich leisten kann, sogar den Freitag davor frei zu nehmen, dem sagen die Spanier nach, der baue keine Brücke, sondern gleich ein ganzes **Aquädukt.**

712cb Foto: jf

Staat und
Gesellschaft

Die Comunitat Valenciana

Die autonome Region Comunitat Valenciana hat eine Fläche von 23.255 km² und zählt ca. vier Millionen Einwohner. Ihren Autonomiestatus erhielt sie 1982, was nicht ungewöhnlich ist, allen 17 spanischen Regionen wurde er in jener Epoche zuerkannt. Die Flagge der Comunitat ist gelb und hat vier rote Querstreifen sowie am inneren Rand einen blauen Längsstreifen mit einem schmaleren roten gleich daneben. Hauptstadt ist Valencia (valencianisch: València). Die Region gliedert sich in drei Provinzen: Valencia, Castellón und Alicante. Die hier vorgestellte Costa Blanca entspricht dem Küstenverlauf der Provinz Alicante (während die Costa Cálida die Küstenlinie der benachbarten Region Murcia einnimmt).

Día de la Comunitat Valenciana

Der 9. Oktober ist in der Region so etwas wie ein Nationalfeiertag, auch wenn die Comunitat eher einem Bundesland entspricht. An diesem Tag wird die **Fiesta de San Dionisio** gefeiert, die an die Befreiung der Region von den Mauren im Jahr 1238 unter *König Jaume I. von Aragón* erinnert. Valencia wurde ins Königreich Aragón eingegliedert und erhielt erstmals bestimmte Privilegien, *Els Furs* genannt.

Nach alter Tradition schenken Männer an diesem Tag ihren angebeteten Damen einen Schal oder ein Tuch voller Süßigkeiten aus Marzipan. Die Süßigkeiten tragen bestimmte Namen und werden hauptsächlich für dieses Fest produziert. Kein Wunder, dass der heilige Dionisio auch Schutzpatron der Bäcker und Konditoren ist.

Seite 88/89: Blick über die Dächer von Altea

Fahne der Comunitat Valenciana

Geschichte

Erste Besiedlung

Man nimmt an, dass die ersten Siedler auf der Iberischen Halbinsel um 2000 v. Chr. die **Iberer** waren. Historische Zeugnisse verraten, dass um 1100 v. Chr. die **Phönizier** eine erste Siedlung gründeten, Gadir, das heutige Cádiz im Süden Spaniens. Um 800 v. Chr. verschlug es die **Kelten** nach Nordspanien. Keltische Stämme gelangten dann um 600 v. Chr. bis ins Zentrum des Landes, wo sie auf die Iberer trafen und sich mit ihnen zu den **Keltiberern** vermischten. Um 300 v. Chr. wurde die keltiberische Stadt Numancia gegründet. Sie lag am Río Duero in der Provinz Soria, etwa zwischen Valladolid und Zaragoza.

Karthager und Römer

Um 250 v. Chr. betraten von Afrika aus **Karthager** spanischen Boden. 227 v. Chr. gründeten sie die Stadt **Cartagena.** *Hannibal,* ihr Anführer, begnügte sich aber nicht mit der Inbesitznahme dieses Landstriches, er wollte sogar das mächtige Rom angreifen. Die Geschichte ist bekannt: Mit einem riesigen Heer zog er über die Alpen, inklusive 37 Elefanten. Rom einzunehmen schaffte er jedoch trotz einiger Siege im Vorfeld nicht.

Die **Römer** waren aber so sehr verärgert, dass sie selbst auf der Iberischen Halbinsel einrückten. Man einigte sich zunächst auf eine Art Nichtangriffspakt, indem man den Río Ebro als Trennlinie festlegte, die von keiner Partei überschritten werden durfte. 219 v. Chr. brach *Hannibal* diesen Pakt, als er die Stadt Sagunto eroberte. Das war der Auslöser für den **Zweiten Punischen Krieg,** der von 218 bis 201 v. Chr. dauerte. 203 v. Chr. musste *Hannibal* spanischen Boden verlassen und nach Afrika zurückkehren. 197 v. Chr. wurde Cádiz eingenommen, die letzte Bastion der Karthager.

Hispania war unter römischer Kontrolle, beinahe jedenfalls. Aber die Römer wollten natürlich das ganze Land beherrschen. Eine kleine Siedlung namens **Numancia** leistete jedoch anhaltend Widerstand. Der römische Feldherr ließ einen Wallring um die Stadt ziehen und belagerte sie neun Monate lang, bis sie sich im Jahr 133 v. Chr. ausgehungert ergab.

Etwa um die gleiche Zeit, 136 v. Chr., gründeten die Römer einen Ort namens **Valentia Edetanorum,** das spätere Valencia. Im 2. Jh. v. Chr. ist auch im Bereich des heutigen Alicante eine Siedlung bekannt, sie wird **Lucentum** genannt.

Westgoten Dann kam die Zeitenwende, das römische Reich welkte langsam dahin. 258 n. Chr. kamen erstmals Stämme aus Gallien und Germanien nach Hispania: die **Sueben, Alanen** und **Vandalen.** Noch hielten die Römer Stand, aber als nach vielen Kämpfen – jeder gegen jeden – auch noch 411 n. Chr. die **Westgoten** einfielen, war's aus. Die Römer verschwanden, die Goten blieben – etwa drei Jahrhunderte lang. Die ursprünglich besiegten Vandalen nisteten sich 425 n. Chr. kurzfristig in Nordafrika ein.

Emirat und Kalifat 756-1031

F

Golf von Bizcaya

Toulouse

Santiago de Compostela

León · CASTILLA NAVARRA · ARAGÓN

Pamplona

ASTURIAS - LEÓN · CATALUÑA

Zamora · Lérida

Oporto · Zaragoza · Barcelona

Salamanca · Tortosa

Madrid

Coimbra · Toledo · Valencia

Lisboa · AL - ANDALUS · Balearen

Mérida · Navas de Tolosa · Alicante

Córdoba

Sevilla · Granada · Mittelmeer

Málaga · Almería

Tarifa

Atlantischer Ozean · Gibraltar

© REISE KNOW-HOW 2011

muslimisch
christlich

Arabische Herrschaft

Dann folgte die **700-jährige Phase** der arabischen Herrschaft. 711 n. Chr. sah die Situation so aus, dass ein gotischer Herrscher namens **Roderich** sich mit dem Clan der Witzia um die Macht stritt. Letztere, in Nordafrika schon fest verwurzelt, fragten bei einem **Berberstamm** um Unterstützung an. Die kam prompt. Im Maghreb residierte *Musa Ibn Nusayr,* ein Repräsentant des Kalifen von Damaskus. Er trug sich schon lange mit der Idee, den Islam über die Meerenge zu tragen, als ihn der Hilferuf erreichte. Sein Heerführer **Tariq Ibn Ziyab** wurde mit 7000 Männern losgeschickt. Sie setzten an einer schmalen Stelle über und landeten an einem steil aufragenden Felsen. Den nannten sie zu Ehren ihres Anführers „Berg von Tariq" *(Yabal Tariq),* woraus später Gibraltar werden sollte.

Im andalusischen Barbate gab's den ersten Kampf mit den Goten, die schnell besiegt wurden.

Das war das **Ende des gotischen Reiches** auf der Iberischen Halbinsel. Die Sieger marschierten gleich weiter nach Norden. Zuerst wurde Toledo eingenommen, der Hauptsitz der Goten. Da alles gut verlief, kam *Musa Ibn Nusayr* 712 selbst nach Hispania und brachte noch 18.000 Mann Verstärkung mit. So ging es dann Schlag auf Schlag: Bis 716 eroberten sie Zaragoza, Pamplona, Barcelona, Gerona und Narbonne, 719 sogar Toulouse.

Innerhalb von sieben Jahren war fast die gesamte Iberische Halbinsel erobert, nur das gebirgige Galicien und Asturien nicht. Der Vormarsch der Berber endete 732 vor Poitiers, wo sie die erste große Niederlage kassierten. 722 hatten sie bereits eine Schlacht in den asturischen Bergen bei Covadonga verloren. In den spanischen Geschichtsbüchern wird diese Schlacht bis heute als der Beginn der **Reconquista,** der Rückeroberung, gefeiert. Der lokale Häuptling **Pelayo** gilt seitdem als Held; in einer asturischen Höhle wurde ihm ein Denkmal gesetzt.

Aber nicht nur die Berber, die das Land erobert hatten, sondern auch eine arabische Kultur- und Oberschicht aus weiter östlich gelegenen Ländern setzte sich in Hispania fest. Während der Anfangszeit der maurischen Herrschaft wurden Münzen mit dem Aufdruck **al-Andalus** in Umlauf gebracht. Dieser Begriff stand für die unter maurischer Hoheit stehenden Gebiete, die zunächst von Córdoba aus regiert wurden. Die Grenzen von al-Andalus veränderten sich ständig, immer wieder kam es zu Kriegen. Aber alles in allem waren die Bewohner den neuen Herren gar nicht so abgeneigt. So manche gotische Stadt soll sogar freiwillig die Pforten geöffnet haben. Die Mauren zwangen die Bevölkerung zu nichts, niemand musste konvertieren, Christen und Juden konnten ihre Religionen weiter ausüben.

714, gerade einmal drei Jahre nachdem die Mauren spanischen Boden betreten hatten, war auch das **Gebiet um Valencia** unter ihrer Kontrolle. Es war keine schlechte Zeit für die Bevölkerung, da die Araber u. a. Bewässerungssysteme einführten, die Landwirtschaft planmäßig betrieben sowie Handwerk und Kunst förderten. Die Bevölkerung arrangierte sich mit den neuen Herren. Die Gegend um Valencia wurde **Al Sharquiyya** genannt, was etwa „Östliches Al-Andalus" bedeutet.

Interne Unruhen und die ständigen Kriege gegen attackierende christliche Heere führten jedoch dazu, dass die zentrale Macht der Mauren zu bröckeln begann und sie schließlich in viele lokale Herrschaftsgebiete zerfiel, die so genannten **Reinos de Taifas** („Herrschaft der Kleingruppen"). So wurde Valencia als **Taifa de Valencia** seit 1010 von den Almanzor regiert. In jener Epoche wurden die meisten Orte gegründet, deren Namen auf *Beni*- lauten, wie Benimaurall, Benisanó oder Benidorm.

Staat und Gesellschaft

Herrschaft der Taifas 1031-1086

Golf von Bizcaya

Toulouse

F

Santiago de Compostela
León
NAVARRA
ARAGÓN
CATALUÑA
GALICIA
LEÓN
CASTILLA
Zamora
Zaragoza
Lérida
ZARAGOZA
Barcelona
Oporto
Salamanca
Tortosa
Coimbra
Madrid
Toledo
Valencia
BADAJOZ
TOLEDO
Balearen
Lisboa
Mérida
Navas de Tolosa
DENIA
Alicante
Córdoba
GRANADA
MURCIA
Mittelmeer
SEVILLA
CÓRDOBA
Granada
Sevilla
Cádiz
Málaga
Almería
Atlantischer
Ozean
Gibraltar

muslimisch
christlich

© REISE KNOW-HOW 2011

Aber die innere Zerstrittenheit half den Christen bei der Rückeroberung und 1094 nahm der Feldherr **El Cid Campeador** Valencia ein. Zwar kehrten die Mauren bereits acht Jahre später zurück, letztlich aber vergebens, denn nach einer Phase unter der Herrschaft der **Almoraviden** und der **Almohaden** eroberte 1238 **Jaume I. von Aragón** die Stadt endgültig und beendete die arabische Epoche.

Königreich Valencia

Zwei Jahre später gründete der gleiche *Jaume* das Königreich Valencia, das der Krone von Aragón unterstand, aber in wichtigen Dingen eigenverantwortlich handeln konnte und bestimmte Privilegien, **Els Furs** genannt, behalten konnte. So blieb beispielsweise das heute noch existierende „Wassergericht" unangetastet. Es tagt noch immer je-

Almoraviden u. Almohaden bis 1212

den Donnerstag um Punkt 12 Uhr vor der Kathedrale in Valencia und schlichtet Streitigkeiten unter den Bauern.

1247 geriet auch **Alicante** unter aragonesische Herrschaft, und 1304 wurde es Teilgebiet des Königreichs Valencia. Aber die zwangsvereinten Reiche vertrugen sich nicht gut, es gab zahlreiche Konflikte und sogar Kriege. 1412 raufte man sich dann noch einmal zusammen und vereinbarte eine friedvolle Kooperation, die zur Überraschung aller sogar funktionierte. 1490 erhielt Alicante die Stadtrechte. Das 15. Jahrhundert blieb ruhig, Wirtschaft und Künste florierten. Diese bis 1519 während Epoche ging in die Historie als das so genannte **Goldene Valencianische Zeitalter** *(siglo de oro valenciano)* ein.

Kolumbus entdeckt Amerika

Währenddessen ereignen sich fernab der Costa Blanca epochale Dinge. Am 12. Oktober **1492** entdeckt *Kolumbus* Amerika. *Cristóbal Colón* hatte *Königin Isabel la Católica* nach einigem Hin und Her von seiner Mission überzeugen können. Es dauerte noch ein paar Jahre, bis man überhaupt begriff, welche Reichtümer sich auftaten. 1519 erobert der spanische Abenteurer **Hernán Cortés** das legendäre Aztekenreich in **Mexiko,** schier unglaubliche Goldschätze fallen ihm in die Hände. 1535 unterwirft ein anderer Spanier, *Pizarro,* das Inkareich in **Peru,** Silberschätze in gigantischen Mengen sind die Beute. Diese Ereignisse führten dazu, dass Spaniens Politik mit einem Mal eine ganz neue Richtung erfuhr. Jenseits des Atlantiks sollten immer neue, immer reichere Länder erobert werden – „nur" einige Kulturen wurden dabei vernichtet.

Vertreibung der Morisken

Inzwischen hatten die spanischen Könige Granada erobert und die Mauren endgültig aus Spanien vertrieben. Im Königreich Valencia lebten jedoch noch viele Araber unter zum Teil prekären Umständen. 1519–1521 kam es daher zu Aufständen der Benachteiligten. Der herrschende Landadel setzte sich aber erfolgreich zur Wehr, und als eine der Folgen sollten die Mauren, die nicht das Land verließen, nun **zwangsgetauft** werden. Die so christianisierten Moslems wurden *Moriscos* genannt. Viele von ihnen gingen aber weiterhin ihrem ursprünglichen Glauben nach. Es half alles nichts, 1609 beschlossen die spanischen Könige, auch die Morisken aus dem Land zu vertreiben. Etwa 125.000 Menschen mussten allein das Gebiet Valencia verlassen, was 25 % der Bevölkerung entsprach.

Das hatte **gravierende Folgen,** die wirtschaftliche Lage verschlechterte sich dramatisch. Und auch die politische Großwetterlage zeigte sich in jenen Tagen nachteilig für die Region, denn der **Seehandel** verlagerte sich vom Mittelmeer zum Atlantik, zu den neu entdeckten Gebieten in Amerika. Dazu kam 1647 eine schlimme **Pestepidemie.**

Mühsam versuchten die Bewohner wieder Tritt zu fassen, u. a. mit einer gezielten Ansiedlungspolitik. Das festigte aber nur wieder die Position des Landadels und ließ abermals die **Unzufriedenheit** wachsen. 1693 kam es erneut zu (erfolglosen) Aufständen.

18./19. Jh. 1700 starb der letzte Habsburger König, *Carlos II.,* und der so genannte **Erbfolgekrieg** brach aus. Die immer noch unzufriedenen Valencianer nahmen Partei – für die falsche Seite. *Felipe V.,* ein Bourbone, bestieg den Königsthron und rächte sich heftig: Die jahrhundertealten Privilegien der Valencianer wurden gestrichen und das Königreich wurde **zur Provinz degradiert.** In den folgenden Jahrhunderten kam es zu vereinzelten kriegerischen Auseinandersetzungen, u. a. gegen die französische Besatzung unter *Napoleon.* Einschneidend blieb jedoch die Einteilung in die noch heute existierenden drei Provinzen Valencia, Castellón und Alicante.

Bürger-krieg

Im 20. Jahrhundert erlebte Spanien unruhige Jahre, die im fürchterlichen Bürgerkrieg 1936–1939 kulminierten. Valencia war zeitweise Hauptstadt der **republikanischen Seite,** musste sich aber im März 1939 den Franco-Truppen ergeben. Eine Tragödie spielte sich in den letzten Kriegstagen in Alicante ab. Tausende versuchten von hier zu fliehen. Sie hatten den Gerüchten geglaubt, dass im Hafen von Alicante Schiffe lägen, die sie in Sicherheit brächten – vergeblich.

Autonomie

1982 erhielt die Region Valencia als eine von 17 **comunidades autónomas** den Status der Autonomie zugesprochen.

Spanische Geschichte im Überblick

2000 v. Chr.	(Vermutlich) erste Besiedlung durch Iberer.
1100 v. Chr.	Phönizier gründen Cádiz.
800 v. Chr.	Kelten siedeln sich in Nordspanien an.
600 v. Chr.	Die Kelten erreichen Zentralspanien.
480 v. Chr.	Die iberische Skulptur „Dama de Elche" wird erschaffen, sie ist Sinnbild einer noch existierenden iberischen Epoche.
300 v. Chr.	Gründung der keltiberischen Stadt Numancia.
237 v. Chr.	*Amilcar Bara* besetzt mit Truppen aus Karthago den Süden des Landes.
226 v. Chr.	Nichtangriffs-Vertrag zwischen Römern und Karthagern. Der Fluss Ebro wird als Trennlinie festgelegt.
225 v. Chr.	Carthago Nova (Cartagena) wird gegründet.
219 v. Chr.	*Hannibal* bricht den Ebro-Vertrag, erobert Sagunto und löst damit den Zweiten Punischen Krieg aus (218–201).
197 v. Chr.	Cádiz wird von den Römern erobert, das Ende der Karthager.
136 v. Chr.	Die Römer gründen *Valentia Edetanorum* (Valencia).
133 v. Chr.	Die Römer bauen ihr hispanisches Reich aus, besetzen den Ebro und erobern Numancia.
45 v. Chr.	*Cäsar* regiert.
29 v. Chr.	Die Römer besiegen asturische und kantabrische Stämme, festigen so ihre hispanischen Siedlungen.
25 v. Chr.	Emérita Augustas (Mérida) wird als römische Kolonie gegründet.
74	Roms Herrscher *Vespasian* erteilt die Bürgerrechte an hispanische Bewohner.
166	Die Pest wütet, das römische Reich wird langsam instabil.
258	Gallier und Germanen fallen ein, verschwinden aber nach knapp 10 Jahren wieder.
306	Konzil von Elvira, erste Synode der hispanischen Kirche.

Staat und Gesellschaft

409	Alanen und Sueben gelangen auf die Iberische Halbinsel.
411	Die Westgoten überwinden die Pyrenäen.
425	Die Vandalen überqueren die Meerenge von Gibraltar.
441	Suebenkönig *Rekhila* erobert Sevilla.
456	Die Westgoten unter *Teodorico II.* bekämpfen die Sueben.
475	Unter Führung *Euricos* besetzen die Westgoten das Land.
507	Schwere Niederlage der Westgoten in Vouillé.
542	Die Pest wütet.
585	Der Gotenhäuptling *Leovigildo* erobert Galicien und vertreibt die Sueben.
589	Im III. Konzil von Toledo wird beschlossen, dass die gotische Bevölkerung zum Katholizismus konvertieren soll.
615	*Sisebuto,* ein westgotischer Fürst, verlangt, dass die Juden zum christlichen Glauben konvertieren sollen, eine erste antijüdische Handlung auf iberischem Boden.
711	Gotische Stämme bekriegen sich untereinander. *Tariq* vom Stamm der in Nordafrika residierenden Witzia betritt bei Gibraltar spanischen Boden. Binnen kürzester Zeit ist die Halbinsel unter arabischer Herrschaft.
714	Valencia wird von den Mauren eingenommen.
718	Unter der Führung des asturischen Fürsten *Pelayo* setzt der Widerstand gegen die Mauren in Asturien ein.
722	Erster Sieg von *Pelayo* über die Mauren bei Covadonga. Dieses Ereignis gilt in spanischen Geschichtsbüchern als der Beginn der Rückeroberung *(reconquista).*
750	Berberstämme ziehen sich nach Afrika zurück, ein asturischer Fürst weitet daraufhin sein Herrschaftsgebiet nach Galicien aus.
756	*Abd Al-Rahman I.* wird Emir in der großen Moschee *(mezquita)* von Córdoba.
807	Erste Spuren vom Grab des Apostels *Jacobus* tauchen in Compostela auf.
834	*Abd Al-Rahman II.* regiert Córdoba. Er lässt die Moschee erweitern.
844	Normannen überfallen Gijón und Cádiz.
929	*Abd Al-Rahman III.* wird Kalif von Córdoba.
939	*Abd Al-Rahman III.* verliert die Schlacht von Simancas gegen ein christliches Heer.
985	Barcelona wird von den Almanzor geplündert.
1000	*Sancho III.* wird König von Navarra und dominiert die verbliebenen christlichen Landesteile.
1009	Die Herrschaft der Almanzor endet durch Tod des letzten Vertreters *Sanchuelo.*
1031	Das Kalifat von Córdoba wird nach einer Rebellion aufgelöst.
1085	Toledo wird durch *Alfonso VI.,* Herrscher von Kastilien, erobert.
1118	Zaragoza kapituliert vor dem Heer von *Alfonso I. von Aragón.*
1135	*Alfonso VII.* wird zum König von Kastilien gekrönt.
1171	*Kalif Yusuf I.* kommt nach Sevilla und veranlasst den Bau der Giralda (Domturm).

Staat und Gesellschaft

1195	*Alfonso VIII.* verliert eine Schlacht gegen die Almohaden in Alarcos.
1230	*Fernando III.* vereint die Königreiche Kastilien und León.
1236	Córdoba kapituliert vor den christlichen Heeren.
1238	Valencia wird von den Mauren „befreit".
1264	Vergeblicher Aufstand arabischer Stämme in Andalusien
1300	Bilbao wird gegründet.
1304	Alicante wird Teil des Königreichs Valencia.
1306	Die Kathedrale von Palma de Mallorca wird gebaut.
1328	*Alfonso IV. von Aragón* verkündet die Untrennbarkeit aller vereinten Königreiche.
1343	*Juan Ruiz* (auch bekannt als Arcipreste de Hita, also Erzbischof von Hita) veröffentlicht das „Libro del buen amor", das heute als eines der ältesten literarischen Werke Spaniens gilt.
1377	In Granada wird mit dem Bau des Löwenhofs in der Alhambra begonnen.
1381	Die Pest wütet auf der Iberischen Halbinsel.
1391	Antijüdische Ausschreitungen in Kastilien und Aragón.
1415	Die Portugiesen erobern Ceuta, eine Stadt auf marokkanischem Territorium, die noch heute unter spanischer Hoheit steht.

Die Alhambra in Granada wurde glücklicherweise kampflos übergeben

1475	Beginn des Erbfolgekrieges in Kastilien zwischen den Anhängern von *Isabel I.* und der Prinzessin *Juana.* Die wird später als *Juana la Loca* (Juana die Verrückte) „weggeschlossen".
1478	Durch eine päpstliche Bulle wird die Inquisition in Kastilien eingeführt.
1482	Beginn der Kämpfe um Granada.
1490	Alicante erhält die Stadtrechte.

1492   Am 1. Januar wird Granada den Katholischen Königen *Fernando* und *Isabel* übergeben, die Mauren ziehen ab. Dieser Sieg beschließt nach spanischer Lesart die 700-jährige „Rückeroberung", die 722 mit *Pelayo* begann. *Kolumbus* entdeckt außerdem am 12. Oktober Amerika.

Nachbauten der Karavellen von Kolumbus

1494	*Isabel* und *Fernando* erhalten offiziell den Beinamen *Katholische Könige*. Im gleichen Jahr teilen Portugal und Spanien unter sich die Welt auf. Im Vertrag von Tordessillas wird festgelegt, dass alle neu entdeckten Länder westlich einer Linie, die 370 Meilen westlich der Azoren verläuft, zu Spanien gehören sollen und alle östlichen an Portugal gehen.
1497	Der Dukado wird als Zahlungsmittel eingeführt.
1501	Das berühmte und noch heute auf spanischen Bühnen viel gespielte Theaterstück um die Kupplerin *La Celestina* wird in Sevilla aufgeführt.
1503	In Sevilla wird die Monopolbehörde „Casa de Contratación" gegründet, sie kontrolliert den kompletten Überseehandel.
1511	Padre *Montesinos* beklagt öffentlich in Santo Domingo (Dominikanische Republik) die miserable Behandlung der heimischen Bevölkerung durch die Spanier.
1516	*Carlos I.* wird König von Kastilien und Aragón.
1518	Die Könige erlauben die „Einfuhr" von schwarzen Sklaven in die Kolonien.
1522	*Juan Sebastián Elcano* kehrt nach dreijähriger unfreiwilliger Weltumseglung mit seinem Schiff nach Spanien zurück.
1530	*Carlos V.* lässt in der Alhambra einen Palast bauen.
1532	*Pizarro* erobert das Inkareich in Perú.
1549	Die Universität von Alcalá de Henares (bei Madrid) wird gegründet.
1556	*Felipe II.* wird König.
1559	Die ersten Ketzergerichte in Valladolid und Sevilla, die Inquisition setzt ein.
1561	*Felipe II.* verlegt seinen Thron nach Madrid.
1568	Aufstand der Morisken in Granada.
1581	In Andalusien herrscht die Pest.
1588	Die „unsinkbare" Armada geht vor Schottland unter.
1598	*Felipe III.* wird König.
1605	Der erste Teil des „Don Quichote" erscheint.
1609	Ausweisungsbeschluss der Morisken.
1621	*Felipe IV.* wird König.
1640	Vergeblicher Aufstand der Katalanen gegen die kastilische Herrschaft.
1665	*Carlos II.* wird König.
1700	*Carlos II.* stirbt in Madrid kinderlos, er ist der letzte Habsburger. In seinem Testament verfügt er, dass *Felipe de Anjou* ihn beerben soll, die Familie der Habsburger akzeptiert dies nicht.
1702	Der Erbfolgekrieg bricht aus.
1704	England besetzt Gibraltar.
1713	Friedensvertrag von Utrecht, *Felipe V.* wird König und bestraft die Katalanen wegen ihrer „falschen" Parteinahme.
1746	*Fernando VI.* wird König.
1759	*Carlos III.* wird König.
1765	Fünf Häfen wird der Handel mit Amerika erlaubt, ein fast dreihundertjähriges Monopol fällt.

1788	*Carlos IV.* wird König.
1805	Vor Trafalgar in Südspanien zerschlägt eine britische Flotte unter *Lord Nelson* die französisch-spanische Armada. Zur Erinnerung an diesen Sieg wird noch heute auf allen Schiffen und Landeinrichtungen der Royal Navy das so genannte Travalgar Night Dinner am 21. Oktober veranstaltet.
1808	Französische Truppen marschieren in Spanien ein, *Carlos IV.* tritt zurück, *Joseph Bonaparte* regiert. In Madrid kommt es am 2. Mai zum Aufstand, zahlreiche Straßen sind danach benannt *(Calle dos del mayo)*, Goya malt ein anklagendes Bild.
1810	Die Cortes, das Parlament, konstituiert sich erstmals in Cádiz.
1811	Venezuela und Paraguay erklären sich unabhängig.
1812	Die erste Verfassung wird formuliert.
1813	Die Cortes schaffen die Inquisition ab.
1822	Ecuador wird befreit.
1824	Peru erklärt sich unabhängig.
1833	*Fernando VII.* stirbt, der Karlistenkrieg beginnt, sie wollen einen Bourbonen zum König, *Isabel II.* regiert.
1839	Ende des Karlistenkrieges, eine Militärherrschaft mit insgesamt dreißig ständig wechselnden Regierungen beginnt.
1844	Die Guardia Civil wird gegründet.
1859	Krieg mit Marokko.
1868	Provisorische Regierung unter *Francisco Serrano.*
1871	*Amadao I.* aus dem Hause Savoyen regiert.
1872	Der Zweite Karlistenkrieg beginnt.
1873	Die Erste Republik wird ausgerufen.
1874	*Alfonso XII.* wird König.
1876	Ende des Zweiten Karlistenkrieges.
1879	Die sozialistische Arbeiterpartei PSOE wird gegründet.
1885	*Alfonso XII.* stirbt.
1886	*Alfonso XIII.* wird König.
1898	Die USA erklären Spanien den Krieg und besiegen Truppen in Santiago de Cuba. Verlust der letzten Kolonien: Kuba, Puerto Rico und Philippinen.
1904	Erste Autofabrik in Spanien, „Hispano-Suiza".
1910	Frauen wird erlaubt, eine Universität zu besuchen.
1914	Im Ersten Weltkrieg bleibt Spanien neutral.
1923	Staatsstreich von General *Primo de Rivera*, die Militärs regieren bis 1925.
1931	Die Zweite Republik wird ausgerufen.
1933	Rechte Parteien gewinnen die Wahlen, Frauen dürfen erstmals wählen.
1936	Wahlsieg der linken Volksfront, das Militär erhebt sich in Melilla, der Bürgerkrieg bricht aus.
1939	Ende des Bürgerkrieges, Beginn von *Francos* fast 40-jähriger diktatorischer Regierungszeit.
nach 1945	Spanien steht jahrelang sehr isoliert da, verbündete Diktatoren *(Hitler, Mussolini)* leben nicht mehr, nach 1940 brechen „Hungerjahre" aus.
1953	Militärabkommen mit den USA, vorsichtige Öffnung des Landes.

Staat und Gesellschaft

1959	Die baskische Untergrundorganisation ETA erscheint auf der Bildfläche. *Franco* lässt sich mit dem Valle de los Caídos („Tal der Gefallenen") ein gigantisches Ehrenmal bauen, errichtet vor allem durch Zwangsarbeiter.
1968	Erste Attentatsopfer der ETA.
1973	Der von *Franco* als Ministerpräsident eingesetzte *Carrero Blanco* wird durch die ETA ermordet.
1975	Hinrichtung von fünf Antifrankisten, im selben Jahr stirbt *Franco* friedlich. *Juan Carlos I.* wird zum König ernannt, er regiert noch heute.
1977	Die ersten freien Wahlen gewinnt die UCD *(Unión de Centro Democrático),* eine Zentrumsunion.
1978	Die Verfassung wird verabschiedet.
1979	Bei den zweiten Wahlen gewinnt die UCD erneut.
1981	Ministerpräsident *Adolfo Suárez* tritt zurück, *Calvo-Sotelo* wird Regierungschef. Am 23. Februar versucht die Guardia Civil das Rad der Geschichte zurückzudrehen, besetzt das Parlament und will, dass Panzer rollen. Der Putschversuch scheitert aber am Eintreten König *Juan Carlos I.* für die verfassungsmäßige Ordnung, was die Spanier ihm nie vergessen werden. Frankisten haben keine Chance mehr in Spanien. Außerdem wird das Scheidungsrecht eingeführt.
1982	Spanien tritt der NATO bei, die sozialistische Partei PSOE gewinnt die Wahlen, *Felipe González* wird Ministerpräsident.
1983	Die UCD wird aufgelöst.
1986	Spanien wird Mitglied der EU, die Mehrwertsteuer wird eingeführt.
1988	Generalstreik gegen die Politik der Regierung. Das Privatfernsehen wird eingeführt.
1989	Dritter Wahlerfolg für die PSOE, *Camilo José Cela* erhält den Nobelpreis für Literatur. Frauen dürfen in die Armee eintreten.
1991	Vizepräsident *Alfonso Guerra* tritt zurück.
1992	Olympische Spiele in Barcelona, Madrid ist Kulturhauptstadt Europas, in Sevilla findet die Weltausstellung statt, 500-Jahr-Feier der Entdeckung Amerikas.
1993	Vorgezogene Wahlen, die Sozialisten gewinnen wieder
1994	Generalstreik, nachdem die Regierung soziale Einschnitte verkündet.
1995	*Solana* wird NATO-Generalsekretär, erste Skandale erschüttern das Land. Der Geheimdienst CESID hat Politiker und sogar den König abgehört.
1996	Neuer Skandal: Die GAL, eine Antiterroreinheit, hat ETA-Leute umgebracht. Einige Polizisten wandern hinter Gitter. Bei vorgezogenen Neuwahlen gewinnt der konservative *José María Aznar* von der PP *(Partido Popular),* die „Volkspartei".
1998	Der ehemalige Innenminister *Barrionuevo* wird verurteilt und muss tatsächlich ins Gefängnis – wenn auch nur kurz.
2000	Die PP gewinnt die absolute Mehrheit bei den Parlamentswahlen. *Aznar* bleibt Regierungschef, Spanien geht es aufgrund wirtschaftsliberaler Gesetze ziemlich gut.

2004	Drei Tage vor den Parlamentswahlen erschüttert ein Bombenanschlag auf den Bahnhof von Madrid das Land. Regierungschef *Aznar* beschuldigt die ETA, was diese umgehend dementiert. Schließlich wird bekannt, dass es Islamisten waren. Die Konsequenz: *Aznar* wird abgewählt, der Sozialist *José Luis Rodríguez Zapatero* gewinnt deutlich.
2007	Die Urteile im Prozess gegen die Attentäter von Madrid werden gesprochen. Die 21 Hauptangeklagten werden zu langjährigen Haftstrafen verurteilt, sieben Angeklagte werden dagegen frei gesprochen.
2008	Die Wirtschaftskrise verschont auch Spanien nicht, die ökonomischen Daten sind rückläufig.
2009	Der Immobilienmarkt bricht zusammen.
2010	Spanien erlebt eine ernste Wirtschaftskrise, 1,2 Mio. Jobs gehen verloren, Hunderttausende verlieren ihre Immobilien. Die Regierung will/muss 50 Milliarden Euro einsparen, u.a. wird deshalb die Mehrwertsteuer von 16 auf 18 % erhöht.
2011	Ab Januar gilt ein totales Rauchverbot in allen Lokalen.

Staat und Gesellschaft

Die autonome Region Valencia heute

Den Bewohnern der autonomen Region Valencia geht es nicht schlecht. Knapp 3,2 Mio. Einwohner leben hier, das sind etwas weniger als 10 % der spanischen Gesamtbevölkerung. Gut und gerne 10 % des spanischen Bruttosozialproduktes werden hier erwirtschaftet, und sogar 15 % des gesamtspanischen Exportes kommen aus der Comunitat Valenciana. Das Erstaunlichste aber: Bis auf wenige Ausnahmen gibt es keine riesigen Konzerne. Mehr als 300.000 kleine und mittlere Betriebe erwirtschaften diese Zahlen. Aber da eben auch an der Costa Blanca sehr viel gebaut wurde, bleibt die momentane spanische Wirtschaftskrise auch hier spürbar. Viele Hypothekenkredite sind geplatzt, unzählige Wohnungen stehen zum Verkauf und finden trotz deutlich gefallener Preise keinen Interessenten.

Unternehmertum Nicht selten sind es immer noch **Familienbetriebe,** die sich auf bestimmte Sektoren spezialisiert haben. Beispielsweise die 1953 gegründete Keramikfabrik Lladró. Aus kleinsten Anfängen expandierten die Brüder *Lladró* zu einer der produktivsten valencianischen Firmen, die heute ihre wertvolle Ware in 123 Länder exportiert. Oder *Juan Roig,* Chef der Supermarktkette Mercadona. Seit Jahren erwirtschafteten seine Warenhäuser so viel wie kein anderes Unternehmen in der Region Valencia. Nicht einmal Ford schaffte das. Dabei sind die Autobauer eine der wenigen multinationalen Firmen, die hier arbeiten, und das schon seit fast drei Jahrzehnten. Es sind die kleinen Unternehmen, die das wirtschaftliche Bild prägen und dabei teilweise erstaunliche Erfolge erzielen.

Industrie

Zu erwähnen sind in erster Linie die **Schuhfabriken** rund um Elche. Mit Fleiß, Mut und einem Schuss innovativem Geist konnten sich hier einige nationale Marken derart gut etablieren, dass sie heute auch auf dem Weltmarkt konkurrieren können (z.B. Kelme oder Panamá Jack). Andere Branchen waren ähnlich erfolgreich, und zwar nicht unbedingt in den großen Metropolen Valencia oder Alicante, sondern in kleinen Orten, wo sie seit ihren Anfängen geblieben sind. So gilt Crevillente heute als das Zentrum der **Textilherstellung,** die kleinen Orte Ibi und Onil sind immer noch die Heimatstädte bekannter **Spielzeugfabrikanten** und die leckere Nascherei **Turrón** kommt hauptsächlich aus Jijona.

Landwirtschaft

Nicht zu unterschätzen ist natürlich auch die Rolle der Landwirtschaft, denn die Region Valencia ist das Anbaugebiet schlechthin für **Orangen.** Spezielle, bereits im 19. Jahrhundert angelegte Bewässerungssysteme sorgten für diesen Boom. Außerdem wird im größeren Stil **Reis** angepflanzt. In etwas geringerem Maße baut man auch **Wein** an.

Der Tourismus ist immer noch ein wichtiger Wirtschaftsfaktor

Staat und Gesellschaft

Tourismus Wenn man all die zu Tausenden entstandenen Fe-
rienhäuser und Zweitwohnungen ausländischer
Dauergäste dem touristischen Sektor zurechnet,
wird deutlich, wie viele **Arbeitsplätze** hier entstanden sind, nicht nur auf dem Bau, sondern
auch im Servicebereich, angefangen beim Makler
und Notar über Supermärkte und Bäcker bis hin
zum Gärtner und Klempner. Für Einnahmen sorgen aber auch die „normalen" Touristen, die zwei
bis drei Wochen bleiben. Ein paar Zahlen: 9,2 %
der ca. 10 Mio. deutschen Spanienurlauber kommen an die Küste Valencias, das heißt nicht nur an
die Costa Blanca. In der gesamten Region Valencia soll es 80.000 Hotelbetten geben (ca. 1 Mio.
in ganz Spanien), Plätze für 68.000 Camper und
123.000 zu Vermietungszwecken registrierte
Apartments. Weitere 2 Mio. sollen unter der Hand
vermietet werden. Allein nach Benidorm reisen
Jahr für Jahr 4 Mio. Gäste, darunter allerdings sehr
viele spanische Urlauber. Der touristische Sektor
erwirtschaftet allein in der Provinz Alicante knapp
9 % des regionalen Bruttosozialproduktes.

Die Costa Blanca im Überblick

Kurzcharakteristik aller Orte

Zur schnellen Orientierung folgt eine Übersicht aller beschriebenen Orte an der Costa Blanca und der Costa Cálida in alphabetischer Reihenfolge.

A

Águilas: Kleinstadt mit touristischem Aufkommen an einem schönen, langen Strand; hat einen funktionierenden Fischereihafen und einen netten Stadtkern zu bieten.

Alcoi: bietet das größte Spektakel mit den Feierlichkeiten zur Fiesta de Moros y Cristianos.

Alfaz del Pi: kleiner Ort mit mehreren *urbanizaciones* (= künstlich geschaffene Wohnviertel, die überwiegend aus Ferienwohnungen in Form von Reihenhäusern, Apartmentblocks und kleinen Villen bestehen).

Alicante: größte Stadt der Costa Blanca mit einem wichtigen Hafen, einer schönen Flanierpromenade und zwei Burgruinen.

Altea: hübscher weißer Ortskern mit steilen, verwinkelten Gassen. Falls der Titel „schönster Ort der Costa Blanca" zu vergeben wäre, käme Altea auf einen der ganz vorderen Plätze. (In den Außenbezirken leider nicht ganz so ansprechend.)

Arenales del Sol: kleiner Ort im Süden von Alicante mit einer Vielzahl von *urbanizaciones*.

B

Benidorm: der größte Touristenort ganz Spaniens mit der Skyline von Manhattan, Dutzende von Wohnblocks ragen 20–30 Etagen in den Himmel, etwa vier Millionen Menschen verbringen alljährlich ihren Urlaub an den schönen Stränden.

Benissa: kleiner Ort mit charmanter Altstadt.

C

Calpe: großer Ferienort mit dem so genannten Wahrzeichen der Costa Blanca, dem steil aufragenden Peñón de Ifach und schönen Stränden.

Cartagena: Großstadt mit pittoresker Altstadt und einer Reihe von Relikten aus der römischen und byzantinischen Epoche.

D

Dénia: beliebter Ferienort mit einer beeindruckenden Burg und vielen *urbanizaciones,* in denen überwiegend ausländische Residenten leben.

Costa Blanca, Überblick

E

El Campello: fast ein Vorort von Alicante mit durchwachsenem Strand, sehr vielen Besuchern.

Elche: mittelgroße Stadt mit einer angenehmen Altstadt und dem größten Palmenhain Europas.

G

Guardamar del Segura: freundlicher Ort mit schönen Stränden und einer zumindest für die Costa Blanca einmaligen Dünenlandschaft.

J

Jávea: dreigeteilter Ort, der aus einer hübschen Altstadt, einem reizvollen Hafengebiet und einer touristischen Strandzone besteht.

L

La Manga del Mar Menor: eine 22 Kilometer lange und sehr schmale Landzunge, die das Mar Menor vom Mittelmeer trennt und beinahe durchgehend bebaut ist.

La Unión: kleiner Ort, in dessen Umgebung früher nach Silber und Erzen gegraben wurde.

Lorca: mittelgroße Stadt mit schöner Altstadt und bemerkenswerter Burg. Beeindruckende Osterprozession.

Los Alcázares: kleiner Ort am Mar Menor, im Sommer stark frequentiert, u.a. von Urlaubern, die auf die therapeutische Wirkung von Heilschlamm schwören; schöne Strandpromenade.

M

Mazarrón: fünf Kilometer von der Küste entfernt gelegene Kleinstadt.

Moraira: kleiner Küstenort mit ein paar Lokalitäten, Unterkünften und vor allem einem sehr großen Sportboothafen.

Murcia: Großstadt mit beachtlichem innerstädtischen Charme und einem einmaligen Salzillo-Museum.

P

Puerto de Mazarrón: kleiner Ort an weit geschwungener Strandbucht, im Hinterland wachsende *urbanizaciónes*.

S

San Juan de Alicante: kleiner Ort mit kilometerlangen Stränden und einer gewissen Industrie in unmittelbarer Nachbarschaft zu Alicante.

San Pedro del Pinatar: kleiner Ort mit großer Bedeutung. Hier werden seit den Tagen der Römer Salzlagunen ausgebeutet und auch therapeutisch genutzt.

72fischFoto: jf

Costa Blanca, Überblick

Santa Pola: reine Hafenstadt mit einem akzeptablen Strand.

Santiago de la Ribera: kleiner Ort mit netten Stränden und einer Promenade beim Mar Menor.

T **Teulada:** kleines ursprüngliches Dorf mit intaktem Ortskern.

Torre de la Horadada: reine *urbanización* von beachtlicher Ausdehnung am Mar Menor.

Torrevieja: ehemals ein bedeutender Fischerort, heute eine der größten *urbanizaciones* auf spanischem Boden. Kilometerweit erstrecken sich Ferienwohnungen, Reihenhäuser und Villen von in- und ausländischen Residenten. Im Kern reizvolle Promenade.

V **Villajoyosa:** kleiner Ort mit einem großen Strand und einem kleinen Altstadtbereich. Besondere Attraktion sind die farbenfrohen Häuser.

X **Xixona:** Hauptstadt des *turrón,* einer süßen Weihnachtsleckerei; es gibt sogar ein eigenes Museum dazu.

Nicht nur die Strände, auch die Dörfer sind den Besuch wert

Die Highlights

Orte und historische Bauten

Alicante: Das Castillo de Santa Bárbara und das Castillo de San Fernando sind zwei ehemalige Festungen, die, wie es sich für wehrhafte Burgen gehört, schön erhöht liegen. Zur Santa Bárbara kann man zu Fuß oder auch per Fahrstuhl aufsteigen. Die Aussicht, aber auch die Burg selbst lohnen die Mühe. Von San Fernando ist nicht mehr viel erhalten, so dass hier mehr der Weg das Ziel ist, denn auch von dieser Burg kann man ein einmaliges Panorama genießen.

Altea: In einem hübschen, weißen Ortskern führen verwinkelte Gassen nach oben und enden auf wundersame Weise alle bei der Kirche mit ihrer strahlend blauen Kuppel.

Benidorm: Irgendwie ist der Hochhaus-Wahnsinn trotz allem sehenswert. Vom Aussichtspunkt Plaça del Castell eröffnet sich ein gigantischer Rundblick. Beachtlich sind außerdem die sehr schönen Strände.

Cartagena: Die engen, verwinkelten Gassen der Altstadt, das römische Theater, die alte Burg, die

Hafenpromenade, die römischen und punischen Ausgrabungen – viel auf engstem Raum.

Dénia: Das Castillo von Dénia überragt den Ort. Es bot den Bewohnern viele Jahrhunderte Schutz. Heute ist es eine Mischung aus weitläufiger Parkanlage und den Resten der Burg.

Elche: Im Park Huerto del Cura gedeihen Palmen in allen Facetten. Das Gleiche gilt für den Parque Municipal.

Guadalest: Das kleine Bergnest, etwa 20 Kilometer von der Küste entfernt, hat sich als eines der wichtigsten Ausflugsziele der Costa Blanca gemausert. Die sagenhafte Aussicht ins Tal lohnt allein schon die Anreise.

Guardamar del Segura: Die Dünenlandschaft erinnert fast ein wenig an Sylt und genau wie die Friesen hatten auch die Bewohner dieses Ortes Schwierigkeiten, das Wandern der Dünen zu bändigen. Kachelzeichnungen am Hauptweg zu den Stränden berichten von vielen vergeblichen Versuchen und einem erfolgreichen.

La Manga del Mar Menor: Eine 22 Kilometer lange, fast durchgehend bebaute Landzunge zwischen Mittelmeer und Binnensee – auch das ist irgendwie ungewöhnlich und sehenswert.

Teulada: So ein ursprünglicher spanischer Ort ohne touristisches Tingeltangel ist nicht mehr überall zu finden.

Villajoyosa: Die farbigen Häuser am Hafen sind sehr hübsch anzuschauen, ebenso die sich anschließende kleine Altstadt.

Museen

Calpe: Das Museo de Festeros zeigt Kostüme und Trachten, die beim größten Volksfest an der alicantinischen Küste, der Fiesta de Moros y Cristianos, getragen werden.

Elche: Die Banys Arabs, die Arabischen Bäder, sind eine Art frühe Sauna.

Costa Blanca, Überblick

Die hübsche Kirchenkuppel von Altea

Jávea: Das Archäologische Museum gibt einen Überblick über die Zeitspanne von den Iberern über die römische Epoche bis heute.

Murcia: Das Salzillo-Museum zeigt Arbeiten des genialen Schnitzers.

Villajoyosa: Das ist doch mal etwas anderes: ein Museum, das sich der Schokolade widmet und alles vom Kakaoanbau bis zur Herstellung erklärt.

Restaurants

Altea: Das Restaurante Ostau de Altea erhielt schon mehrere Auszeichnungen. Außerdem isst man nett auf einer Terrasse unterhalb der Kirche.

Benidorm: Das Restaurante La Palmera hat sich einen guten Ruf mit seinen hervorragenden Reisgerichten erkocht.

Calpe: Das Restaurante La Cambra wird seit Jahren wegen seiner originellen Dekoration und der gelungenen, teils baskischen Küche gelobt.

Dénia: Café Gormand ist eine moderne Bar mit breiter Kaffeeauswahl und einem außergewöhnlichen Fußboden ...

Restaurante El Poblet bietet neben Reisgerichten auch eigene Kreationen und zählt zum Besten, was Dénia zu bieten hat.

Moraira: Restaurante La Sort, am Hafen gelegen, hebt sich vom Angebot her, aber auch im Preis von den benachbarten Lokalen deutlich ab.

Puerto del Mazarrón: Das Restaurante Virgen del Mar liegt am oberen Ende der Strandpromenade und bietet gute Fischgerichte.

Villajoyosa: Hogar del Pescador ist ein Lokal, das von der Bruderschaft der Fischer betrieben wird und bodenständige Küche bietet.

Hotels

Benidorm: In diesem Ferienort steht mit dem *Bali* das höchste Hotel Europas.

Elche: In einen sehr schönen Garten eingebettet liegt das Hotel Huerto del Cura genau gegenüber vom gleichnamigen Palmengarten. Die Zimmer sind auf mehrere kleine Gebäude verteilt.

Guardamar del Segura: Hotel Parque Mar liegt am Dünenpark in Meeresnähe.

Jávea: Der einzige Parador an der Costa Blanca liegt etwas abseits, aber sehr schön am Strand von El Arenal.

San Juan de Alicante: Das Hotel Sidi San Juan ist ein großes 176-Zimmer-Haus, das direkt am Strand liegt und einen tadellosen 5-Sterne-Service bietet.

Wochen-märkte

Montag: Elche, San Pedro del Pinatar, Santa Pola.

Dienstag: Altea, La Unión, Los Alcázares.

Mittwoch: Benidorm, Cartagena, Guardamar del Segura, Teulada.

Donnerstag: Alicante, Jávea, Villajoyosa.

Freitag: Torrevieja.

Samstag: Alicante, Águilas, Calpe, Elche, Mazarrón, Santa Pola.

Sonntag: Benidorm, Cabo de Palos, Puerto de Mazarrón.

Costa Blanca, Überblick

717cbFoto: jf

Costa Blanca

Überblick

Der Name ist Programm: Costa Blanca, die **„Weiße Küste".** Da denkt man an strahlend weiße Dörfer, feine, helle Sandstrände und – viel Sonne. Tatsächlich scheint sie hier so dauerhaft wie in kaum einer anderen Region Spaniens. Immerhin stolze 17,6 °C misst das Thermometer im jährlichen Durchschnitt. Abgesehen von den sommerlichen Hitzeperioden also ein **dankbares Klima,** in dem es sich gut überwintern lässt.

Das dachten sich auch **Zigtausende von Ausländern.** Niemand kennt die genaue Zahl, aber es sind sehr viele, die sich hier an der 212 Kilometer langen Küste der Provinz Alicante ein Domizil erwarben. Ehemals kleinste Fischerdörfer entwickelten sich zu riesigen Gemeinden mit Hunderten von Reihenhäusern, kleinen Villen oder gewaltigen Apartmentblocks. Die so genannten **urbanizaciones** entstanden, Wohnviertel, in denen man nichts Typisches mehr findet – keine spani-

sche Bar und keine *plaza,* an der die *pensionistas,* die Rentner, das Verrinnen der Zeit beobachten. Hier leben zeitweilig Nord- und Mitteleuropäer, im Sommer aber auch sehr viele Spanier. Eine ganz eigene Infrastruktur hat sich gebildet mit einer Vielzahl von Dienstleistern, die auf die speziellen Wünsche ihrer Landsleute eingehen. Es kann einfach nicht verschwiegen werden: Mancher Küstenstreifen wurde auf diese Art über viele Kilometer schlicht zubetoniert.

Auf die Spitze getrieben hat man es in Benidorm. In ganz Spanien findet sich kein vergleichbarer Ort. Schon von der Autobahn sticht die zugegebenermaßen beeindruckende Silhouette ins Auge: **Hochhäuser,** wohin man schaut. Es müssen Dutzende sein, teilweise dreißig und mehr Etagen hoch (mittlerweile steht hier das höchste Hotel Europas). Hier versammeln sich nicht nur im Sommer so viele Menschen, dass man einen Kollaps befürchten muss, denkt man nur einmal an den Wasserverbrauch. Und wo bleibt das Positive?

Trotz allem gibt es noch genügend reizvolle Orte und Ecken. Abgesehen vom begünstigten Klima locken vor allem **herrliche Strände,** die überwiegend aus feinem, hellen Sand bestehen. (Ganz im Gegensatz übrigens zur gar nicht so weit entfernten Costa del Sol.) Nicht vergessen werden sollten auch die **Altstadtbereiche** der meisten Orte. Viele haben noch einen urigen Kern

Costa Blanca

Seite 120/121 Strand von Calpe

Der alte Mann und das Meer

Schmalspurbahn

und einen sehenswerten Hafen. Außerdem wird so mancher Urlauber ganz dankbar sein für das **breite Angebot** an Service- und Dienstleistungen.

Die Orte liegen alle an der Küste, vom Hinterland durch einen parallel verlaufenden Gebirgszug abgeschirmt. Eine mautfreie Nationalstraße, die N-332, verbindet alle Städte und Dörfer miteinander. Notgedrungen herrscht hier ein entsprechend starkes Verkehrsaufkommen. Als Ausweichmöglichkeit bietet sich die gebührenpflichtige Autobahn an, die teilweise in Sichtweite der Nationalstraße verläuft. Oder man lässt das Auto stehen und fährt mit der **Schmalspurbahn.** Diese Bahnlinie verbindet Dénia mit Alicante, also einen Großteil der Costa Blanca, und die Züge halten an jedem Ort. Man muss aber in El Campello in die Straßenbahn umsteigen.

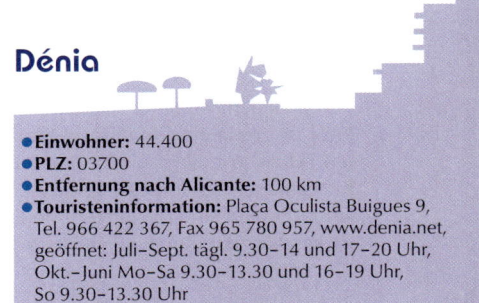

Dénia

- **Einwohner:** 44.400
- **PLZ:** 03700
- **Entfernung nach Alicante:** 100 km
- **Touristeninformation:** Plaça Oculista Buigues 9, Tel. 966 422 367, Fax 965 780 957, www.denia.net, geöffnet: Juli–Sept. tägl. 9.30–14 und 17–20 Uhr, Okt.–Juni Mo–Sa 9.30–13.30 und 16–19 Uhr, So 9.30–13.30 Uhr

Überblick und Geschichte

Dénia ist **einer der beliebtesten Orte** für ausländische Touristen an der Costa Blanca. Für die Bewohner ist das nichts Neues, fremde Zungen waren hier schon immer vertreten.

Die Römer nannten den Küstenort Dianium und machten ihn zu einem wichtigen Stützpunkt auf dem Weg von Rom nach Nordafrika. Um das 5. Jahrhundert dominierten kurzfristig die Westgoten, bevor um 713 der Islam Einzug hielt. Von nun an hieß der Ort Deniya. Ab 1036 wurde er

Costa Blanca

zum Fürstentum, zum Taifa de Deniya, aufgewertet, bis 1244 unter *Jaime I.* die Rückeroberung gelang. Dénia, wie es nun genannt wurde, erhielt im 14. Jahrhundert den Status einer Grafschaft und ab 1612 Stadtrechte. Seit etwa Ende des 19. Jahrhunderts entwickelte sich der Ort zum Urlaubsziel, was die Stadt stärker geprägt hat als alle vorhergehenden Invasionen zusammen.

Das fällt sofort auf, wenn man von der Nationalstraße 332 in Richtung Küste abbiegt und sich Dénia nähert. Auf einer mehrspurigen Zufahrtsstraße rollt der Verkehr vorbei an etlichen Supermärkten, Handwerksbetrieben, Autohändlern, Swimmingpool-Verkäufern und Burger-Shops. Alle buhlen um die ausländische Kundschaft, wie man den **mehrsprachigen Hinweisschildern** entnehmen kann. Auch in zentraler Lage finden sich Dienstleister für ausländische Residenten: Zahnärzte, Anwälte, Notare, Makler und Handwerker. Über hundert Immobilienmakler sollen in Dénia tätig sein, und das Touristenbüro listet insgesamt 167 *urbanizaciones* auf.

Von all dem ist in der Altstadt wenig zu spüren. Dort ist Dénia eine **spanische Stadt mit reizvollen Ecken,** vor allem direkt unterhalb der großen Burganlage, die den Ort überragt. Weitere markante Punkte sind der gegenüberliegende Bergrücken Montgó und der weitläufige Hafenbereich.

Die Strände

Sowohl nördlich als auch südlich des alles beherrschenden Hafens liegen recht lange Strände. Der nördliche (*Platja de les Marines*) erstreckt sich auf immerhin 5 Kilometer Länge und verbreitet sich stellenweise auf 100 Meter, er besteht aus feinem, hellem Sand. Der südliche *Platja Marineta Casiana* dagegen zeigt sich ziemlich schmal, hat aber eine Länge von 1200 Metern. Auch er ist feinsandig, aber angrenzend stehen schon gleich die ersten Bauten. Sowohl im nördlichen als auch im südlichen Bereich schließen sich noch vereinzelte Strandbuchten an.

Sehenswertes

Castillo

Die **Burg** (*El Castillo*) hat den Ort jahrhundertelang dominiert und überragt ihn noch heute. Schon während der römischen Epoche entstand ein erster Schutzbereich. Mauerreste aus dieser Zeit sind noch im östlichen Teil bei der Torre de Gallines erhalten. Während der arabischen Herrschaft entstand dann der doppelte Bereich, der noch gut zu erkennen ist. Im unteren Teil (*Al-bacar*) fanden die Bewohner ein Refugium bei Gefahr. Der obere Abschnitt (*Al-cazaba*) war den Herrschern vorbehalten. Außerhalb der Burg erstreckte sich die Altstadt, die Medina. Der Zugang zur Burg führte damals wie heute durch das Stadttor Portal de la Vila aus dem 12. Jahrhundert. Wer die Anlage besichtigt, spaziert eigentlich durch eine terrassenförmig angelegte Parkanlage. Die Burg hat im Laufe der Jahrhunderte ihre ursprüngliche Schutzbedeutung verloren und teils auch Schaden genommen. Wer ganz hochsteigt, genießt aber einen wunderbaren Weitblick über die Dächer von Dénia und auf den gegenüberliegenden Berg Montgó.

Costa Blanca

Archäologisches Museum

Oben befindet sich auch das Archäologische Museum, das im ehemaligen **Gouverneurs-Palast** untergebracht ist. Ausgestellt sind Fundstücke aus allen Epochen. Epochen, aus der Iberischen, römischen, maurischen und der christlichen Zeit, letztere umfasst den Zeitraum 13.–18. Jahrhundert.

●**Geöffnet:** Die Zeiten der Burg ändern sich fast monatlich, generell gilt: 10–13 und 16–19 Uhr (im Sommer länger, an manchen Tagen bis 20.30 Uhr, im Winter kürzer). Eintritt: Erw. 3 €, Kinder 1 €, Rentner und Studenten 2 €.

Altstadt

Unterhalb der Burg liegt die Altstadt mit einer Reihe von reizvollen alten Gebäuden. Eine relativ lange Straße, die **carrer Loreto,** wurde zur Fußgängerzone umgewandelt. Dort können Sie frei vom

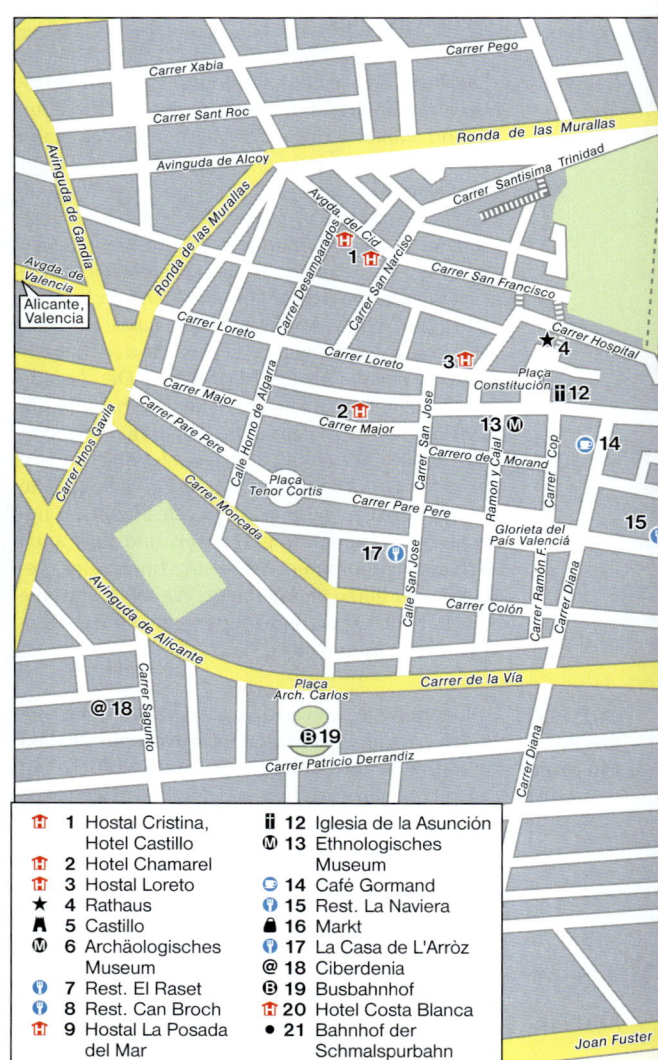

🏠	**1**	Hostal Cristina, Hotel Castillo	⛪ **12**	Iglesia de la Asunción
🏠	**2**	Hotel Chamarel	Ⓜ **13**	Ethnologisches Museum
🏠	**3**	Hostal Loreto		
★	**4**	Rathaus	☕ **14**	Café Gormand
🅰	**5**	Castillo	🍴 **15**	Rest. La Naviera
Ⓜ	**6**	Archäologisches Museum	⚓ **16**	Markt
🍴	**7**	Rest. El Raset	🍴 **17**	La Casa de L'Arròz
🍴	**8**	Rest. Can Broch	@ **18**	Ciberdenia
🏠	**9**	Hostal La Posada del Mar	Ⓑ **19**	Busbahnhof
⚓	**10**	Fischmarkt	🏠 **20**	Hotel Costa Blanca
🏠	**11**	Hostal L'Anfora	• **21**	Bahnhof der Schmalspurbahn
			ℹ **22**	Touristeninformation
			⛴ **23**	Fähranleger

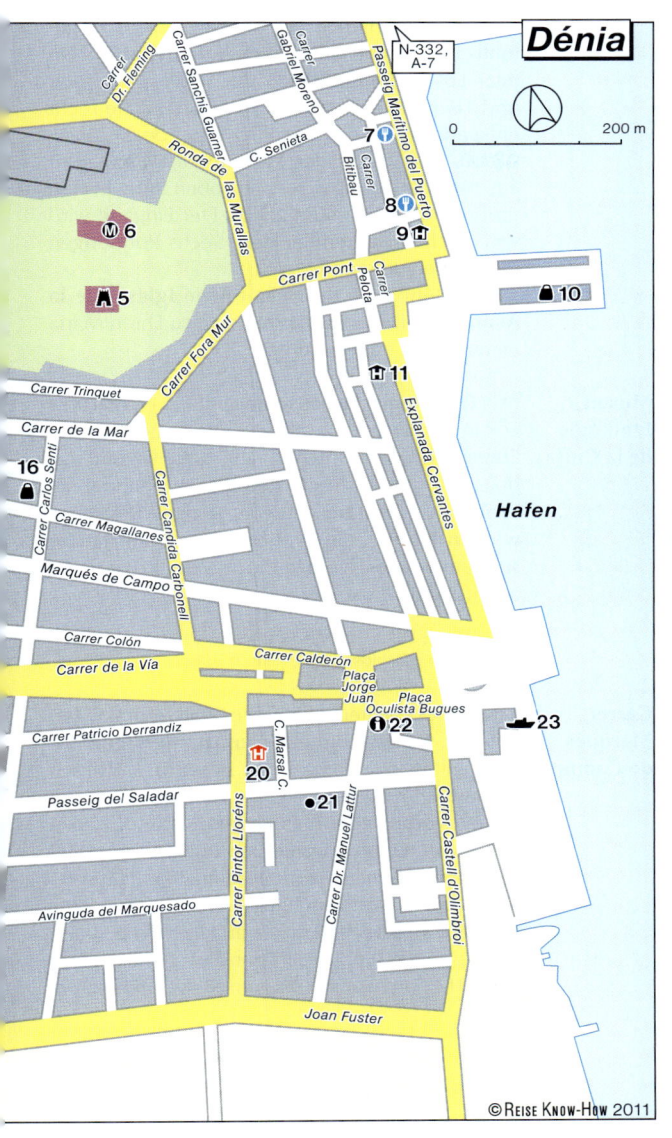

Costa Blanca

äußeren, geschäftigen Bereich Dénias recht gemütlich zum innerstädtischen Kern bummeln. Ein paar Lokale haben gleich die Situation genutzt und Tische hinausgestellt. So gelangen Sie recht entspannt zum zentralen Platz *Plaza de la Constitución*. Auffällig ist das **Rathaus** *(ayuntamiento)* aus dem 18. Jahrhundert. Ganz oben thronen eine große Uhr sowie eine Glocke. Der Eingang wird von etlichen Fahnen flankiert. Sechs Rundbögen prägen den unteren Bereich.

Hier steht auch die helle Kirche **Iglesia de la Asunción,** die im 18. Jahrhundert zu Ehren Mariä Himmelfahrt erbaut wurde.

Museu Etnológic de la Ciutat

Das **Ethnologische Museum** liegt nur einmal ums Eck in der Carrer Cavallers 1. Auf insgesamt drei Etagen wird exemplarisch die Lebens- und Arbeitswelt eines durch den Rosinenhandel zu Wohlstand gelangten Bürgers gezeigt. Besichtigt werden können die Wohnräume, Arbeitsgeräte sowie alte Fotos, die den Prozess der Rosinenverarbeitung dokumentieren.

● **Geöffnet:** Di–So 10.30–13 und 16–19 Uhr, So 10.30–13 Uhr, Mo geschlossen. Der Eintritt ist frei.

Carrer Marqués de Campo

Zwei Blocks weiter verläuft die Straße Carrer Marqués de Campo, die als **Hauptflaniermeile** der Stadt gilt. Nicht, dass es nun besonders idyllisch hier wäre, immerhin fließt der Autoverkehr ungehindert vorbei, aber man findet doch eine ganze Reihe von netten Lokalen und interessanten Geschäften in zumeist recht ansehnlichen Häusern. Diese Straße führt vom hübschen, begrünten Platz **Glorieta del País Valencià** zum Hafen. Die Straße wurde bereits im 19. Jahrhundert geplant, aber erst 1917 durchgängig bis zum Meer führend rea-

Costa Blanca

lisiert. Der Name erinnert an einen Stadtentwickler, der im 19. Jahrhundert verschiedene größere Projekte realisierte.

Hafen

Der weitläufige Hafen war über viele Jahrhunderte der Lebensnerv der Stadt. Schon die Römer sandten von hier ihre Flotten, sowohl in kriegerischer als auch in friedvoller, nämlich merkantiler Absicht, bis nach Karthago (Tunesien). Heute liegen hier neben der Fischfangflotte vor allem Sportboote. Eine Fähre pendelt zu den Balearischen Inseln nach Ibiza. Auf einem Spaziergang entlang dem Paseo Marítimo passiert man die **Lonja,** die Fischauktionshalle. Dort wird seit jeher der Tagesfang versteigert. Ab etwa 17 Uhr kann man zuschauen.

Tatsächlich stehen dort zwei Hallen, in der einen wird vorsortiert, in der anderen versteigert, und zwar jeden Tag etwa 700 Kisten. Früher ging es klassisch zu, ein Preis wurde ausgerufen und wer den akzeptierte, hob die Hand. Heute funktioniert die Versteigerung elektronisch, soll heißen: Ein Preis wird digital angezeigt und fällt! Die potenziellen Käufer spekulieren also auf fallende Preise.

Die spanische Kunst des Flanierens

Wie flaniert man richtig spanisch? Schlendern zwei Spanier tief versunken im Gespräch durch die Straßen, gehen sie nahe beieinander, fast auf Tuchfühlung, berichten dem anderen ausführlich, beleuchten eine Sache von mehreren Seiten. Unterstrichen wird die jeweilige Aussage durch heftige Bewegungen der Arme und der Hände, jeder Satz wird so gewichtet. Bei ganz besonders wichtigen Argumenten „bremst" der Sprecher sein Gegenüber, fasst ihn am Arm, stoppt ihn, dreht ihn förmlich zu sich, hält den Arm fest und sagt mit der ganzen Kraft seiner Persönlichkeit, was er zu sagen hat. Der andere soll bitte seiner Argumentation folgen, das Ganze wird mit deutlichen Armbewegungen untermalt, die Hand wandert auf und ab, markiert jedes Wort. Etwa nach jedem dritten Satz wird ein „Entiendes?" („Verstehst du?") rhetorisch angehängt. Schließlich gibt er sein Gegenüber frei, aber nicht bevor er nach mehreren endlosen Pausen immer noch ein gewichtiges Argument nachgeliefert hat. So spazieren sie, stoppen alle paar Minuten und reden aufeinander ein.

Costa Blanca

Wer einen Preis akzeptiert, drückt einen Knopf und der Kauf ist getätigt. Besucher können von einer Tribüne zuschauen.

Denkmäler und Skulpturen

Entlang der Hafenmeile stehen einige **Skulpturen,** so beispielsweise ein gewaltiger Anker, der im Hafenbecken gefunden wurde. Etwas weiter steht das Denkmal *„Bous a la Mar"*, das mit etwas Fantasie als Stier erkannt wird und an ein beliebtes Stadtfest erinnert, bei dem Stiere am Hafen vorbeigetrieben werden und flüchtende Menschen manchmal ins Wasser springen.

Blick über die Dächer der Altstadt

Mitten auf der kleinen, aber angenehmen **Plaza Cervantes** steht eine Büste vom Erfinder des *Don Quichote*, dem Autor *Miguel de Cervantes*.

Praktische Tipps

Unterkunft

Die Hotelliste von Dénia verzeichnet nur knapp zwei Dutzend Häuser. Die vielen Ausländer sind entweder Residenten, oder sie wohnen in Apartments. Davon gibt es tatsächlich viele Hunderte.

● **Hotel Costa Blanca** €€€, Plaça Llorens 3, Tel. 965 780 336, Fax 965 783 027, hotelcostablanca.es. Auffällig blau gestrichenes Haus mit 53 Zimmern im Zentrum, unweit der Touristeninformation gelegen. Ganzjährig geöffnet.
● **Hostal Cristina** €€, Avda. El Cid 5, Tel. 966 423 158, Fax 966 426 579, www.hostal-cristina.com. Kleines, helles Haus mit neun Zimmern und Restaurant, unweit vom Castillo.

Blick über die Stadt zum Hafen

●**Hotel Castillo** €€, Avda. El Cid 7, Tel. 966 435 260, Fax 966 435 261, www.hotelcastillodenia.com. Dieses kleine Hotel hat nur sieben Zimmer. Unten befindet sich ein Restaurant.

●**Hostal Loreto** €€€, c/ Loreto 12, Tel. 966 435 419, Fax 966 435 420, www.hostalloreto.com. Eine nette Pension mit 43 Zimmern. Es ist ein mitten im Zentrum an einer belebten Straße gelegener Familienbetrieb, mit schöner Dachterrasse und Restaurant.

●**Hotel La Posada del Mar** €€€€, Plaça Drassanes 2, Tel. 966 432 966, Fax 966 420 155, www.laposadadelmar.com. Das schöne Gebäude mit 20 Zimmern und fünf Suiten liegt beim Hafen, hat drei Etagen, kleine Balkone und viel Charme. Ganz in der Nähe befinden sich etliche Restaurants.

●**Hostal L'Anfora** €€-€€€, Explanada de Cervantes 8, Tel. 966 430 101, Fax 966 421 690, www.hostallanfora.com. Kleines, nettes Haus (20 Zimmer) am Hafen vor einer Fußgängerzone unter Palmen.

●**Hotel Chamarel** €€€-€€€€, c/ Cavallers 13, Tel. 966 435 007, Fax 966 435 600, www.hotelchamarel.com. Kleines, charmantes Haus mit 20 Zimmern, das sehr ruhig in einer schmalen Fußgängerzone liegt. Die Zimmer, Dekoration und Fassade wurden stimmig gestaltet, vermitteln so einen guten Eindruck. Ganzjährig geöffnet.

Camping

●**Los Llanos,** 1. Kategorie, N-332 am km 203/204, Tel. 965 755 188, www.losllanos.net, ganzjährig geöffnet. Nicht allzu großer Platz unter Bäumen in der Nähe der Playa Marina mit Sandstrand. Der Platz hat einen Pool, ein Restaurant und behindertengerechte Einrichtungen.

●**Los Patos,** 2. Kategorie, Carretera Dénia por la Costa, Tel. 965 755 293, ganzjährig geöffnet. Mittelgroßer, zweigeteilter Platz in Meeresnähe. Zu erreichen: Kurz vor El Verjer über die Straße Dénia por la Costa fahren, dann noch ca. einen halben Kilometer.

●**Tolosa,** 2. Kategorie, Cami d'Urios 32, an der Playa Les Rotes, Tel. 965 787 294, www.campingtolosa.com, geöffnet: 1.4.–30.9. Kleiner schattiger Platz südlich von Dénia an einem steinigen Strand.

Essen & Trinken

●**La Naviera,** c/ Marqués de Campo 9, Tel. 966 432 136. Schönes, stilvolles Café mit Frühstück ab 8 Uhr, später gibt's auch Pizza.

●**Café Gormand,** c/ Diana 6, Tel. 966 420 689. Nette Bar mit großer Tee- und Kaffeeauswahl. Achtung: Nicht erschrecken beim Anblick der unter Glas liegenden Steinbrocken im Fußboden.

Costa Blanca

●**Restaurante El Raset,** c/ Bellavista 7, Tel. 965 785 040. Lokal mit großer Terrasse am oberen Hafenbereich, bietet vorzügliche Fisch- und Reisgerichte. Nebenan liegen noch etliche weitere Lokale mit Terrasse.

●**Restaurante El Poblet,** Urb. El Poblet 43, Ctra. Les Marines, Tel. 965 784 179. Das Lokal liegt außerhalb von Dénia in der *urbanización* El Poblet und zählt für viele zum Besten überhaupt. Sowohl klassische Reisgerichte als auch Eigenkreationen, Mo geschlossen.

●**La Casa de L'Arròs,** Glorieta del País Valencià 7, Tel. 965 781 047. In diesem nett eingerichteten Lokal gibt es gute Reisgerichte.

●**Can Broch,** c/ Pelota 5, Tel. 966 421 784. Mal was anderes: ein Steakhouse. Mi geschlossen.

Adressen

●**Bahnhof:** Passeig del Saladar (unmittelbar hinter der Touristeninformation gelegen). Alle zwei Stunden schaukelt eine Bahn die gesamte Küste entlang bis hinunter nach Alicante. Fahrzeit: zweieinhalb Stunden.

●**Busbahnhof:** Plaça Arch. Carlos.

●**Internet:** Ciberdenia, c/ Senija 5.

Feste

●**16.–19. März:** Las Fallas – wie beim großen Vorbild in Valencia werden selbst gefertigte Figurengruppen auf öffentlichen Plätzen aufgebaut und in der letzten Nacht verbrannt.

●**Anfang Juli:** Santísima Sangre de Cristo – Patronatsfest, u.a. mit dem so genannten *Bous en la Mar,* Stiertreiben am Hafen, wobei die Läufer auf der Flucht ins Wasser springen.

●**14.–16. August:** Moros y Cristianos.

Markt

●**Montag bis Samstag,** in der c/ Magallanes.

●**Fischversteigerung:** Montag bis Freitag am Nachmittag ab 17 Uhr in der Auktionshalle am Hafen.

Ausflüge

Bahnfahrt entlang der Küste

Zwischen Dénia und Alicante verläuft über **fast hundert Kilometer** eine Bahnlinie unmittelbar an der Küste entlang (s. Karte „Schmalspurbahn"). Eine prima Möglichkeit, um einmal einen Blick auf die Küstenlinie zu werfen oder einen Nachbarort zu besuchen. Ein Trip ganz bis nach Alicante dauert allerdings zweieinhalb Stunden, da die Bahn unterwegs 45 mal stoppt!

Schiffs-touren	Vom Hafen Dénias kann man per Fähre einen Abstecher zur Baleareninsel **Ibiza** unternehmen, Infos: www.balearia.com. Es werden auch Bootstouren entlang der pittoresken Küste nach **Jávea** oder sogar bis nach **Altea** angeboten. Die Fahrt nach Jávea dauert 30 Minuten, nach Altea drei Stunden (www.mundomarinodenia.com).
Cova de Benidoleig	Die 300 Meter lange **Tropfsteinhöhle** liegt knapp 15 Kilometer von Dénia entfernt im Hinterland. In dieser Höhle wurden bereits im 17. Jahrhundert Reste von prähistorischen Menschen gefunden. Heute staunt der Besucher über die Vielfalt von Stalaktiten und Stalagmiten sowie über die gewaltigen 20 Meter hohen Kuppeln. Die Höhle ist gut ausgeleuchtet.

● **Geöffnet:** täglich von 9 Uhr morgens bis zum Sonnenuntergang, Eintritt: 3,50 €, Kinder bis 10 Jahre 2 €.

Montgó	Der Gebirgszug Sierra del Montgó wurde 1987 **unter Naturschutz** gestellt und zum *Parque Natural* erklärt. Der höchste Punkt misst immerhin 753 Meter. Der Fels steigt steil vom Meer auf. Von Dénia aus lassen sich mehrere Wanderungen in den Park unternehmen. Ausgangspunkt ist immer die Plaça Jaume I., von wo die Avinguda del Montgó direkt in den Park führt. Am Parkeingang beginnen die unterschiedlichen Routen, die zwischen eineinhalb und neuneinhalb Kilometer lang sind. Die längste Tour führt zum Punkt Creueta de Dénia auf eine Höhe von immerhin 694 Metern, sie dauert gute dreieinhalb Stunden. Wer eine solche Wanderung plant, sollte sich Infos mit Wegbeschreibungen aus dem Touristenbüro holen.

Costa Blanca

Jávea

- **Valencianisch:** Xàbia
- **Einwohner:** 31.600
- **PLZ:** 03730
- **Entfernung nach Alicante:** 90 km
- **Touristeninformation:** Plaza de la Iglesia 4,
  Tel. 965 794 356, Fax: 965 796 317,
  www.xabia.org

Überblick

Jávea ist ein dreigeteilter Ort. Der **alte Ortskern** liegt gut zwei Kilometer von der Küste entfernt. Die Verlegung ins Hinterland war seinerzeit eine Schutzmaßnahme aufgrund der häufigen Piratenüberfälle. Direkt an der Küste befindet sich noch heute das kleine Hafengebiet **Aduanas del Mar.** Knapp zwei Kilometer entfernt erreicht man, der Promenade folgend, den breiten **Strand El Arenal.** Die drei Bereiche liegen nun aber keineswegs isoliert in der Landschaft, denn es wurde bereits kräftig gebaut. Glücklicherweise entstanden kaum Hochhausriesen, aber in der gesamten Umgebung stehen Hunderte, vielleicht Tausende von Immobilien. Hier leben all die Nord- und Mitteleuropäer, die das angenehme Klima genießen wollen. Jávea liegt nämlich geschützt zwischen zwei **Felsmassiven,** dem Cabo San Antonio und dem Cabo la Nao.

Die Strände

Direkt beim Hafen verläuft nur ein schmaler, steiniger Streifen. Zum Sonnenbaden in der Mittagspause oder so ähnlich reicht's natürlich, aber richtige Strandfreude kommt wohl eher nicht auf. Positiv: Eine angenehme Promenade von geschätzt 500 m verläuft dort am Meer entlang, wo Sie in einigen Lokalen richtig nett draußen am Wasser sitzen können.

Weiter oben öffnet sich dann ein recht breiter Sandstrand zu einer Bucht, sogar einige wenige

Für jeden Topf die passenden Kräuter ...

Palmen stehen dort, man könnte ihn als Hauptstrand bezeichnen. Eine unspektakuläre, aber breite **Promenade** verläuft dort entlang, einige wenige Lokale gibt es auch, reichlich Parkraum ebenso (jedenfalls außerhalb der Saison). Hier geht es schon eine ganze Spur geschäftiger zu als beim Hafen, hier ist aber auch der Strand zwei Spuren schöner.

Sehenswertes

Altstadt

Das *centre històric,* das historische Zentrum, liegt knapp zwei Kilometer von der Küste entfernt im Hinterland. Zwei mehrspurige Straßen verbinden dieses Viertel mit dem Hafengebiet. Entlang der **Zufahrtsstraßen** befriedigen Supermärkte, Handwerksbetriebe und sonstige Dienstleister die Kaufwünsche ausländischer Residenten, die zu Tausenden in und um Jávea leben.

Etwas außerhalb der Altstadt liegt auf der linken Seite ein sehr großer **Parkplatz** an der breiten Straße, die zum Hafen führt, man fährt automatisch daran vorbei.

Taucht man aber in die Altstadt ein, ist diese moderne Welt sofort vergessen. Hier, im historischen Zentrum, stehen hübsche Häuser aus vergangenen Zeiten. Rundgemauerte Torbögen und kunstvoll gestaltete Türen und Fenster mit schmiedeeisernen Gittern vollenden den **malerischen Gesamteindruck.** Man schlendert durch schmale Gassen, schaut in den einen oder anderen Tante-Emma-Laden und genehmigt sich einen Kaffee in einer urspanischen Bar. Direkt vor der Kirche verläuft die Straße Calle Major, wo auch einige nette Bars liegen, etwa *Tertulia* oder *Imperial* und *Tasca Tonis.*

Die **Iglesia-Fortaleza Sant Bartomeu,** deren Bau im Jahr 1513 begann, trägt wie wohl kaum ein anderes Gotteshaus die Bezeichnung „Kirche-Burg" zu Recht. Mit Schießscharten, Zinnen und einem Wachturm versehen, der gleichzeitig als

Glockenturm diente, bot das mit Ausnahme des Portals von außen schmucklose Bauwerk sowohl religiösen als auch weltlichen Beistand.

Unweit der Kirche liegt auch die **Markthalle,** in der täglich von 8 bis 13.30 und von 17 bis 20.30 Uhr gehandelt wird, samstags aber nur am Vormittag.

Das **Museo Arqueológico Soler Blasco** (Plaça dels Germans 1) gibt einen Überblick von der Prähistorie und iberischen Funden über die römische Zeit bis zur Moderne des 19. Jahrhunderts. In zwei weiteren Sälen werden im oberen Stockwerk Gemälde des örtlichen Malers *J.B. Segarra Llamas* (1916–1994) gezeigt, sowie eine Ausstellung zur Unterwasser-Archäologie der vorgelagerten Küste.

●**Geöffnet:** Di–Fr 10–13 und 17–20 Uhr, Sa/So 10–13 Uhr, Juli–Sept. Di–Fr 10–13 und 18–21, Sa/So 10–13 Uhr.

Am Rande der Altstadt liegt die kleine **Plaza Marina Alta.** Dort befindet sich die Post und eine Hand voll Bars lädt zum Verschnaufen ein.

Hafen

Über den Hafen floss Wohlstand in den Ort und das kam so: 1700 verstarb der letzte spanische König aus dem Hause der Habsburger. Um die Nachfolge entbrannte alsbald ein derartiger Streit, der in kriegerischen Auseinandersetzungen mündete. Warum auch immer, aber selbst kleinere Orte mussten Partei ergreifen (und wahrscheinlich Soldaten stellen ...). Jávea jedenfalls stand auf Seiten der Bourbonen, die meisten Ortschaften der Umgebung hielten es mit den Österreichern, was falsch war. Der neue König kam dann doch aus dem Haus der **Bourbonen** (der aktuelle übrigens auch) und zum Dank erhielt Jávea die Erlaubnis, Weizen und Früchte über seinen Hafen zu verschiffen. Neben Weizen wurden besonders Rosinen im großen Stil gehandelt, die von der Landbevölkerung großflächig angebaut wurden. Der

Costa Blanca

Weizen wurde zu Mehl weiter verarbeitet, weswegen schließlich etliche Windmühlen auf den Hängen gebaut wurden, vereinzelt sieht man sie noch heute. So ab dem 19. Jahrhundert kamen einige Kaufleute durch den Handel mit Rosinen (auch nach Übersee übrigens) zu Wohlstand, der sich durch den Bau **beeindruckender Häuser** rund um die Kirche in der Altstadt ausdrückte.

Der Hafenbereich **Aduanas del Mar** zeigt sich deutlich touristischer als die Altstadt. Eine nett gestaltete Promenade verläuft unmittelbar am Meer entlang. Dort kann man angenehm auf der Terrasse eines der vielen Lokale verweilen und aufs offene Meer schauen.

Erwähnenswert ist auch die **Kirche Santa María de Loreto,** die zum Gedenken an die Schiffbrüchigen errichtet wurde; ihr Baustil erinnert an einen Bootskörper. Die 12 stützenden Säulen repräsentieren die Apostel.

El Arenal

Vom Hafenbereich verläuft die Avenida del Mediterráneo über zwei Kilometer bis hinüber zur **Strandzone** El Arenal. Ein Fußweg säumt die dem Meer zugewandte Seite, Villen und Einzelhäuser die gegenüberliegende. Glücklicherweise wurden hier keine Hochhausriesen hochgezogen, so dass sich alles in allem ein recht homogenes Bild ergibt. In der Strandbucht versammeln sich immer viele Sonnenanbeter. Am Rande der Bucht steht auch der **Parador Nacional** in bevorzugter Lage.

Während das „alte Geld" durch den Weizen- und Rosinenhandel gemacht wurde, kamen Investoren in jüngerer Zeit zu „neuem Geld" durch Tourismus und Immobilienboom. Der eigentliche Ort Jávea war auf den schmalen Streifen zwischen Altstadt und Hafen beschränkt, erst die Touristen entdeckten Strand, Sonne und die Bauplätze. Heute ziehen sich die **Häuser in- und ausländischer Residenten** sowie Teilzeitbewohner über viele Kilometer entlang der Küste und auch schon ins Hinterland. So entstanden mehr oder weniger

Costa Blanca

gelungene Siedlungen von Einzelhäusern, kleineren Wohnanlagen, ein Golfplatz und schließlich folgten diverse Dienstleister, wie Handwerker, Anwälte, Ärzte, etc.) der jeweiligen Nationalitäten. Es wuchs ein Mikrokosmos der unterschiedlichen Nationen unter angenehmer spanischer Sonne.

Das alles soll hier gar nicht gewertet oder gar kritisiert werden, aber da die Lage nun einmal so ist, wie sie ist, soll das Kind auch beim Namen genannt werden dürfen. Also: Jávea hat einen kleinen **reizvollen Altstadtbereich,** einen ähnlich kleinen **reizvollen Hafenbereich,** eine nette Strandbucht und Tausende von Ferienhäusern, die überwiegend jenseits des Strandes liegen, teilweise kilometerweit im Hinterland.

Jávea hat einen sehr breiten Strand

Praktische Tipps

Unterkunft

●**Parador** €€€€, Avda. Mediterráneo 7, Tel. 965 790 200, Fax 965 790 308, www.parador.es. Das moderne Haus liegt sehr schön direkt am Strand von El Arenal und hat einen hübschen Garten. Von den meisten der 70 Zimmer hat man Meerblick.

●**Hotel Miramar** €€, Plaza Almirante Bastarreche 12, Tel. 965 790 100, www.hotelmiramar.com.es. Kleineres Haus mit 26 Zimmern im Hafenbereich, teils mit Meerblick (*miramar*).

●**Hotel Jávea** €€-€€€, c/ Pio X. 5, Tel. 965 795 461, Fax 965 795 463, www.hotel-jevea.com. Das kleine Haus mit 24 Zimmern liegt im Hafenbereich etwa 50 Meter vom Meer entfernt und macht einen netten Eindruck.

●**Hotel Solymar** €€€€-€€€€, Avda. Mediterráneo 83, Tel. 966 461 919, Fax 966 461 920, www.hotelsolymarjavea.es. Ein Haus mit 41 einfachen, aber korrekten Zimmern, in bevorzugter Lage mit Meerblick und nur durch eine Straße vom Strand El Arenal getrennt.

Camping

●**Jávea,** 2. Kategorie, Camí de la Fontana 2, Tel. 965 791 070, Fax 966 460 507, www.camping-javea.com. Ein mittelgroßer Platz, der etwa 500 Meter sowohl vom Hafen als auch von der Altstadt entfernt liegt. Das Gelände ist durch Hecken unterteilt und von Obstplantagen umgeben. Mattendächer spenden Schatten. Außerdem gibt es zwei Pools.

●**El Naranjal,** 2. Kategorie, Camí dels Morers 15, Tel. 965 792 989, Fax 966 460 256, www.campingelnaranjal.com, geöffnet 1.3.–30.9. Der Platz liegt etwa 500 Meter vom Strand El Arenal entfernt.

Essen & Trinken

●**Mesón Puerto Casa Ángel,** Esplanada del Puerto s/n, Tel. 965 793 654. Liegt direkt am Hafen und bietet eine fundierte Küche, die auch noch so manchen Fischer lockt. Mo geschlossen
●An der Plaza Almirante Bastarreche 15 (beim Hafen) liegt die **Bar El Clavo,** wo es gute Tapas gibt. Di geschlossen.
●**Restaurante El Pósit,** Plaza Almirante Bastarreche 11, Tel. 965 793 063. Gute Fischgerichte zu fairen Preisen.
●**Attico,** am Paseo Marítimo (offizielle Adresse: c/ Pío X 5, Tel. 966 463 455); angesagte, schicke, leicht designte Bar, die sogar Geschäftsleute anzieht. Mit mediterraner Küche.
●**La Bodeguilla,** am Ende der Promenade bei Hausnummer 19 vom Hafen kommend. Tolle Lage direkt am Wasser auf Kiesboden, nur ein paar Meter entfernt brechen sich die Wellen. Spezialität: Fisch- und Reisgerichte.

Adressen

●**Post:** Plaza Marina Alta (Altstadt).
●**Einkaufen:** Estanco Carmen Hernández, Avda. Libertad 13 (Playa Arenal), ein familiäres, kleines Geschäft mit breiter Auswahl.
●**Internet:** Connections, c/ Cristo del Mar 29 (an der Verbindungsstraße von der Altstadt zum Hafen).

Feste

●**27. April–3. Mai:** Das Patronatsfest zu Ehren von Jesús Nazareno.
●**1.–8. September:** Nuestra Señora de Loreto – wird am Hafen mit Umzügen und Blumenschmuck gefeiert.

Markt

●**Donnerstag,** Plaza Constitución.

Costa Blanca

Hotel-Restaurant Miramar am Hafen von Jávea

Ausflüge

● **Montgó:** Den Berg kann man auch von Jávea aus besteigen. Ausgangspunkt ist die Straße nach Dénia, von wo ein Weg in den Naturpark abzweigt (siehe auch „Dénia/Ausflüge").

● **Cabo La Nao und Cabo San Antonio:** Beide Punkte sind relativ leicht zu erreichen. Man kann sogar per Auto ziemlich nah herankommen, um dann ausgesprochen herrliche Blicke auf die gesamte Bucht zu genießen!

● Das **Cabo de San Antonio** mit seinem Leuchtturm liegt nördlich vom Hafen und kann auf einem Wanderweg ab Hafen in etwa einer Stunde erreicht werden.

● **Bootstrips** nach Calpe und Altea zweimal tgl. außer Mi mit *Mundo Marino,* zu finden am Hafen, Tel. 966 423 066, www.mundomarino.es.

Teulada-Moraira

● **Einwohner:** 12.700
● **PLZ:** 03724
● **Entfernung nach Alicante:** 75 km
● **Touristeninformation:** Carretera Moraira-Teulada 51, Tel. 965 745 168, Fax 966 491 504, www.teulada-moraira.es

Überblick

Ein Dorf mit zwei Ortsteilen, die unterschiedlicher nicht sein könnten: hier das sechs Kilometer von der Küste entfernte, ruhige Teulada, dort das touristische, am Meer gelegene Moraira.

Die Strände

Dominierend im Ort ist der Hafen, südlich davon einige relativ kleine Strandbuchten, mal mit feinem Sand, mal mit etwas gröberem Kiesel.

Moraira

Ursprünglich dachten die Bewohner gar nicht daran, an der Küste zu siedeln. Man betrieb Landwirtschaft im Hinterland und verschiffte gelegentlich die Ernte in die Nachbarorte. Das war einfacher, als den mühseligen Weg durch die Ge-

birgszüge zu wählen. Erst im 19. Jahrhundert wurde der Hafen auch zum Fischfang genutzt. Eine Ansiedlung namens Moraira entstand.

Heute befindet sich hier ein großer Sportboothafen. Das Hinterland besteht aus einer sehr weitläufigen Zone von Ferienwohnungen, Apartments und Villen. Allzu viel Spannendes wird man im Hafenbereich nicht entdecken, dafür kann man aber eine angenehme **maritime Atmosphäre** genießen. Ein paar Lokalitäten locken mit großer Terrasse, von der man den Blick über das Meer schweifen lassen kann. Im Süden steht noch ein Rest der ehemaligen **Festung** und gegenüber die **Kapelle** zu Ehren Nuestra Señora del Carmen.

Aber auch hier gibt es **Veränderungen.** Zunächst wurde die Zufahrt verlegt. Aus der ehemaligen Zufahrtstraße wurde eine **Fußgängerzone** und die neue, breite Zufahrt führt an einem sehr großen Parkplatz vorbei, der keine 200 m vom Hafen entfernt liegt.

Apropos Hafen: Einen wunderbaren Blick von einem erhöhten Punkt genießen Sie, wenn Sie durch die schmale erste Straße „hinter" dem Platz gehen und anschließend die sehr rustikalen Stufen hochsteigen. Die kurze Mühe wird mit einem schönen **Fernblick** belohnt.

Teulada

Wer als Urlauber nur *urbanizaciones* oder Apartmentanlagen kennt, sollte unbedingt einmal einen Spaziergang durch diesen netten kleinen Ortsteil unternehmen. Es soll hier kein Preis à la „unser schönstes Dorf" vergeben werden, aber Teulada ist ein **intaktes spanisches Dörflein.** Keine herausgeputzte Siedlung für Touristen, sondern ein Ort zum Leben. Das heißt, dass auch die nachmittägliche Siesta eingehalten wird, in der sich sogar die Hunde in den Schatten verkrümeln und bestenfalls eine Bar mit einem schläfrigen Wirt geöffnet hat.

Ein Spaziergang führt durch schmale Gassen unweigerlich zur **Kirche Santa Catalina** aus dem 16. Jahrhundert. Das kompakte Gotteshaus fungierte früher auch als Trutzburg, wenn wieder einmal Piraten vorbeischauten. Reste der **alten Stadtmauer** sind hier noch erhalten. Unweit der Kirche erhebt sich das Gebäude **Sala de Jurats i Justicies,** wo sich die lokalen Vertreter der Behörden versammelten. Weiter unten im Ort liegt die **Kapelle** zu Ehren von *San Vicente Ferrer*. Auffällig heben sich die blau lackierten Ziegel des Daches gegen die helleren Wände ab.

Diese historischen Gebäude wird man unschwer finden, aber ein zielloser Bummel durch den kleinen Ort mit einem neugierigen Blick auf Details sollte im Vordergrund stehen. Teulada ist klein genug, und ein Verlaufen wohl kaum möglich.

Praktische Tipps

Unterkunft

●**Hostal Buigues** €€€, c/ Dr. Calatayud 16, Tel. 965 744 037, Fax 965 745 614. Kleines Haus, das in Moraira nur einen Steinwurf vom Hafen entfernt liegt. Vernünftig eingerichtet, aber ohne großen Komfort.

●**Gema Hotel** €€€, c/ Cabo Estaca de Bares 11, Tel. 966 498 840, Fax 965 747 188, www.gemahotel.com. Insgesamt 39 Zimmer hat das Haus, das gut eineinhalb Kilometer vom Hafen entfernt unweit der Bucht Cala Andragó liegt.

●**Swiss Moraira** €€€€, c/ Haya 175, Tel. 965 747 106, Fax 965 747 074, www.swisshotelmoraira.com. Das erste Haus am Platze hat nur 32 Zimmer. Es liegt näher zum Golfplatz im Hinterland als zum Hafen und hat deshalb auch einen netten Pool. Schick und stilvoll eingerichtet mit Blick und Liebe fürs Detail.

Camping

●**Moraira,** 1. Kategorie, Camí del Paellero, Tel. 965 745 249, www.campingmoraira.com. Der kleine Platz liegt einen guten Kilometer vom Hafen entfernt etwas im Hinterland. Zu erreichen: der Küstenstraße nach Calpe folgen und beim km 1,3 abbiegen.

Schmucke Gasse in Teulada

Costa Blanca

Jugendherberge	●**La Marina,** Camino del Campamento 31, Tel. 966 492 030, Fax 966 491 051. Die Jugendherberge ist 500 Meter vom Hafen und nur 250 Meter vom Strand L'Ampolla entfernt. Sie bietet Platz für insgesamt 130 Personen, überwiegend in Zwei- und Vierbett-Räumen.
Essen & Trinken	Alle Lokale liegen in Moraira in Hafennähe, dort gibt es auch einige mit großer Terrasse, wie das *Lloc del Poble* oder das *Cap d'Or.*
	●**Restaurante La Sort,** Avda. Madrid 1, Tel. 965 745 135. Angebot und Aufmachung unterscheiden sich beträchtlich von den meisten anderen Lokalen; gute, innovative Küche.
	●**Mesón El Refugio,** Almacenes 5, Tel. 965 744 774. Authentisches Restaurant, sozusagen in der zweiten Reihe. Di geschlossen.

034-tbFoto: jf

●**Restaurante Le Dauphin,** c/ Puerto Lápice 18, Tel. 966 490 432, Mo geschlossen. Ein beim Strand Portet gelegenes Lokal mit Terrasse, das klassische französische Küche bietet.
●**Restaurant Vista Ifach,** c/ del Castillo 11, Tel. 965 745 278. Ein Lesertipp! Gutes Restaurant am Jachthafen, normale Preise.

Adressen

●**Medizinisches Zentrum:** Centro Salud, c/ Dr. Pitarch (in Teulada), Tel. 965 740 176.
●**Post:** c/ Alacant (in Teulada), Av. del Portel (in Moraira).
●**Einkaufen:** Enoteca A Catarlo Todo, Avda. Mediterráneo 106 (in Teulada), Tel. 965 740 399. Breit gefächerte Auswahl an Weinen und allem, was dazu gehört.

Kapelle San Vicente Ferrer
im unteren Ortskern von Teulada

Feste

- **April:** Fest zu Ehren des Schutzheiligen San Vicente Ferrer.
- **Juni:** (zweites Wochenende): Moros y Cristianos in Moraira.
- **Juli:** (erstes Wochenende): Font Santa („Heilige Quelle") in der Wallfahrtskapelle.
- **15./16. Juli:** Virgen del Carmen – mit Meeresprozession.
- **September,** (erster Samstag): Moscatell – mit Weinprobe.

Markt

- **Fischversteigerung:** täglich außer Sonntags ab 9.30 Uhr in der Auktionshalle.
- **Mittwoch,** in der c/ Alicante in Teulada.
- **Freitag,** auf dem Parkplatz an der Straße Moraira-Calpe.
- **Flohmarkt:** Sonntag, Ortseingang Teulada, hinter Eurogarden.

Ausflug nach Benissa

Ein kleiner Ort von vielleicht 10.000 Einwohnern, etwas im Hinterland gelegen. Der mittelalterliche Ortskern zählt zu den hübschesten Vierteln überhaupt, viele historische Häuser und schmale Gassen prägen das Bild, es herrscht eine angenehme Atmosphäre. Mittendrin erhebt sich die nicht gerade kleine **Iglesia de la Purísima Xiqueta,** erbaut Anfang des 20. Jahrhunderts im neogotischen Stil.

Viele historische Gebäude konzentrieren sich auf einen relativ engen Raum entlang der **calle Purísima** oder in deren Seitengassen. So steht das Rathaus an der **Plaza del Portal** in einem Gebäude aus dem Jahr 1790 (ehemaliges Hospital). Ein kleines Stück weiter erheben sich etliche herrschaftliche Häuser aus dem 18. Jahrhundert, heute sind hier Teile der Universität von Alicante untergebracht.

Das älteste Gebäude ist die **Lonja** (Börse) aus dem 16. Jahrhundert, das heute ein Ethnologisches Museum beherbergt. Weiterhin sehenswert ist die **Casa de Torres Orduña,** benannt nach einem alten Adelsgeschlecht, das auch in Guadalest ein prächtiges Haus hatte. Heute wird dieses Gebäude als Kulturzentrum genutzt.

Costa Blanca

Calpe

- **Valencianisch:** Calp
- **Einwohner:** 30.000
- **PLZ:** 03710
- **Entfernung nach Alicante:** 62 km
- **Touristeninformation:** Plaza del Mosquit s/n, Tel. 965 838 532, -3, Fax 965 838 531, www.calpe.es

Überblick und Geschichte

Calpe kann bald sein **3000-jähriges Bestehen** feiern. Auf ein genaues Datum können sich Historiker nicht einigen, aber dass die Phönizier hier als Erste unterhalb des markanten Felsens einen Handelsplatz errichteten, ist zumindest unbestritten. Die Phönizier kannten schon den Felsen von Gibraltar, der eine entfernte Ähnlichkeit mit dem von Calpe aufweist. Zur Unterscheidung, so zumindest die Legende, sollen sie ihn *Calpe* und *Hifach* genannt haben. *Calpe* wäre die Bezeichnung für eine Erhebung, während *Hifach* „Norden" hieße. Daraus wurde dann später der Name Peñón de Ifach oder auf Valencianisch Penyal d'Ifach.

Fremde kamen und gingen und hinterließen mehr oder weniger markante Spuren: Iberer, Griechen, Römer und Araber. Die einschneidendsten Veränderungen ergaben sich jedoch ohne Frage erst in der jüngeren Geschichte, und zwar durch den Tourismus. Wie auch in anderen Orten der Costa Blanca, entstanden in und um Calpe **Feriensiedlungen** im großen Stil. Vereinzelt baute man ungemein in die Höhe, besonders in Meeresnähe. Weiter im Hinterland bevorzugte man dagegen kleinere Einheiten, wie etwa Reihenhäuser. Dadurch erstreckt sich das Siedlungsgebiet von Peñón de Ifach heute über viele Kilometer, über 60 Siedlungen existieren, und alles wächst allmählich mit dem Nachbarort Teulada-Moraira zusammen.

Ein kleiner ursprünglicher Kern hat sich im Bereich des Ortseinganges noch erhalten können.

Allerdings wird er von den benachbarten Hochhausriesen schier erdrückt. Auch beim Hafen, direkt unter dem Peñón, finden sich noch **ein paar
urige Ecken.**

**Die
Strände**

Calpe hat schöne Strände, ein kleiner Teil liegt
nördlich des **Peñón de Ifach,** die längeren Strände
im südlichen Bereich. Diese Sandstrände verlaufen über zwei, drei Kilometer, sind ziemlich breit
und werden von einer relativ unspektakulären Promenade begleitet. Hier liegen auch einige Lokale
sowie einige Überreste aus der fernen Historie
des Ortes.

Sehenswertes

**Peñón
de Ifach**

Als „das Symbol der Costa Blanca" wird dieser
332 Meter hohe, **steil aufragende Felsblock** auch
bezeichnet. In der Tat hat der Peñón etwas Markantes, ragt er doch einen guten Kilometer ins
Meer hinein, nur durch eine Landzunge mit dem
Festland verbunden. Direkt unterhalb des Felsens
hatte sich schon in grauer Vorzeit ein Fischereihafen etabliert. Oben hielt man nach Feinden Ausschau. Bei klarem Wetter soll man immerhin bis
zur Baleareninsel Ibiza (ca. 80 km) sehen können.
Bis 1987 war der Felsen in Privatbesitz bevor er in
staatliche Hände überging und zum schützens-
werten **Parque Natural** erklärt wurde.

Es besteht die Möglichkeit, den Gipfel zu Fuß zu
erreichen, wobei es aber zu Wartezeiten kommen
kann, da die Besucherzahl zu bestimmten Zeiten
beschränkt ist. In Calpe ist der Zugang ausgeschildert. Zunächst geht es hoch bis zum Info-
Zentrum. Direkt davor befindet sich eine kleine
Picknick-Zone, und hier kann man auch auf einem
kleinen Rundgang bis zum Klippenrand gehen
und den fantastischen Weitblick über Calpe genießen. Das Info-Zentrum erklärt Flora, Fauna und
die Geschichte des Naturparks; so wird nicht oh-

Costa Blanca

Peñón de Ifach, das Wahrzeichen der Costa Blanca

ne Stolz berichtet, wie einst illegal errichtete Hotels schließlich gesprengt werden mussten. Neben dem Info-Zentrum beginnt der eigentliche Aufstieg an einer Sperre mit Zählwerk. Zunächst führt der Weg in Zickzack-Kurven nach oben, man passiert auch einen Tunnel. Danach folgt ein etwas steileres Stück, aber nach etwa 30 bis 45 Minuten sollte der Gipfel erreicht sein. Und dann genießt man den sagenhaften Blick ...

Archäologischer Spaziergang Princep d'Astúries

Einen Eindruck vom gigantischen Felsen kann man auch von unten gewinnen, und zwar bei einem Spaziergang am Hafen vorbei zum Felsen. Dort verläuft der so genannte Archäologische Spaziergang Princep d'Astúries. Hier wurde eine nette kleine **Promenade** mit liebevoll gepflegten Pflanzen angelegt. Man schaut fast ein wenig ehrfürchtig nach oben und versteht die Warnhinweise für Bergsteiger nun besser.

Lonja

Unterhalb des Felsens liegt auch der Hafen von Calpe mit der Lonja, wo heute noch täglich von Montag bis Freitag gegen 17 Uhr der **fangfrische Fisch versteigert** wird. Besucher können von einer Galerie aus dem Treiben zuschauen. Allerdings wird man als Ausländer wohl recht wenig verstehen, denn die Versteigerung erfolgt auf Valencianisch.

Saladar de Calpe

Ein weiteres Naturphänomen ist der **Salzsee** Saladar de Calpe, der ebenfalls zum *Parque Natural* deklariert wurde. Schon zu Zeiten der Römer gewann man hier Salz, und zwar in so großen Mengen, dass die jeweiligen Besitzer damit Handel treiben konnten. Das rief wiederum die Herrschenden auf den Plan, die flugs eine Salzsteuer aus dem Ärmel schüttelten. Heute ist der Salzsee ein Refugium für Vögel. Zur richtigen Jahreszeit kann man hier Flamingos und Fischreiher stolzieren sehen, daneben diverse kleinere gefiederte Freunde.

Costa Blanca

**Strand-
promenade**

Bei einem Spaziergang entlang der Promenade passiert man einige Zeugen der Vergangenheit, obwohl nicht mehr allzu viel von ihnen zu erkennen ist. Der Turm **Torre del Molí** wurde einst unter *König Felipe II.* als Wehrturm zum Schutz der Küste vor den damals recht häufigen Piratenüberfällen erbaut. Ganz in der Nähe liegen auch die Fundstätten der **Termas Romanas** (Römische Thermen) und die **Baños de la Reina** ("Bäder der Königin"). Beide sind Bestandteile der römischen Besiedlung.

Altstadt

Der Altstadtbereich von Calpe liegt gute zwei Kilometer vom Felsen entfernt. Aber der ehemals idyllische Kern hat sich in eine touristische Zone verwandelt. Regelrecht eingerahmt von bis zu zwanzigstöckigen Blocks hat sich nur ein kleines historisches Viertel mit **Häusern aus der Jahrhundertwende** erhalten können. Dort liegt die **Plaça dels Mariners,** ein Platz, der am Tag der Virgen del Carmen (16. Juli) eingeweiht wurde zum Gedenken an die Seefahrer und Fischer aus Calpe. Ein Mosaik zu diesem Thema findet sich dort an den Häuserwänden.

**Archäo-
logisches
Museum**

Unter den lokalen Sehenswürdigkeiten darf auch das Museo Arqueológico, c/ Francisco Zaragoza 2, an der Plaza de la Villa, nicht unerwähnt bleiben. Auf zwei Etagen werden Fundstücke aus Calpe und Umgebung gezeigt, die den geschichtlichen Bogen vom 3. Jahrhundert bis in die heutige Zeit spannen. Hauptsächlich handelt es sich dabei um Keramiken verschiedener Epochen.

●**Geöffnet:** Sommer tägl. 10.30–13.30 und 18–22 Uhr, Winter Di–Sa 10.30–13.30 und 17–20 Uhr, So 10.30–13.30 Uhr; der Eintritt ist frei.

Kirchen

An der Plaza de la Villa steht eine Kirche aus dem 15. Jahrhundert, die einfach **Iglesia Antigua** ("Alte Kirche") genannt wird. Ihre Stilrichtung ist go-

Costa Blanca

tisch-mudejar, weshalb sie als einzigartig in der Comunitat Valenciana gilt. Die ehemalige Stadtmauer stützt die alte Kirche.

Schräg gegenüber wurde in den 1970er Jahren ein neues Gotteshaus errichtet, die **Iglesia Parroquial de Nuestra Señora de las Nieves.** Und schneeweiß (*nieve* = Schnee) zeigt sie sich auch, in einem für Kirchenarchitektur untypisch modernen und massiven Baustil. Auffällig die hübschen Mosaikarbeiten an der Außenwand, die Szenen aus dem Neuen und Alten Testament darstellen.

Museo Festero

Das Museo Festero („Museum der Feste"), c/ José Antonio 6, zeigt vor allem **Kostüme und Trachten,** die beim großen Volksfest Moros y Cristianos getragen werden.

● **Geöffnet:** Sommer tägl. 10.30–13.30 und 18–22 Uhr, Winter Di–Sa 10.30–13.30 und 17–20 Uhr, So 10.30–13.30 Uhr; der Eintritt ist frei.

Praktische Tipps

Unterkunft

● **Hotel Porto Calpe** €€€, Explanada del Puerto 7, Tel. 965 837 332, Fax 965 837 311, www.portocalpe.com. Das sechsstöckige Haus liegt direkt am Hafen unterhalb vom Peñón und hat 60 korrekte Zimmer. Von einigen schaut der Gast auf den Berg, von der anderen Seite sehr schön aufs Meer und den Hafen. In der Nachbarschaft liegen etliche gute Fischlokale.
● **Pensión Le Vieux Bruxelles**€€, Avda. Isla Formentera 18, Tel. 965 834 357. Kleine nette Pension (9 Zimmer), direkt am Hafen gelegen; ein gutes Restaurant ist angeschlossen.
● **Hostal El Parque** €€, c/ Portalet 4, Tel. 965 830 770, www.pensiondelparque.com. Das kleine Haus mit nur elf einfachen, aber korrekten Zimmern befindet sich im älteren Viertel von Calpe, ganz in der Nähe des zentralen Platzes Plaza de la Villa.

Camping

● **Camping Calpemar,** 1. Kategorie, c/ Eslovenia 3, Tel. 965 875 576, www.campingcalpemar.com. Ziemlich neuer, aber kleiner Platz (2008 eingeweiht), der nur 300 m vom Strand entfernt auf halber Strecke zwischen Ortskern und Salinen liegt. Ganzjährig geöffnet.

Der Strand von Calpe zur Nebensaison

●**La Merced,** 2. Kategorie, Avda. Jaume I. El Conqueridor, Tel. 965 830 097. Dieser Platz hat immerhin Kapazitäten für 200 Personen. Er liegt gut 700 Meter vom Strand Playa Levante entfernt in einer *urbanización* gleichen Namens.

Essen & Trinken

●**Restaurante Baydal,** Avda. del Puerto 10, Tel. 965 831 111. Existiert seit 1941 am Hafen und bietet leckere Fischküche; mit offener Terrasse.

●**Casa Florencia,** Plaça dels Mariners 21, Tel. 965 833 584, So geschlossen. Liegt an einem netten kleinen Platz in der Altstadt und bietet gute Hausmannskost.

●**Restaurante La Cambra,** c/ Delfín 2, Tel. 965 830 605. In einer kleinen Straße kurz vor der Strandpromenade am Altstadtbereich gelegenes Lokal, dessen Wirt mediterrane Küche bietet, vereinzelt aber auch baskische Rezepte ausprobiert. Seine Dekoration nannte ein spanischer Kritiker „wie in einem Museum".

●**Restaurante Los Zapatos,** c/ Santa María 7, Tel. 965 831 507, Di und Mi geschlossen. Ein deutscher Inhaber, der innovative Gerichte kreiert, aber auch arabische Küche serviert.

Adressen

●**Bahnhof:** Pda. Estación 1.
●**Busbahnhof:** c/ Capitán Pérez Jordá (am Ortseingang).
●**Medizinisches Zentrum:** c/ San Fermín s/n.
●**Polizei:** Avda. de Europa, Ecke c/ Holanda.
●**Post:** c/ 18 de Julio, Edificio Bergantín.
●**Kino:** c/ Conde de Altea 7.

Einkaufen

●**Bodegas Avarques,** Avda. Gabriel Miró. Im Ortskern gelegene rustikale Bodega in der vino und andere Alkoholika verkauft werden.

Feste

●**16. Juli:** Virgen del Carmen – mit Meeresprozession.
●**5. August:** Virgen de las Nieves – Patronatsfest.
●**22. Oktober:** Stmo. Cristo del Sudor – Patronatsfest.
●**Um den 22. Oktober:** Moros y Cristianos.

Markt

●**Samstag,** entlang der Avda. Puerto de Santa María.
●**Flohmarkt:** jeden Mittwoch, Avda. País Valencià (war zuletzt aber fraglich).
●**Fischauktion:** Montag bis Freitag ab 17 Uhr in der Fischauktionshalle, der *Lonja*.

Ausflug

●**Küstenkreuzfahrt:** ab Hafen bis Benidorm oder nach Dénia und Jávea. Die Ticketbüros befinden sich am Hafen. Fahrpläne hängen dort ebenfalls aus.

Altea

- **Einwohner:** 23.700
- **PLZ:** 03590
- **Entfernung nach Alicante:** 51 km
- **Touristeninformation:** c/ Sant Pere 11,
  Tel. 965 844 114, Fax 965 844 213,
  www.ayuntamientoaltea.es,
  geöffnet: Mo–Fr 10–14 und 17–19.30 Uhr,
  Sa 10–13 Uhr

Überblick

Altea zählt fraglos zu den schönsten Orten an der Costa Blanca. Fast wie in einem andalusischen **„Weißen Dorf"** klebt die Altstadt an einem Hang, gekrönt durch das gleißende Blau der alles überragenden Kirche. Steile, verwinkelte Gassen verlaufen kreuz und quer durch das historische Viertel, schlagen Haken, enden abrupt. Man kann sich zwar leicht verirren, aber die grobe Richtung führt letztlich immer zum Ziel: Aufwärts geht es Richtung Kirche, abwärts zum Meer. Oben genießt man dann einen herrlichen Blick bis nach Benidorm und eine Erfrischung in einem netten Café.

Unten am Meer fließt der Verkehr auf der Nationalstraße 332 durch den Ort, was nicht gerade idyllisch wirkt. Aber sobald diese Verkehrsader überquert ist, erreicht man die hübsche Strandpromenade, und Entspannung setzt ein.

Die Strände

Im Ort verläuft der Strand **Playa la Roda** über knapp 1500 Meter. Er besteht aus gröberem Sand und ist auch von Steinen durchsetzt. Eine durchaus nette Promenade begleitet ihn, allerdings führt dort eine Straße entlang, erst auf der anderen Seite liegen eine Reihe von Lokalen.

Sehenswertes

Altea zeigt sich schmuck, strahlend weiß und schweißtreibend. Die engen Gassen verlaufen irgendwie quer durchs Viertel, führen nach oben oder, je nach Perspektive, nach unten. Auf einem Spaziergang passiert man kleine, hübsch dekorier-

Costa Blanca

Die weißen Gassen von Altea
erinnern an ein andalusisches Dorf

te Häuser mit weiß getünchten Wänden, schmiedeeisernen Gittern vor den Fenstern und viel Blumenschmuck. An dem einen oder anderen Laden kommt man vorbei, vereinzelt findet sich eine Bar oder ein kleines Geschäft. Mit anderen Worten: Es lässt sich nett spazieren durch dieses Viertel.

Der Aufstieg zur Kirche kann buchstäblich überall gestartet werden, aber ein guter Beginn wäre die Plaça del Convent, etwa in der Ortsmitte. Von dort läuft man ein Stück die Straße Pont de Moncan hoch. So richtig ins **Gassengewirr** eintauchen können Sie dann bei der c/ Ángel Mestre Música und weiter über die c/ Salamanca. Schließlich erreicht man die c/ Major, wo schon genügend Bars und Shops auf die erschöpften Besucher warten. Am Ende betritt man den Kirchplatz, wo endgültig einige Lokale zur Pause einladen. Einmal um die Ecke kann man von einem Aussichtspunkt einen superben Blick über die Küste bis zu den Wolkenkratzern des benachbarten Benidorm werfen.

Die **Kirche Nuestra Señora del Consuelo** aus dem Jahr 1910 fällt schon von weitem durch die strahlend blauen Dachziegel ihrer Kuppel auf. Sie sticht aus dem Häusermeer hervor, ohne jedoch erdrückend zu wirken. Ein Glockenturm reicht bis zur Dachhöhe der Kirche. Von der oberen, quadratischen Plattform konnte man früher weit aufs Meer schauen, um mögliche Feinde rechtzeitig zu erspähen.

Die **Strandpromenade** fällt breit und adrett aus. Palmen wachsen hier, reichlich Ruhebänke locken zum „Aufs-Meer-hinaus-träumen", und für das leibliche Wohl sorgen einige Lokale mit Außenterrasse. Man kann angenehm flanieren und im oberen Teil seinen Wagen am Strand parken.

Praktische Tipps

Unterkunft

● **Hotel San Miguel** €€, c/ La Mar 65, Tel. 965 840 400. Ein fünfstöckiges Haus an der Promenade mit 24 Zimmern, die meisten haben Meerblick.

●**Hotel Altaya** €€€, c/ Sant Pere 28, Tel. 965 840 800, Fax 965 840 659. Ebenfalls in erster Reihe stehendes Haus mit 24 Zimmern, aber nicht alle haben Meerblick.

●**Hostal El Fornet** €€, c/ Beniardá 1, Tel. 965 843 005. Das sehr kleine Haus liegt etwa 200 m vom Kirchplatz entfernt, damit zwar im Ort, aber nicht im touristischen Zentrum. Es hat einfache, aber korrekte Zimmer, unten befindet sich ein Lokal.

●**Hotel La Serena** €€€-€€€€, c/ Alba 10, Tel. 966 885 849, www.hoteleslaserena.com. Kleines, stilvolles Haus mit nur 10 Zimmern, das in der Altstadt liegt und sehr modern eingerichtet ist in einem ehemaligen Herrenhaus. Weitere Einrichtungen: kleine Terrasse, Pool, arabisches Hammam, Restaurant.

Camping

●**Cap Blanch,** 1. Kategorie, Playa Cap Blanc 25, Tel. 965 845 946, www.camping-capblanch.com. Dieser mittelgroße Platz (Kapazität: ca. 600 Personen) liegt knapp zwei Kilometer südlich von Altea direkt am Strand. Flaches Gelände mit Bäumen und Schatten durch Mattendächer.

Essen & Trinken

Unten an der Promenade reiht sich ein Lokal ans nächste, sogar ein japanisches Restaurant gibt es hier. Oben in der Altstadt liegen bei der Kirche etliche Lokale. Sie geben sich alle einen künstlerischen Touch, was durchaus gelungen wirkt in dieser Umgebung.

●**Restaurant Sandro** (bei der Kirche, Tel. 965 841 134), bietet Pizza, die Sie auf der netten Terrasse verzehren können.

●**Restaurante Oustau de Altea,** c/ Major 5, Tel. 965 842 078, Mo geschlossen. Hübsches Lokal unterhalb der Kirche mit einer angenehmen Terrasse. Draußen hängen etliche Auszeichnungen – das spricht für sich.

●**Restaurante Racó de Toni,** c/ La Mar 127, Tel. 965 841 763. Der Küchenchef pflegt die ländliche Küche und bietet eine breite Auswahl an Speisen.

●**Restaurante Montemolar,** Partida L'Olla, c/ Montemolar 38, Tel. 965 841 581, Mi geschlossen. Weithin gelobtes Restaurant mit mediterraner und französischer Küche.

●**Restaurante Sant Pere 24,** c/ Sant Pere 24, Tel. 965 844 972. Tapas, Fisch- und Reisgerichte.

●**Restaurant El Pescador,** c/ Sant Pere 26, Tel. 965 842 571. Hier gibt es sowohl Tapas als auch Fischgerichte, das Lokal hat eine nette, allerdings recht kleine Terrasse.

Adressen

●**Bahnhof:** c/ La Mar s/n.
●**Post:** c/ Zubeldia s/n.
●**Fischauktionshalle:** am Hafen.
●**Segelbootverleih:** Multimar, Puerto deportivo, Tel. 966 880 007, bietet auch Segelkurse an.

Costa Blanca

Feste

● **16. Juli:** San Pedro und Virgen del Carmen – mit Meeresprozession.
● **15. August:** Romería zu Ehren von San Lorenzo im Ortsteil L'Olla. Am Strand wird eine Bühne aufgebaut, von der ein halbstündiges, beeindruckendes Feuerwerk gezündet wird.
● **Letzte Septemberwoche:** Moros y Cristianos.

Markt

● **Dienstag,** in der Zona Camí de l'Algar, etwas östlich und oberhalb der Altstadt auf einem Freigelände.

Schiffs-Ausflüge

● Täglich außer am Mittwoch werden Touren nach Calpe, Jávea und Dénia angeboten.

Ausflüge

Guadalest

Ein wenig ist es schon so wie in Disneyland. Guadalest, stilecht im bergigen Hinterland gelegen, dürfte eines der **malerischsten Dörfer** überhaupt sein, mit einer Handvoll hübscher Häuser, einer kleinen, etwas abseits am Hang gelegenen Kapelle und einem fabelhaften Blick ins Tal auf einen tief unten gelegenen **Stausee.** Der wurde noch unter *Franco* 1966 nach 13 Jahren Bauzeit eingeweiht. Da diese Schönheiten wohl von allen Touristen einmal bestaunt werden, schuf man gewaltigen Parkraum außerhalb des kleinen Ortes. Und kassiert die Besucher ab! Irgendwie verständlich, aber auch ein wenig lästig. Erst Parkgebühr, dann Fotografieren der Besucher mit leichter Nötigung zum späteren Kauf. Schließlich ein Museum, das draußen mit „Eintritt frei" wirbt, drinnen sind dann aber doch zwei Euro fällig. Und so geht es weiter. Abgesehen davon ist der Mini-Ort tatsächlich reizvoll. Man betritt ihn durch einen kleinen Tunnel, schlendert eine kurze Gasse hoch zum Rathaus mit seinem Kerker und blickt dahinter auf den tief unten liegenden Stausee. Sehenswert auch die **Casa Orduña,** die nach 1644 errichtet wurde und heute ein kleines Museum beherbergt.

Guadalest: die fotogene Kapelle

104cb Foto: sm

Costa Blanca

Die Region war bis 1609 von Mauren und Moriscos bewohnt, bis sie von *Jaime I.* vertrieben wurden. Das **Kastell von Guadalest** hatte immer schon strategische Bedeutung; es wurde 1644 bei einem schweren Erdbeben zerstört. Überreste davon können noch besichtigt werden; der Weg führt durch die Casa Orduña. Zu besichtigen sind auch noch ein Miniatur- und ein Puppenmuseum sowie ein kleines Ethnologisches Museum.

Les Fonts de L'Algar

Die **Wasserfälle** von Algar liegen drei Kilometer außerhalb von Callosa d'en Sarrià. Auch in diesem kleinen Ort wird so ziemlich jeder freie Platz als Parkraum vermietet. Die Wasserfälle liegen etwas weiter oben im Ort. Auf einem teilweise ziemlich rustikalen und manchmal auch rutschigen Rundgang wird man an Wasserläufen und -fällen vorbeigeführt. Im oberen Bereich liegt sogar eine Badestelle, am Ende des Rundgangs passiert man ein kleines Museum, das nur nach Voranmeldung öffnet und etwas Hintergrund zu den Wasserfällen bietet (Eintritt: Erwachsene 3 €, ermäßigt 2,25 €).

● **Geöffnet:** 10–18.30 Uhr, im Sommer bis 19.30 Uhr.

Polop

Ein nicht zu großer Ort mit zwei Sehenswürdigkeiten: einem **historischen Viertel** inklusive Kirche aus dem Jahr 1723 und einem großen Platz, an dem aus 231 Röhrchen ständig Wasser fließt. Dieser Platz ist ausgeschildert mit **„Fonts dels Xorrets"**; er wird obendrein von den Wappen vieler Orte der Provinz Alicante geschmückt.

Alfaz del Pí

- **Valencianisch:** L'Alfàs del Pí
- **Einwohner:** 21.000
- **PLZ:** 03580
- **Entfernung nach Alicante:** 50 km
- **Touristeninformation:** c/ Federico García Lorca 11, Tel. 965 888 905, Fax 965 887 112, www.lalfas.com

Überblick

Der kleine Ort Alfaz del Pí liegt unmittelbar zwischen Altea und der Bergkette Sierra Helada. Auf Valencianisch heißt er L'Alfàs del Pí und ist heute hauptsächlich durch *urbanizaciones* geprägt.

Der eigentliche Ort liegt westlich der N-332 und hat einen kleinen, reizvollen Kern. Die Strandzone trägt den Namen **El Albir** und dort liegen etliche Urbanizaciones. Direkt am Strand verläuft auch der *Paseo de las Estrellas* (auf Valencianisch: *Passeig de les Estrels*), wo sich bekannte Filmstars und aufstrebende -sternchen verewigt haben, alles Teilnehmer des jährlichen Filmfestivals. Fast die Hälfte aller Bewohner sind übrigens Ausländer, die aus etwa 90 Nationen stammen.

Die Strände

Der Hauptstrand misst etwa 500 m Länge und ist teils grobsandig, teils leicht steinig. Ein paar Palmen stehen am südlichen Ende und dort erhebt sich auch der Gebirgszug Sierra Helada.

Unterkunft

● **Hotel Kaktus Albir** €€€€, Paseo de las Estrellas s/n, Tel. 966 864 830, Fax 966 803 680, www.kaktusgrup.com. Großes Haus, das 2003 eröffnet wurde, mit gehobenem Komfort. Schöner Meerblick und alle wichtigen 4-Strene-Annehmlichkeiten.

● **Hotel El Molí** €€-€€€, c/ Calvari 12, Tel. 965 888 244. Insgesamt zehn einfache, aber vernünftige Zimmer bietet dieses Hotel, außerdem einen Pool mit Liegewiese. Drei Kilometer vom Strand entfernt.

**Essen &
Trinken**

● **Zensation,** c/ Gabriel Miró 2, Tel. 965 888 169, Mi geschl. Mediterrane Küche, bei der auf über 180 *caldos* verwiesen wird, also eine Art kräftige Suppe. Außerdem saisonal abgestimmte Menüs und auch mal Show Cooking. Zu finden: mitten im Ortskern von Alfaz del Pí.

Feste

● **7.–10. November:** Patronatsfest Santísimo Cristo del Buen Acierto.

● **Anfang Juli:** Festival de Cine – überregional bekanntes Filmfest. In manchen Jahren kommen sogar die größten spanischen Stars.

Markt

Freitag, in der Calle Ejércitos Españoles.

Sierra Helada

Dieser **Gebirgszug** von sechs Kilometern Länge schiebt sich zwischen den größten Ferienort der spanischen Mittelmeerküste, Benidorm, und den vielleicht malerischsten Ort der Costa Blanca, Altea – beinahe so, als ob er den einen vor dem anderen schützen wollte. Steil ragt die Küstenlinie aus dem Wasser auf. Eine einzige Bucht gibt es hier, die aber nur vom Wasser aus zugänglich ist. Auf immerhin 450 Meter steigen die Erhebungen an. Aber ob es dort oben wirklich zu „eisigen" Temperaturen kommt, wie der Name *helada* suggeriert, darf wohl doch bezweifelt werden.

   Die Sierra ist ein **schönes Wandergebiet.** Mehrere gut markierte Wege (rote Punkte und Pfeile) führen hindurch. Die südliche Ecke kann von Benidorm aus über den Stadtteil Rincón de Loix so-

Costa Blanca

gar per Auto angesteuert werden. Es gibt Parkplätze an den Endpunkten und natürlich eine phänomenale Aussicht. Aber ist eine kleine Wanderung nicht viel spannender? Auf jeden Fall an feste Schuhe und genügend Wasser denken und nicht, wie ich schon gesehen habe, in Badeschlappen, ohne Hut und mit freiem Oberkörper in der prallen Sonne laufen.

In der Sierra gibt es einige **Höhlen,** die man aber nicht ohne weiteres finden wird. Die Wege sind rustikal und werden hauptsächlich von **Pinienwäldern** begleitet. Aber auch andere Hölzer wachsen hier. So eignet sich die Sierra Helada hervorragend, um einmal vor den Massen Benidorms in die Einsamkeit der Natur zu flüchten.

Im Hinterland kann man gut wandern

Benidorm

- **Einwohner:** 71.000
- **PLZ:** 03500
- **Entfernung nach Alicante:** 42 km
- **Touristeninformation:** Plaza SS. MM. Reyes de España s/n, Tel. 966 815 463, Fax 966 808 858, www.benidorm.org; Tourist Info Centro, Avda. Martínez Alejos 16, Tel. 965 851 311

Überblick und Geschichte

Benidorm ist einzigartig! Die Stadt ist **die touristische Metropole** am Mittelmeer mit dem größten Angebot an Betten – jedenfalls in Spanien. Aber als städtebauliche Schönheit kann man Benidorm nicht bezeichnen. Wer auf der Autobahn vorbeifährt, nimmt nur eine Vielzahl von Wolkenkratzern wahr. Es ist keine Übertreibung, Dutzende von Betonkästen erreichen Höhen von zwanzig bis dreißig Etagen. Mittlerweile erhebt sich hier mit dem Hotel Bali (52 Etagen) das höchste Hotel Europas. Trotzdem leben hier offiziell gemeldet etwas mehr als 71.000 Menschen, vermutlich sind es mit den nicht offiziell gemeldeten Ausländern eher 100.000. Die meisten Gebäude enthalten Ferienwohnungen, die hauptsächlich an spanische Touristen vermietet werden. Im Winter wird es sehr einsam in den Häuserschluchten.

Benidorm hat zwei sehr schöne Strände, in deren Mitte die kleine Altstadt liegt. Übermäßig groß ist der Ort nicht, das bergige Hinterland ließ keine weitläufigen *urbanizaciones* zu. Vor 40 Jahren war Benidorm noch ein Fischerdorf von 2500 Seelen. In den 1940ern kamen nur ein paar spanische Urlauber. So blieb es bis in die 1950er Jahre. Dann begann man, die **ökonomische Seite der Tourismusindustrie** zu entdecken und baute. Billige Arbeitskräfte aus Andalusien mauerten, Investoren aus Madrid und sonst woher knüpften Kontakte zu ausländischen Reiseveranstaltern, die Sache

Costa Blanca

bekam eine Eigendynamik. Heute soll Benidorm mehr Betten im Angebot haben als manche spanische Provinz.

Aber all diese Betten wollen von Leuten belegt werden, die **Spaß im Urlaub** wünschen. Etwa vier Millionen Touristen kommen alljährlich. Über 4500 Geschäfte bieten ihnen, was das Herz begehrt. Tagsüber trifft sich natürlich alle Welt am Strand. Dann wird es eng rund ums Handtuch. Und nachts geht es in die Lokale: 60 Diskotheken und 800 Bars warten auf durstige Kehlen. Benidorm galt jahrelang als das Mekka für den Billigtourismus. Das hat sich zwar mittlerweile schon etwas verändert, aber ein hochpreisiges Ziel ist Benidorm nicht.

Die Strände

Klare Ansage: **Die Strände sind super!** Jeweils nördlich und südlich der Altstadt erstreckt sich ein ziemlich breiter Sandstrand auf etwa 2000 Meter (nördlich) bzw. 3200 Meter Länge. Begleitet werden beide Strände von einer insgesamt nicht sonderlich spektakulären Promenade, an der etliche Lokale, vereinzelt auch Hotels, ansonsten aber sehr viele Hochhäuser liegen. Keine Frage, hier ist immer viel los und ab dem Nachmittag wird in einigen Lokalen auch schon kräftig abgefeiert.

Sehenswertes

Die einmalige Ansammlung von Hochhäusern ist für sich genommen schon etwas Beeindruckendes. Ansonsten gibt es kaum Sehenswürdigkeiten.

Jeder Besucher wird wohl einmal die kleine Altstadt durchstreifen und dabei den Aussichtspunkt hinter dem ehemaligen **Castillo** ansteuern. Hier steht auch die **Kirche San Jaime,** die im 18. Jahrhundert erbaut wurde.

Auf einem Felsen, der etwas vorwitzig in einiger Höhe aufs Meer hinausragt, errichtete man einen hübschen Aussichtspunkt, **Plaça del Castell** genannt. Von dort aus hat man einen phänomenalen Blick auf die gigantische Skyline von Benidorm und auf beide Hauptstrände.

Costa Blanca

In der **Altstadt** findet man einige nette Gassen mit etlichen Treppen, wie beispielsweise die Carrer dels Gatas. Überall locken Geschäfte, kleine Läden, Bars, Cafeterías. In diesem Viertel lebt noch ein Resthauch des Benidorm von einst.

Unten an den **Strandpromenaden** haben die Matadore der Neuzeit, nämlich Burger-Shops, Karaoke-Clubs, britische, deutsche, belgische, niederländische und schwedische Tresen, Einzug gehalten, wobei die Briten in Benidorm klar die Mehrheit stellen.

Nachts ist immer was los in Benidorm

Der **Parque de L'Auigüera** in der Ortsmitte ist eine größere Grünfläche, die sich angenehm vom Betonbrei abhebt. Hier finden auf zwei Freilichtbühnen vereinzelt **Konzerte** statt.

Terra Mítica

Neben dem im Norden bei Tarragona gelegenen Port Aventura ist dies der größte Themenpark Spaniens. Auf einer Fläche von einer Million Quadratmetern (fast 200 Fußballfelder) investierte man knapp 270 Millionen Euro. Im Park werden die vergessenen Welten und **Kulturen des Mittelmeerraumes** zum Leben erweckt: Griechenland, Ägypten, Rom, Iberien und Las Islas („Die Inseln").

Mittelpunkt ist ein riesiger künstlicher See, der das Mittelmeer darstellt. Hier liegen die verschiedenen Kulturen, die der Besucher aufsuchen kann. Beim Besuch Ägyptens erlebt man den geschäftigen Hafen von Alexandria, durchstreift Basare und betritt Pyramiden. Ähnliches findet bei den Römern und Griechen statt, wo man u.a. den Tempel des Zeus erkunden kann und die Olympische Arena oder, etwas barbarischer, einen römischen Sklavenmarkt.

Neben diesen historisch nachgestellten Bauten werden dem Besucher auch Attraktionen geboten, wie eine **Achterbahn** namens *El Toro Bravo* („Der wilde Stier") in Iberien oder die römische Variante *Magnus Colossus* (die größte Holz-Achterbahn des gesamten Mittelmeerraumes). Solch ein Kreischvergnügen bieten auch Touren über das „Mittelmeer", zum Beispiel in Iberien über die Stromschnellen von Argos oder bei der mythischen Reise des Odysseus, die im Bereich Las Islas nachgestellt wird.

Zu erreichen: Terra Mítica kann praktisch nicht verfehlt werden. Sowohl die Autobahn als auch die Nationalstraße haben eigene Abfahrten zum

Glutrot spiegelt sich die untergehende Sonne
in den Hochhäusern der Stadt

Park. Sogar an eine eigene Bahnstation hat man gedacht. Wer mit der Küstenlinie Alicante–Dénia anreist, steigt an der Station „Terra Mítica" aus. Aus der Stadt können Sie mit dem Stadtbus der Linien 21 und 22 bis direkt vor den Eingang fahren.

● **Geöffnet:** generell von April–Dez. 10–20 Uhr, aber nur von Mitte Juni bis Mitte Sept. täglich, sonst eingeschränkte Öffnungszeiten; an vielen Tagen ist gar nicht geöffnet. Im Internet sind die genauen Termine angegeben; Mitte Juli–Anfang Sept. bis 24 Uhr; Eintritt: Erw. 35 €, für zwei Tage 50 €, Junioren (5–10 Jahre) und Senioren (über 60 Jahre) 26,50 €, für zwei Tage 37 €; www.terramiticapark.com, Tel. 902 020 220.

Mundomar Mundomar ist ein Showpark, in dem hauptsächlich **dressierte Wassertiere** ihre Kunststücke vorführen. Es gibt ein Delfinarium, Wasserschildkröten, Papageien, Pinguine, Seelöwen, aber auch eine finstere Grotte mit Fledermäusen sowie eine altspanische Galeone. Zu erreichen: Der Park liegt am Ortsrand von Benidorm. Von der Autobahn nimmt man die Abfahrt 65 und achtet auf die Beschilderung. Von der Plaza Triangular pendelt regelmäßig ein Zubringerbus.

●**Geöffnet:** Mitte Februar bis Mitte Dezember tägl. 10–18 Uhr; Eintritt: Erw. 24 €, Kinder 3–12 Jahre 18 €. Tickets übers Internet sind deutlich günstiger.

Aqualandia Aqualandia liegt in unmittelbarer Nachbarschaft von Mundomar und ist ein **Badepark** mit diversen Rutschen, Wasserfällen und Spaßbädern. Je nach Gusto geht es im Zickzack durch unzählige Kurven („Zig-Zag") oder rasanter über eine wellige Piste („Kamikaze") oder durchs verschlungene, dunkle Loch. Wer es ruhiger mag, findet auch sein Planschbecken und einen schattigen Platz auf der Liegewiese. Zu erreichen: siehe Mundomar.

●**Geöffnet:** Anfang Mai bis Anfang Okt. 10 bis ca. 19 Uhr; Eintritt: Erw. 27 €, Kinder 4–12 Jahre 20 €, Kinder bis 3 Jahre frei. Tickets übers Internet sind deutlich günstiger.

Praktische Tipps

Unterkunft Irgendjemand hat einmal ausgerechnet, dass Benidorm mit 41.000 mehr Betten im Angebot hat als jeder andere spanische Mittelmeerort. Das mag so sein, aber die überwiegende Anzahl der Unterkünfte besteht aus Apartments, die auf dem spanischen Markt angeboten werden. Das Bali, Europas höchstes Hotel, bietet allein schon 776 Zimmer.

●**Hotel Poseidon** €€€, c/ Esperanto 9, Tel. 965 850 200, Fax 965 852 355, www.hotelesposeidon.com. Das Haus mit 246 Zimmern liegt in einem Komplex mit dem benachbarten Hotel Poseidon Palace (220 Zimmer). Beide sind für ihre Qualitätsstandards ausgezeichnet. Zu Fuß sind es nur wenige Minuten zur Playa Levante und in die Altstadt.

●**Gran Hotel Delfin** €€€€, Avda. Mont Benidorm 13, Tel. 965 853 400, Fax 965 857 154, www.granhoteldelfin.com. Insgesamt 92 Zimmer hat dieses altkastilische Haus mit drei Etagen und einem netten großen Garten (7000 m²). Es liegt in Strandnähe (Playa Poniente), aber ca. zwei bis drei Kilometer von der Altstadt entfernt.

●**Hotel Belroy Palace** €€€-€€€€, Avda. del Mediterráneo 13, Tel. 965 850 203, Fax 965 863 732, www.belroy.es. Ein funktionales Haus mit 125 Zimmern, nur einen Block vom Strand Playa Levante entfernt.

●**Hotel Cimbel** €€€€, Avda. Europa 1, Tel. 965 852 100, Fax 965 860 661, www.hotelcimbel.com. Mit 140 Zimmern steht dieses traditionsreiche Haus direkt am Strand der Playa Levante.

●**Hotel Palmeral** €€-€€€, c/ Altea 2, Tel. 965 850 176, Fax 965 859 777, www.hotelpalmeral.com, geöffnet 1.4.–15.11. Mit 63 Zimmern ein mittelgroßes, aber doch familiäres Hotel unweit von der Playa Poniente. Großer Vorteil für Ausflügler: In knapp fünf Minuten erreicht man über eine Schnellstraße die Autobahn.

●**Hotel Canfali** €€-€€€, Plaça San Jaime 5, Tel. 965 850 818, Fax 965 850 066, www.hotelesrh.com. Mitten in der Altstadt gelegenes 38-Zimmer-Haus, nur eine Minute Fußweg vom Balcón del Mediterráneo entfernt. Von einigen Zimmern traumhafter Seeblick, außerdem sind es nur wenige Schritte zur Kneipenmeile.

Costa Blanca

Unverwechselbares Benidorm:
schöner Strand und weniger schöne Hochhäuser

Benidorm

Bahnhof
de l'Estacio
Fußball-Stadion
Guadalest
Capitan Cortes
Avgda. Carlosa d'en Serria
Avgda. del l'Aiguera
Plaç de Toros
Passeig de Benidia
Goya
Avgda. de Benidia
Passeig de la Castellana
Passeig de las Acacias
Avinguda Venezuela
Atocha
Avinguda de Jaume I
Urano
Tomás Ortuño
Avinguda Nicaragua
Plaça de Neptuno
Bayona
Avinguda de Cuba
Avinguda Ricardo
Avgda. Panamá
Avinguda de los Limones
Carrasco
Paraguay
Maravall
Apolo XI.
Avinguda de los Almendros
Avinguda de Uruguay
Plaça España
Tomás Ortuño
Parra
Marqués de Comillas
Mercat
🏨1, 🏨2
Armada Española
Sant Pere
**3
Passeig de la Carretera
**4
**5
Playa Poniente
ALTSTAD
0   300 m
8
7 🏨
Cala El Mas Pas
6 ★

Legende: s. Seite 179

Costa Blanca

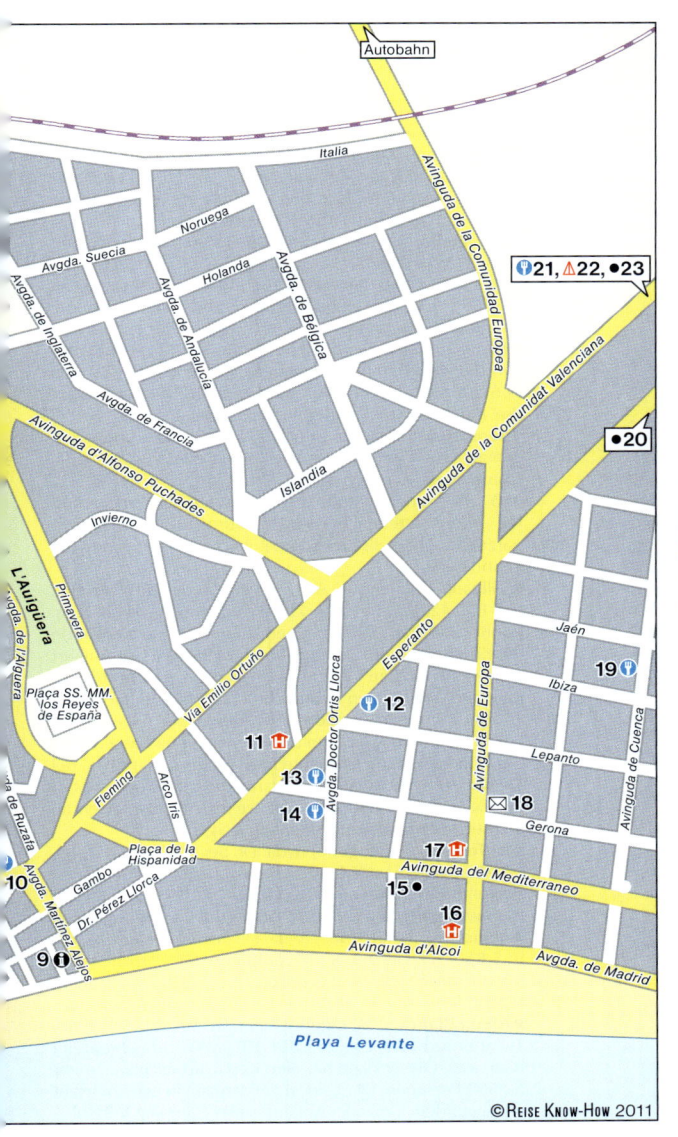

© REISE KNOW-HOW 2011

Camping

Es gibt insgesamt elf Campingplätze in Benidorm. Sie konzentrieren sich alle im östlichen Bereich des Ortes. Die meisten liegen an der Avda. de la Comunitat Valenciana, der alten N–332, die restlichen sind nur eine Parallelstraße entfernt zu finden. Zum Strand (Playa Levante) sind es von allen Plätzen ein bis drei Kilometer, zum Ortskern ebenso.

Zu finden: Über die Autobahn die Abfahrt 65 nutzen, Richtung Benidorm fahren und nach dem Überqueren der Schienen nach links Richtung Valencia in die Avda. de la Comunitat Valenciana abbiegen. Eine Auswahl:

● **Armanello,** 2. Kategorie, alte N–332 nach Valencia am km 123, Tel. 965 853 190, Fax 965 853 100. Die Platzkapazität beträgt 360 Personen, die auf einem abgestuften Gelände Schatten unter Bäumen und Palmen finden. Strand und Zentrum sind eineinhalb Kilometer entfernt.

● **Titus,** 2. Kategorie, alte N–332 am km 124, schräg gegenüber von Camping Armanello, Tel. 966 806 750, Fax 966 806 750. Kleiner Platz für knapp 100 Personen, gut drei Kilometer von Zentrum und Strand entfernt.

● **Benisol,** 2. Kategorie, alte N–332 am km 124, schräg gegenüber von Camping Armanello (offizielle Adresse: Avda. Comunidad Valenciana 124), Tel. 965 851 673, Fax 965 860 895. Immerhin 900 Personen finden Platz und Schatten unter Mattendächern oder Bäumen. Durch Hecken parzelliert. Ebenfalls drei Kilometer vom Zentrum und vom Strand entfernt.

● **Villasol,** 1. Kategorie, Avda. de Bernat de Sarrià s/n, Tel. 965 850 422, Fax 966 806 420, www.camping-villasol.com. Großer Platz für 1500 Personen auf terrassiertem Gelände mit Kiesuntergrund. Schatten durch Mattendächer. Anfahrt zu diesem und den folgenden vier Plätzen: Abfahrt 65 von der Autobahn nutzen und nach Benidorm über die Avda. Europa fahren. Kurz nach Überqueren der Gleise nach links in die Avda. Comunitat Valenciana einbiegen. Vor dem Camping Don Quichote nach rechts in die Avda. del Derramador abzweigen und dann abermals nach links in die Avda. Bernat de Sarrià. Die weiteren Plätze liegen an Straßen, die von dieser letzten abzweigen.

● **La Torreta,** 2. Kategorie, Avda. Dr. Severo Ochoa 11, Tel. 965 854 668, Fax 966 802 653. Mittelgroßer Platz (750 Personen), der durch einen öffentlichen Weg zweigeteilt ist. Bäume spenden Schatten. Anfahrt: s. Camping Villasol.

● **Benidorm,** 2. Kategorie, Avda. Dr. Severo Ochoa 46, Tel. 965 860 011, Fax 966 830 125. Knapp 400 Personen passen auf diesen teils steinigen Platz. Anfahrt: siehe Camping Villasol.

● **Arena Blanca,** 2. Kategorie, Avda. Dr. Severo Ochoa 40, Tel. 965 861 889, Fax 965 861 107, www.camping-arena blanca.es. Dieser Platz hat eine Kapazität für etwas mehr als 500 Personen. Die gekiesten Parzellen liegen auf leicht ansteigendem Gelände. Anfahrt: siehe Camping Villasol.

Legende zu Karte S. 176

🏨 1	Gran Hotel Delfin	🍴 12 Freiduria Les Gaviotes
🏨 2	Hotel Palmeral	🍴 13 Rest. Mesón del Jamón
▲ 3	Markt	🍴 14 Rest. El Cantó
🍴 4	Rest. La Posada del Mar	● 15 Festilandia
🍴 5	Viele Bars in der Straße Santo Domingo	🏨 16 Hotel Cimbel
		🏨 17 Hotel Belroy Palace
★ 6	Plaça del Castell	✉ 18 Post
🏨 7	Hotel Canfali	🍴 19 Rest. Casa Toni
❶ 8	Touristeninformation	● 20 Mundomar, Aqualandia
❶ 9	Touristeninformation	🍴 21 Rest. La Palmera
🍴 10	Rest. Marisqueria Córdoba	⚠ 22 Viele Campingplätze
🏨 11	Hotel Poseidon	● 23 Terra Mítica

● **El Racó,** 2. Kategorie, Avda. Dr. Severo Ochoa 19, Tel. 965 868 552, Fax 965 868 544, www.campingraco.com. Ein recht großer Platz (1600 Personen), der nur einen knappen Kilometer vom Strand entfernt liegt. Anfahrt: siehe Camping Villasol.

Essen & Trinken

In der **Altstadt** verlaufen etliche schmale Gassen mit einer Reihe von Bars, besonders viele liegen in der calle Santo Domingo. Ebenfalls relativ viele Lokale finden Sie rund um die *Plaza Constitución*, die mitten in der Altstadt liegt und vom Ende der Strandzone *Playa Levante* leicht erreicht wird. Dort sollen besonders die **Tapas-Bars Aurrerá** (eine baskische Bar) sowie die große, rustikale Kneipe **La Casa Aragonesa** erwähnt werden. In beiden bekommen Sie sehr leckere Tapas.

● **Marisquería Córdoba,** c/ Carretera 29, Tel. 965 853 499. Bietet eine breite Fischauswahl.

● **Restaurante Mesón del Jamón,** c/ Gerona 3, Tel. 965 852 493. Liegt als eines der wenigen authentischen spanischen Lokale in einer Kneipenmeile.

● **Restaurante Casa Toni,** c/ Cuenca 15, Tel. 965 850 053. Leckere Fischgerichte! Mit kleiner Bar. Durch und durch spanisch, was in Benidorm nicht selbstverständlich ist.

● **Restaurante La Palmera – Casa Nadal,** Avda. Dr. Severo Ochoa 44, Tel. 965 853 282. Das Lokal liegt etwas außerhalb im Bereich der Campingplätze und genießt einen hervorragenden Ruf. Spezialität: bis zu 15 verschiedene Reisgerichte.

● **Freiduría Les Gaviotes,** c/ Esperanto 16, Ecke Avda. Ortis Llorca, Tel. 965 861 245. Der Begriff „Fischbratküche" wäre vielleicht eine Beleidigung, kommt dem einfachen Lokal aber doch recht nahe. Sehr beliebt, speziell am Sonntag bilden sich lange Schlangen, was für die Qualität spricht.

Costa Blanca

●**Restaurante La Posada del Mar,** Passeig de Colón 4, Tel. 965 851 139. Maritim dekoriert zwischen Strand und Altstadt gelegen; bietet Fischgerichte.
●**Restaurante El Cantó,** c/ Lorca Ecke c/ Gerona 2. Einfaches Lokal ohne spezielle Ausstattung, aber mit guter Hausmannskost.

Nachtleben

●In der **Altstadt** findet der Durstige in der Calle Santo Domingo diverse **Bars** sowohl unterschiedlichster Nationalitäten als auch diverser spanischer Provinzen. So kann man vom baskischen Tresen hinüber in die asturische *Cidrería* wechseln und den köstlichen Apfelwein probieren, bevor es in eine andalusische Bar mit frittiertem Angebot geht. Schließlich folgt ein Gläschen Sekt in der Cava Aragonesa.

Schwer abgefeiert wird auch in vielen britisch geprägten Bars in der **calle Gerona** oder in der **Avenida de Mallorca.** Ist mitunter ein etwas derberes Ambiente, wer aber gut Englisch spricht, wird sich sicher amüsieren können. Dort liegen auch ein paar irische Lokale, wo es deutlich gemütlicher zugeht.

●Die großen **Diskotheken** liegen zumeist entlang der alten Nationalstraße N-332, die heute Avda. Comunitat Valenciana heißt. Dort tummelt sich die nächtliche Szene im KM, Pachá, KU oder Penélope.

Adressen

●**Ärztlicher Notdienst:** c/ Jupiter 1, Tel. 5 857 413.
●**Busbahnhof:** c/ Lepanto 10.
●**Fahrradverleih:** Marco Polo, Avda. Europa 5 (Hotel Belroy Palace), Tel. 965 863 399.
●**Post:** Avda. Europa 8.
●**Bibliothek:** Rincón de L'Oix, c/ Juan Fuster Zaragoza 1, hat auch fremdsprachige Bücher im Angebot.
●**Festilandia:** Avda. Mediterráneo 20, ein Vergnügungspark für Kinder.
●**Scuba Diving Benidorm:** c/ Otto de Habsburgo 10, Tel. 966 809 712, www.scubadivingbenidorm.com.

Feste

●**19. März:** Las Fallas – kunstvoll gebaute Figurengruppen werden um Mitternacht verbrannt.
●**6./7. Juli:** San Fermín.
●**16. Juli:** Virgen del Carmen.
●**25. Juli:** San Jaime – Schutzheiliger von Benidorm.
●**Letzte Septemberwoche:** Moros y Cristianos.

Costa Blanca

Markt

● **Mittwoch** und **Sonntag,** unweit vom Hotel Barceló Pueblo Benidorm, c/ Ibiza, an der Avda. de L'Almiral Bernat de Sarrià (das ist die Straße zu den Campingplätzen).

Ausflüge

● Am einfachsten können die benachbarten Küstenorte mit der **Schmalspurbahn** Dénia–Alicante besucht werden. Zum Bahnhof fährt alle 30 Minuten der Stadtbus Nr. 01, unter anderem über die Avenida Europa und die Avenida del Mediterráneo.

● **Schiffstouren:** In den Sommermonaten fahren kleinere Schiffe vom Hafen von Benidorm nach Calpe, nach Villajoyosa sowie zum Dienstagsmarkt nach Altea.

Ausflug nach Alcoi

Eine mittelgroße Stadt von rund 70.000 Einwohnern, die etwa 50 Kilometer von der Küste entfernt im Inland liegt. Alcoi (auf Spanisch: Alcoy) hat in Spanien auf verschiedenen Gebieten einen bestimmten Ruf. So stammen von hier die berühmten **Oliven** der Marke La Española. Auch wird den Bewohnern ein gewisser **Starrsinn,** eine ungewöhnliche Hartnäckigkeit nachgesagt, die sich in dem Ausspruch „XY tiene más moral que el alcoyano" (XY ist moralischer als jemand aus Al-coi). Am bekanntesten aber ist das **Fest Moros y Cristianos,** das jedes Jahr mit großem Aufwand am 23. April gefeiert wird. Es geht zurück auf eine historische Schlacht im Jahr 1276, bei der die Mauren zunächst die Stadt überfielen. Die Bewohner konnten aber den Angriff abwehren und die Mauren verjagen. Diese flüchteten in die Berge, konnten dort noch etliche der Verfolger besiegen, aber schlussendlich wurden sie doch vertrieben. Das Fest am 23. April hatte ursprünglich nur einen religiösen Charakter, entwickelte sich im Laufe der Jahrzehnte zum heutigen Großspektakel. Fast den ganzen April über finden Veranstal-

Cerrado por vacaciones – wegen Ferien geschlossen

Und Gott sprach: „Am siebenten Tag sollst du ruhen." Das gilt in Spanien nur bedingt. Für die Iberische Halbinsel hätte er auch fordern können: „Im achten Monat sollst du Urlaub machen." **Spanien im August:** Ein ganzes Land schaltet zwei Gänge herunter. Wer nur irgendwie kann, macht Ferien. Büros, Fabriken, Behörden, Geschäfte, eigentlich jeder versucht vier Wochen frei zu nehmen. *Cerrado por vacaciones* („wegen Ferien geschlossen") steht dann auf den Schildchen, die überall am Eingang kleben. Und wenn doch mal ein Geschäft geöffnet hat, dann nur am Vormittag – jedenfalls in „spanischen" Orten, natürlich nicht dort, wo der Tourismus dominiert.

Alle Jahre wieder senkt sich im Sommer eine Hitzeglocke über das Land und pünktlich zum 1. August setzt sich die Karawane in Bewegung. **Millionen Spanier reisen** an die Strände. Zwei Drittel reisen an die andalusische Costa del Sol oder eben an die Costa Blanca. Die Übrigen zieht es in die Berge oder ins Dorf der Eltern. Ins Ausland fahren die wenigsten. Alle starten aber am gleichen Termin, treffen sich auf der Autobahn wieder und stehen gemeinsam im Stau. „Bis September dann", so verabschieden sich Arbeitskollegen Ende Juli voneinander.

Und was ist mit denen, die nicht die Stadt verlassen können, die Temperaturen von 40°C ertragen und einer Beschäftigung nachgehen müssen? Die Familie aalt sich derweil schon längst am Strand,

tungen statt, aber die wichtigsten Feier-Tage bleiben die Tage vom 22.–24.4. Auf der Plaza Mayor wird eine Burg aufgebaut, die Schlachten werden detailgetreu nachgespielt: Alles in allem ein Riesenspektakel, das mit (fast möchte man sagen typisch alcoyanischem) Ernst ausgetragen wird.

Was gibt es sonst noch zu sehen? Die **Altstadt** mit ihren schmalen Gassen und dem archäologischen Museum. Das **Museo de Fiestas de Moros y Cristianos** in der c/ San Miguel 60 zeigt viele Kostüme und erläutert die Historie; es liegt schräg gegenüber vom archäologischen Museum im Gebäude, das den Namen Casal de Sant Jorge trägt.

während die Zurückgebliebenen leiden. *Rodríguez* werden diese Strohwitwer genannt. Sie schleppen sich irgendwie durch die Pflichten des Alltags, ersehnen den Sonnenuntergang herbei und verlagern das **Leben in die Nacht**. Da „kühlt" es zwar auch nur auf 28–30 °C ab, aber welche Labsal! Klar, dass alle dann rausgehen, sich auf Terrassen niederlassen, ein Schlückchen hier, ein Gläschen dort sich gönnen. Es gibt kaum einen Spanier, der in dieser Zeit vor 1 Uhr ins Bett geht.

Wer hingegen sein Urlaubsziel erreicht hat, richtet sich für ein paar Wochen auf einen **festen Rhythmus** ein: Spätes Aufstehen, kurzes Frühstück, erster Besuch der Bar und dann geht es ab zum Strand. „Vamos a la playa!", egal, wie heiß es ist. Bis 14 Uhr brät man gemeinsam, findet sich in kleinen Gruppen zusammen, plaudert, döst, ruft hinter den Kindern her. Dann kommt langsam Unruhe auf und spätestens um 15 Uhr ist der Strand leer. Alle hocken nun eine ganze Weile lang am Mittagstisch. Erst gegen 16/17 Uhr zieht man sich in den Schatten zurück. Die heilige *siesta* will gepflegt sein. Bis 19 Uhr verkriecht sich jeder vor der größten Tageshitze. Dann tauchen alle wieder langsam auf. Entweder geht man noch einmal an den Strand oder aber in eine Bar oder schon zum *paseo,* dem abendlichen Spaziergang. Und wenn sich die Sonne so gegen 22 Uhr verabschiedet, ist der Zeitpunkt des Abendessens gekommen. Die ganze Familie hockt bis kurz vor Mitternacht zusammen und genießt die angenehmen Temperaturen. Hier sind sich die Zurückgebliebenen in der Stadt und die Urlauber an den Stränden einig: Die lästige Tageshitze muss man irgendwie überstehen, aber Leben findet im achten Monat in Spanien nur in der Nacht statt.

Villajoyosa

- **Valencianisch:** La Vila Joiosa
- **Einwohner:** 33.800
- **PLZ:** 03570
- **Entfernung nach Alicante:** 32 km
- **Touristeninformation:** Calle Colón 40,
  Tel. 966 851 371, Fax 966 852 947,
  www.villajoyosa.com,
  geöffnet: Mo–Fr 9.30–15 und 15.30–20 Uhr,
  Sa 10–15, So 10–13.30 Uhr

Überblick

„La Vila", wie der Ort liebevoll von seinen Bewohnern genannt wird, zeigt sich heute zweigeteilt. Unterhalb der Nationalstraße N–332, die mitten durchs Stadtzentrum verläuft, bietet Villajoyosa tatsächlich ein „fröhliches" Bild, wie der Ortsname suggeriert. Oben sieht es weniger liebreizend aus. Dort wachsen Wohnblocks in den Himmel und es herrscht erstaunlich viel Verkehr in den engen Gassen. Irgendwie wirkt dieser Ortsteil etwas überdimensioniert für die kleine Stadt. Aber unten am Meer ist **La Vila** wirklich hübsch. Dort flaniert man auf einer netten Promenade, durchstreift die engen Gassen der Altstadt, bewundert das Aushängeschild des Ortes, die bunten Häuser, oder man sonnt sich am schönen Sandstrand.

Hinweise für Anreisende mit der Bahn: Fahren Sie bis zur Station **Creueta.** Von dort gehen Sie Richtung Meer (in Fahrtrichtung Alicante nach links laufen) und überqueren nach ca. 200 Metern die vielbefahrene N-332. Dann durch den kleinen Park hinuntergehen und schon ist der Strand erreicht.

Die Strände

Direkt im Ort verläuft ein schöner Sandstrand von etwa 1½ km Länge und mit einer durchschnittlichen Breite von 25 Metern, der aber in Hafennähe sich noch deutlich verbreitert. Parallel begleitet den Strand eine angenehme, wenngleich auch unspektakuläre Promenade nebst einer Straße. Ein paar Lokale gibt es auch, aber relativ wenige. Nördlich und südlich vom Ort liegen noch einige kleinere Strandbuchten sowie der südlich zu findende, etwa 1000 Meter lange Strand **Playa Paraís,** der aber leicht steinig ist.

Sehenswertes

Die farbigen Häuser

Bekannt geworden ist der Ort durch seine farbenfrohen, schlanken Häuser am Meer. Diese haben zumeist drei Etagen, sind sehr schmal und überwiegend **leuchtend gelb, blau, grün** oder **ocker** getüncht worden. Angeblich wurden die Häuser in diesen auffälligen Farben gestrichen, damit die Fischer schon aus der Ferne erkennen konnten, wo „ihr" Dorf lag.

Die bunten Häuser sind das oft fotografierte Markenzeichen von Villajoyosa, aber direkt dahinter liegt ein ganzes Viertel mit ähnlich konstruierten Häusern, die nur nicht so bunt bemalt sind. Einige wurden durchaus schick restauriert, andere sehen doch etwas vernachlässigt aus, aber unzweifelhaft sind diese Bauten ein Merkmal, das andere Orte der Costa Blanca nicht haben. Ursprünglich war das ganze Viertel **von einer Mauer umgeben,** um den Ort gegen Piratenattacken zu schützen. Als diese im 18. jahrhundert nachließen, baute man auch die ersten Häuser jenseits der Mauer, einige wurde sogar direkt auf die Mauer gesetzt. Genau dies kann man besonders gut von der Brücke aus sehen, die über den ausgetrockneten Fluss führt.

Promenade

Direkt vor dem Strand verläuft eine schöne Promenade. Jeglicher touristischer Tingeltangel fehlt hier. Palmen, hübsche Fliesen und historische Laternen bestimmen das Bild. Ruhebänke laden zum Verweilen ein. Auf ihnen lassen sich schnaufend die *pensionistas* nieder, während es die Urlauber eher an den Strand zieht oder in eines der Lokale,

Costa Blanca

die auf der anderen Straßenseite ein paar Tischchen am Fahrbahnrand platziert haben. Alles wirkt recht gemütlich, nicht einmal die wenigen vorbeirollenden Autos stören die **Idylle.** Vielleicht kann es im Juli und August anders aussehen, aber ansonsten wirkt La Vila eher ruhig.

Parque Censal

Nett gestaltet wurde auch eine kleine **Grünanlage,** der Parque Censal. Ein paar verschlungene Wege führen hinunter aus der verkehrsreicheren oberen Stadt, mitten durch hübsch dekorierte Rabatten.

042cbFoto: jf

Altstadt

Die kleine Altstadt schließt sich mit **engen Gassen** und teils renovierten, teils doch arg maroden Häusern an. Früher schützten eine Burg und eine hohe Mauer den Ort zum Meer hin vor den häufigen Piratenüberfällen. Aber von beiden ist nicht viel erhalten geblieben.

Besichtigt werden kann aber die **Kirche Nuestra Señora de la Asunción** aus dem 16. Jahrhundert. Das relativ schlichte Gotteshaus am Rande der Altstadt beherbergt das Bildnis der Schutzpatronin der Stadt, Santa Marta. Die Legende berichtet, dass die heilige Marta bei einem Piratenüberfall 1538 erschien und den bedrängten Einwohnern beistand. Offenbar erfolgreich, denn sie wird noch heute sehr verehrt.

Das Gotteshaus fällt wuchtig aus, denn es war zugleich eine wehrhafte Trutzburg. Oben sind teilweise noch die **Schießscharten** zu erkennen, wo einst Kanonen herausragten. Sogar die kirchliche Apside war in den Verteidigungsring integriert.

Fisch und Schokolade

Ab etwa 17 Uhr kann der Interessierte bei der täglichen Fischversteigerung in der **Lonja,** der Auktionshalle, am Fischereihafen zuschauen oder eine Tasse Schokolade trinken. Auf die Kunst der Schokoladenherstellung ist man hier so stolz, dass sogar ein eigenes **Museum** für die süße braune Verführung eingerichtet wurde. Um einmal den örtlichen Prospekt zu zitieren: „Sie können in den Schokoladencafés der Stadt die Süße des Lebens kosten". Das Museum liegt bei der Schokoladenfabrik Valor. Zu finden: Avda. Pianista Gonzalo Soriano 13. Knapp oberhalb der Bahnlinie und der Bahnstation Creueta.

● **Geöffnet:** Mo–Fr 10–13 und 16–19 Uhr, Sa 10–13 Uhr, freier Eintritt, www.amigosdelchocolate.com.

Costa Blanca

S. 186/187: Das Markenzeichen von Villajoyosa sind die bunten Häuser

Die hübsche Strandpromenade lädt zum Verweilen ein

**Archäolo-
gisches
Museum**

In der Casa de la Cultura, c/ Barranquet 4, sind Fundstücke aus der Zeit **bis zu den Römern** ausgestellt. Erklärende Tafeln liefern vertiefende Hinweise, aber leider weder auf Deutsch noch auf Englisch. Das Museum wird renoviert und bleibt vorerst geschlossen.

Praktische Tipps

Unterkunft

●**Hotel El Montéboli** €€€€, Partida de El Montéboli s/n, Tel. 965 890 250, Fax 965 893 857, www.servigroup.es. Eines der besten Häuser am Ort, ca. drei Kilometer außerhalb bei der Playa Caleta hoch oberhalb der steilen Klippen. Insgesamt hat es 89 Zimmer, die teuersten liegen im Bereich von 170 €.

●**Hotel Euro Tennis** €€€-€€€€, Partida El Montéboli 33, Tel. 965 891 250, Fax 965 891 194, www.hoteleurotennis.com. Befindet sich fast in Sichtweite des El Montéboli und hat 126 Zimmer. Beide Häuser sind tadellos, liegen nur ein wenig abseits.

●**Hostal El Mercat** €€, c/ Jaime Soler Urrios 2, Tel. 965 895 933. Kleines Haus im oberen Ortsbereich mit 37 Zimmern und drei Apartments. Das Haus ist gut und zweckmäßig eingerichtet.

Camping

●**Hércules,** 2. Kategorie, Playa Torres, Tel. 965 891 343, Fax 965 891 500. Dieser Platz ist über die N-332 am km 141 zu erreichen. Knapp 650 Personen finden Platz auf dem abgestuften Gelände.

●**El Paraíso,** 2. Kategorie, Partida El Paraíso 66, Tel. 966 851 838. Ein kleiner Platz für 300 Personen, über die N–332 beim km 136 zu erreichen.

**Essen &
Trinken**

Direkt in den bunten Häusern befinden sich vor einem kleinen Platz in der unteren Etage kleine, gemütliche Lokale, die zumeist Fisch anbieten und bei Sonnenschein auch Tische hinausstellen.

●**Restaurante La Marina,** Avda. Dr. Esquerdo 25, Tel. 965 894 195. Das Lokal liegt an der Straße vor der Strandpromenade und bietet Reis-, Fisch- sowie Fleischgerichte.

●**Hogar del Pescador,** Av. País Valencià 33, Tel. 965 890 021. Reis- und Fischgerichte dominieren in diesem von der Bruderschaft der Fischer betriebenen Haus. Sehr gutes Preis-Leistungsverhältnis.

●**Restaurante Miramar,** Avda. del Puerto im Club Naútico, Tel. 965 830 108, Mo geschlossen. Dort wurden früher die Fischer mit preiswerten Speisen verköstigt, heute liegen

hier Sportboote, und das Lokal hat sich angepasst. Die Küche blieb jedoch recht bodenständig, mit Schwerpunkt auf Fischgerichten.
● **Chocolatería Valor,** Avda. del País Valencià 14, u.a. *chocolate* und *churros,* das leckere Fettgebäck, das gern zum Frühstück in eine heiße Schokolade getunkt und dann gegessen wird, aber auch oberleckere kleine Schokoladen-Kunstwerke.

Adressen

● **Medizinisches Zentrum:** c/ Juan Tonda Aragonés.
● **Polizei:** c/ Polop, s/n.
● **Post:** c/ Constitución s/n.
● **Einkaufen:** Especialitats Lloret, c/ Juan Carlos 3 (*vinos,* Wurstwaren).
● **Internet:** Cyber Rock Café, c/ Constitución 22.

Feste

● **16. Juli:** Virgen del Carmen – mit einer Meeresprozession
● **24.–31. Juli:** Moros y Cristianos – im Morgengrauen des 28. wird die Anlandung der Mauren in Booten nachgespielt, ebenso die heldenhafte Verteidigung durch die Christen und das Erscheinen der heiligen Marta. Eines der spektakulärsten Feste dieser Art überhaupt in Spanien!
● **29. September:** San Miguel – Patronatsfest.

Markt

● **Donnerstag,** einer der größten Märkte der Region.
● **Fischmarkt:** tägl. ab etwa 16.30 Uhr (außer Sa und So) in der Lonja am Hafen; mit Versteigerung.

Xixona

Der Ort heißt auf Spanisch Jijona; er genießt im ganzen Land einen einzigartigen Ruf, denn hier wird **turrón** hergestellt, eine süße Leckerei mit Mandeln, die zur Weihnachtszeit in keinem spanischen Haushalt fehlen darf. Die bekanntesten Firmen heißen El Lobo, Antic-Xixona oder La Jijonenca; deren Produkte gibt es überall, aber irgendwie schmecken sie doch am besten am Stammsitz. Konsequenterweise gibt es auch ein Museum, in dem man alles über die Herstellung erfährt (und wo man auch mal probieren darf).

Turrón wurde schon zur Zeit der Araber hergestellt und seitdem hat sich über Jahrhunderte diese Tradition gehalten, bis sie schließlich von den Bewohnern perfektioniert wurde. Die ältesten Fir-

Costa Blanca

men haben deshalb auch eine **350-jährige Ge-schichte.** Mittlerweile ist der Herstellungsprozess geschützt, nur ausgewählte Firmen dürfen die Leckerei unter einem Gütesiegel herstellen.

● **Museo de Turrón,** Pol. Ind. Ciudad del Turrón, sector 10,2 an der Carretera Jijona Busot, km 1, www.museodel turron.com. Geöffnet: Jan.–Juni Mo–Fr 10–13.30 und 16–19.30 Uhr, Juli–Dez. Mo–Fr 10–19.30 Uhr, Sa/So ganzjährig 10–13.30 und 16–19 Uhr.

El Campello

● **Einwohner:** 26.500
● **PLZ:** 03560
● **Entfernung nach Alicante:** 11 km
● **Touristeninformation:** Calle San Bartolomé 103, Tel. 965 634 606, Fax 965 633 548, www.elcampello.es

Überblick und Geschichte

Dieser kleine Ort liegt etwa elf Kilometer von Alicante entfernt und war in der Vergangenheit nichts weiter als ein Fischerdorf. Aber die Nähe zur Metropole verwandelte dann langsam El Campello. Zunächst nur als sporadische Gäste kamen die Alicantiner als Erste. Später folgten großstadtmüde Spanier und noch später die Nordeuropäer. Heute ist die Umgebung von El Campello gesprenkelt mit *urbanizaciones.*

Der kleine Ort hat aber immer noch einen beachtlichen **Fischereihafen** und einen ziemlich langen Strand, was heute zu seinen größten Attraktionen zählt. Ansonsten kann El Campello als zweigeteilter Ort beschrieben werden. Im oberen Bereich mit der Bahnstation und dem Rathaus liegt der geschäftige Teil mit ganz gewöhnlichen Häusern, Läden und Lokalen. Nichts besonderes also. Der untere Teil wird durch den Hafen und den Strand geprägt.

Die Strände

Der Strand erstreckt sich über etwas weniger als zwei Kilometer zwischen Hafen und einem ausgetrockneten Flussbett. Auch hier gibt es eine **Promenade,** die ausgesprochen schlicht wirkt, aber dennoch eine angenehme Stimmung erzeugt. Es ist hier alles ein wenig dezenter als in anderen Orten. Lokale existieren zwar an der Promenade, sie dominieren aber nicht das Bild.

Sehenswertes

Das alte Fischerviertel **Carrer del Mar** lohnt immer noch einen Besuch, genau wie der Hafen und die nachmittägliche Fischversteigerung. Diese findet von Montag bis Freitag ab 18.15 Uhr statt (im Winter ab 17.30 Uhr).

Aus den fernen Tagen des 16. Jahrhunderts steht noch ein Wehrturm am Hafen. Dort hockten Späher, die das Herannahen von Piraten melden sollten. Etwas außerhalb, hinter dem Hafen, liegt die **Ausgrabungsstätte Illeta del Banyets.** Die historischen Ursprünge reichen gut 2500 Jahre zurück; man fand dort Hinterlassenschaften der Iberer, Römer und Mauren.

Zu erreichen per Bahn bis zur Station Pueblo Español, oder mit dem Stadtbus Nr. 21 bis zur Haltestelle calle San Bartolomé 78.

● **Geöffnet:** 15.6.–17.8. Di-Sa 9–12 und 19–22 Uhr, So 9–12 Uhr, 18.8.–14.6. Di-Sa 10–14 und 15.30–17.30 Uhr, So 10–14 Uhr, 19.8.–14.9. Di-Sa 9–12 und 18–21, So 9–12 Uhr; Eintritt 2 €.

Der obere Ortsteil konzentriert sich um die Plaza de la Constitución, der von den Bewohnern auch Plaza de la Rana genannt wird. Dort steht das „Kulturhaus" (*casa de la cultura*), in dem regelmäßig Ausstellungen sowie Aufführungen stattfinden. Einmal ums Eck schließt sich die Plaza Canalejas an, einer der ältesten Plätze der Stadt. Dort steht die Kirche Iglesia Santa Teresa, die 1849 erbaut wurde.

Costa Blanca

Praktische Tipps

Unterkunft

●**Gran Hotel Campello** €€€€, c/ Benissa 9, Tel. 965 636 135, www.granhotelcampello.com. Großes 4-Sterne-Hotel, leicht abgestuft gebaut. Es liegt 150 m vom Strand entfernt, hat große Zimmer, einen Pool, WiFi und ein Restaurant ganz oben, von wo man einen tollen Fernblick genießt.

●**Hotel Playa Campello** €€€€, c/ San Vicente 36, Tel. /Fax 965 630 199, www.casapepe-campello.com. 21 angenehme Zimmer hat das Haus, die sich auf drei Etagen verteilen. Es liegt direkt an der Strandpromenade und 15 Räume haben immerhin Meerblick. Unten befindet sich auch noch ein Restaurant.

●**Hotel Mar Azul** €€, c/ San Pedro 128, Tel. 965 635 588, Fax 965 633 479, www.hotel-marazul.com. Kleines Haus mit 17 Räumen, das in der zweiten Strandreihe liegt, also konkret in der ersten Parallelstraße, aber nur 50 m von der Playa entfernt. Die Zimmer sind einfach eingerichtet, aber durchaus in Ordnung, ein Frühstück wird serviert.

Camping

●**Costa Blanca,** 2. Kategorie, c/ Convento 143, Tel./Fax 965 630 670, www.campingcostablanca.com. Ein Platz für 330 Personen unter alten Bäumen, aber ganz in der Nähe der Bahnlinie. Zu erreichen über die N–332, km 120,5, bei der großen Tankstelle zum Meer abbiegen.

Essen &
Trinken

●**Restaurante Cavia,** c/ San Vicente 43, Tel. 965 632 857. Spezialisiert auf Fisch- und Reisgerichte (etwa 50 Varianten), liegt dieses Lokal an der Strandpromenade.

●**Restaurante Ca' Tomás,** c/ San Vicente 36, Tel. 965 630 199. Fischgerichte und eine nette Lage an der Promenade.

●**Restaurant La Peña,** c/ San Vicente 12, Tel. 965 631 048. Maritimes Ambiente und eine gute Fischküche hat das Lokal, es liegt direkt an der Promenade.

●**Restaurant Seis Perles,** c/ San Vicente 97, Tel. 965 630 462. Ist rustikal-gemütlich eingerichtet, hat eine große Terrasse, bietet verschiedene Menüs und vor allem Reisgerichte (u.a. Paella) an.

Feste

15. Oktober: Moros y Cristianos – mit Landung der feindlichen Mauren unterhalb des Wehrturms und anschließender „Schlacht".

16. Juli: Virgen del Carmen – mit Meeresprozession.

Cuevas de Canelobre

Die **Höhlen** von Canelobre liegen etwas außerhalb des elf Kilometer entfernten Busot. Stalaktiten und Stalagmiten regen die Fantasie an. Einige erinnern an Kandelaber (mehrarmige Kerzenständer), was schließlich zur Namensgebung führte. Ein Raum hat besonders riesige Ausmaße (der größte Spaniens), sodass hier, wie Insider (nur flüsternd) zugeben, während des Bürgerkrieges Flugzeuge versteckt waren. Dieser Felsdom wird durch die gewaltige Kuppel von bald 70 Metern gekrönt und deshalb auch „Kathedrale" genannt. Die Führung bringt die Besucher schließlich zu einem gut 25 Meter hohen Turm, der in Anlehnung an die gleichnamige Kirche aus Barcelona auch **„La Sagrada Familia"** genannt wird.

● **Geöffnet:** 1.7.–15.9: 10.30–19.30 Uhr, 16.9.–30.6.: 10.30–16.50 Uhr, Sa/So bis 17.50 Uhr.

San Juan de Alicante

Überblick

San Juan kann schon als **Vorort** gelten, liegt es doch nur neun Kilometer von Alicante entfernt. Relativ lang gezogen geht San Juan zwar nicht nahtlos in die Metropole über, ist aber auch nur durch einen bescheidenen Höhenzug von ihr getrennt. Schon früher verlagerten die Bewohner vor allem ihre kleineren industriellen Familienbetriebe vor die Tore der Stadt. Später folgten dann Sonnenanbeter. Immerhin weist der Ort kilometerlange weiße Sandstrände auf, die am Wochenende auch viele Alicantiner anlocken. Diese verlegen mittlerweile auch gerne ihren Wohnsitz nach San Juan. Wer sich also auf einen halbindustrialisierten (Urlaubs-) Ort einlassen möchte, der überwiegend von Spaniern besucht wird, ist hier richtig. Und nach Alicante schaukelt regelmäßig eine Straßenbahn.

Die Strände

Der Hauptstrand von San Juan hat gewaltige Ausmaße, allein die durchschnittliche (!) Breite von 85 Metern muss man erst mal finden. Mehrere Kilometer rollt sich dieser feinsandige Strand dann aus. Vor ein paar Jahren begann man übrigens mit

Costa Blanca

Sandaufschüttungen, da auch hier (genau wie auf der deutschen Nordseeinsel Sylt) das Meer den Sand abgetragen hat.

Lucentum
Nahe der Playa de la Albufereta liegt Lucentum, eine ehemalige **ibero-römische Stadt** und heutige Ausgrabungsstätte. Die Römer siedelten hier und errichteten eine Stadt auf der Basis einer noch älteren Ortschaft, die von den Iberern im 5. Jh. v. Chr. erschaffen worden war. Seit dem 3. Jh. n. Chr. lagen die 30.000 m² verlassen dar, bis heute sind kaum mehr als 20% freigelegt worden, so Teile der Befestigungsanlage, Thermen und Grundrisse von Häusern.

●**Geöffnet:** 15.6.–14.9. Di–Sa 9–12 und 19–22 Uhr, So 9–12 Uhr, 18.9.–15.6. Di–Sa 10–14 und 16–18 Uhr, So 10–14 Uhr, Eintritt: 2 €. Zu erreichen: per Straßenbahn L3 bis zur Station Lucentum.

Praktische Tipps

Unterkunft

●**Hostal San Juan** €€€, Avda. Jaime I. 110, Tel. 965 652 308, Fax 965 652 790, www.hsanjuan.com. Gut eingerichtetes Haus, das direkt am Strand liegt und 38 Zimmer hat. Außerdem vorhanden: eine Cafetería, Pool und vor allem eine große Terrasse mit Meerblick. Bus Nr. 21 von Alicante kommend hält fast vor der Tür.
●**Hotel Almirante** €€€, Avda. Niza 38, Tel. 965 650 112, Fax 965 657 169, www.hotelalmirante.com. Ein familiäres 64-Zimmer-Haus in der ersten Strandreihe mit großem Garten.
●**Hotel Sidi San Juan** €€€€, La Doblada 8, Tel. 965 161 300, Fax 965 163 346, www.hotelessidi.es. Das einzige 5-Sterne-Haus von Alicante und Umgebung. Es zeichnet sich durch perfekten Service und 176 angenehme Zimmer aus. Durch einen netten Garten gelangt man direkt an den Strand.

Camping

●**El Molino,** Avda. de Elda 35, 2. Kategorie, Playa San Juan, Tel. 965 652 480. Ein kleiner Platz für 260 Camper, der nur einen Block vom Strand entfernt liegt. Zu erreichen über die N-332, Richtung *urbanización* París abbiegen. Ganzjährig geöffnet.
●**Playa Muchavista,** 2. Kategorie, Ctra. Alicante–San Juan, km 8,5, Tel. 965 654 526. Ebenes Gelände in Strandnähe mit vereinzelten Laubbäumen und Palmen, Kapazität für 490 Personen. Ganzjährig geöffnet.

Essen & Trinken

- **Restaurante Estella,** Av. Costa Blanca 125, Tel. 965 160 407. So Abend und Mo Ruhetag. Teuer und gut, Küche aus Navarra und Frankreich.
- Speziell in den Sommermonaten brummt es hier, wenn halb Alicante an die Strände flüchtet. Dann öffnen zahllose **Discos, Pubs** und **Chiringuitos** für jeden Geschmack.
- **Toch,** c/ Enric Valor 2, Tel. 966 354 703. Reisgerichte und hervorragende Tapas werden in diesem kleinen, kunstvoll dekorierten Lokal serviert.

Alicante

- **Valencianisch:** Alacant
- **Einwohner:** 335.000
- **PLZ:** 03002
- **Touristeninformation:** Rambla Méndez Núñez 23, Tel. 965 200 000, Fax 965 200 243, www.alicanteturismo.com

Costa Blanca

Überblick

Alicante ist die größte Stadt im Bereich der Costa Blanca und die zweitgrößte (nach Valencia) der Comunitat Valenciana. Die historischen Ursprünge lassen sich bis in die Zeit der Griechen, Römer und Araber zurückverfolgen. Allzu viel konnte aus jenen fernen Tagen jedoch nicht in die heutige Zeit hinübergerettet werden. Alicante ist eine **moderne Stadt** mit einem großen Hafen, von dem Fährschiffe bis nach Algerien fahren. Speziell zur sommerlichen Urlaubszeit nutzen viele algerische Emigranten, die heute in nordeuropäischen Ländern leben, diese Möglichkeit zur Überfahrt. Deshalb findet der Autofahrer, der sich auf der Autobahn der Stadt nähert, auch arabischsprachige Hinweisschilder zum *puerto*.

> Vielfach steht die Ausschilderung nach Alicante nicht auf Spanisch, sondern auf Valencianisch: **„Alacant".**

Alicante hat nur eine begrenzte Anzahl von „Sehenswürdigkeiten" zu bieten und diese liegen recht nahe beieinander. Einen Tagesbesuch kann man also gut zu Fuß unternehmen. Einen Bummel über die palmengesäumte Explanada, Eintauchen ins Barrio Santa Cruz, Aufstieg zum Castillo Santa Bárbara und etwas Sonne Tanken am Stadtstrand: So könnte ein Tagesausflug gestaltet werden.

Das Castillo Santa Bárbara oberhalb der Altstadt

Costa Blanca

Die Strände

Sicherlich fährt niemand zum Baden in eine Großstadt, aber der Stadtstrand von Alicante ist schon bemerkenswert. Und kann man sich eine angenehmere Art vorstellen, eine Stunde Wartezeit auf den Bus oder die Bahn zu überbrücken? Zumal etliche Lokale an der breiten Promenade locken.

Playa El Postiguet heißt der Hauptstrand von Alicante, auf dessen Ausmaße so mancher Ferienort neidisch werden könnte: Länge 900 Meter, durchschnittliche Breite 50 Meter, streckenweise deutlich mehr, außerdem feiner, heller Sandstrand. Eine breite Promenade verläuft parallel, eine Hand voll Lokale mit Terrasse locken zur Einkehr, und zum Zentrum ist es nicht weit. Der Verkehrslärm hält sich in Grenzen, und wo sonst kann man schon nach einem Stadtbummel mal eben eine Stunde sonnenbaden? Der Bahnhof der Schmalspurbahn nach Dénia liegt keine fünf Minuten Fußweg entfernt.

Tages-besuch

Die hier beschriebene Besichtigungstour versteht sich als Vorschlag für einen Tagesbesuch. Selbstredend kann man dabei nicht alles sehen, für ein eingehenderes Kennenlernen der Stadt benötigt man einfach mehr Zeit.

Anfahrt

Anreise per Bahn

Es gibt kaum eine spanische Großstadt, die man als Reisender so einfach besuchen kann wie Alicante. Entlang der gesamten Küste fährt eine **Schmalspureisenbahn.** Sie hält beinahe an jeder Milchkanne, auf jeden Fall in jedem Küstenort. Ausgangspunkt ist Dénia, die Endstation liegt direkt im Herzen der Innenstadt.

Die Hauptstrecke L1 wird zwischen Benidorm und Alicante (Station Mercado) alle 30 Minuten als Expresszug befahren, und diese Bahn hält nicht überall. Die Züge der Linie L3 halten dagegen unterwegs überall und verkehren nur bis Venta Lanuza (unweit Villajoyosa). Von Benidorm gibt es alle 60 Minuten eine Verbindung nach Dénia.

Anreise per Bus

Der **Busbahnhof** liegt sehr zentral unweit vom Hafen am Ende der c/ Italia, die wiederum fast eine Verlängerung der Explanada ist.

Anreise per Auto

Autofahrer sollten den Hinweisen zum Hafen folgen, der mit „Puerto" oder „Ferry Argel" („Fähre nach Algier") ausgeschildert ist. Im innerstädtischen Bereich sind **Parkplätze** mit farbigem Leitsystem und Angabe der freien Plätze gut markiert. Direkt am Hafen befindet sich ein Parkplatz namens „Plaza Puerto". Dieser eignet sich ideal zum

Besuch der Stadt, falls freie Kapazitäten vorhanden sind.

Stadtrundgang

Explanada de España

Die Explanada de España ist die schönste und **populärste Flaniermeile** der Stadt. Eine erste Promenade wurde schon im Jahr 1867 entlang der Küste angelegt, aber erst 1958 begann man mit der Gestaltung der heutigen Form. Die Explanada verläuft über beinahe einen Kilometer und wird auf beiden Seiten von Palmen flankiert. Besonders auffällig ist der Boden, der aus 6,6 Millionen roten, schwarzen und cremefarbenen **Mosaiksteinchen** besteht, die, in Wellenform gestaltet, den Spaziergänger an die Nähe zum Meer erinnern. Gesäumt wird die Promenade von einigen Terrassenlokalen, einem hübschen Springbrunnen und einem Denkmal zu Ehren von *José Canalejas,* einem liberalen Politiker, der etliche hohe Staatsämter innehatte und 1912 ermordet wurde. Neben einigen Statuen und Figurengruppen findet man auch eine aus Stein gefertigte Landkarte von Spanien. Bunte Klappstühle, die von älteren Herrschaften genutzt werden, vervollständigen die lebhafte Szenerie. Verschnaufend und palavernd beobachtet man das Treiben der Touristen, während die Urlauber sich ihrerseits fragen, warum die Senioren nicht brav zu Hause hocken. Aber das ist doch klar – auf der Explanada ist es schließlich viel interessanter. Deshalb sollte man sich auch als Besucher ein paar Minütchen irgendwo hinsetzen und einfach die Flanierveranstaltung genießen.

Unmittelbar an der Explanada liegt auch der **Yachthafen,** an dessen Flanken in den letzten Jahren zwei neue Vergnügungskomplexe mit Geschäften, Kinos und Restaurants entstanden sind.

Ayuntamiento

Am nördlichen Ende der Explanada liegt der große Platz **Puerta del Mar.** Wenn man hier die breite Straße überquert, erreicht man den schö-

Costa Blanca

nen Stadtstrand. Wendet man sich hingegen vom Meer ab, so gelangt man stadteinwärts zur Plaza Ayuntamiento mit dem **barocken Rathaus** *(ayuntamiento)*. Der hübsch verschnörkelte Bau entstand in den Jahren 1701–1780. Er ist knapp 50 Meter lang und wird von zwei Türmen eingefasst.

Herausragend ist das **reich verzierte Haupttor.** Dieses Tor ist immer bewacht, viele „*Funcionarios*" gehen hier ständig ein und aus. Oberhalb sind zwei Löwen erkennbar, die das Stadtwappen stützen.

An der Haupttreppe befindet sich der geografische Nullpunkt, von dem alle Höhenangaben Spaniens gemessen werden. In der Mitte über dem Haupteingang wurde eine Büste von *Miguel Cervantes,* dem Autor des „Don Quichote", angebracht. Vielleicht eine Reminiszenz an den großen Poeten, der auch einmal in algerische Piratengefangenschaft geriet? Immerhin machten die Berberpiraten jahrhundertelang die alicantinische Küste unsicher.

● **Geöffnet:** 9–14 Uhr, So geschlossen.

Iglesia Santa María

Vom Rathausplatz gelangt man in nördlicher Richtung zur Kirche Santa María, dem ältesten Gotteshaus der Stadt. Es wurde zwischen dem 14. und 16. Jahrhundert auf den Grundmauern der ehemaligen Hauptmoschee erbaut. Das **barocke Eingangstor** wird von zwei Türmen flankiert, die sich ähnlich sehen, aber doch unterschiedliche Stile aufweisen. Der linke ist rechteckig und wurde 1713 errichtet, während der rechte bereits im 14. Jahrhundert erbaut wurde und in Details, wie einer Uhr und einem Fenster, abweicht. Im Inneren sind der Rokoko-Altar aus dem 18. Jahrhundert und das Taufbecken aus reinstem Carrara-Marmor hervorzuheben.

● **Geöffnet:** 10–12 und 18–19.30 Uhr.

Costa Blanca

Museo de la Asegurada

Gegenüber liegt an der Plaza Santa María das Museo de la Asegurada. In einem typischen historischen Haus befindet sich heute eine der beeindruckendsten Sammlungen **moderner Kunst.** Ursprünglich eine Privatsammlung des alicantinischen Künstlers *Eusebio Sempere,* vermachte dieser 1977 die Werke der Stadt. Ausgestellt sind Arbeiten von lokalen Künstlern, aber auch von *Dalí, Tàpies, Max Ernst, Picasso, Miró* und anderen.

Das Museum ist längerfristig wegen Umbauarbeiten geschlossen.

Das barocke Eingangstor der Kirche Santa María

Costa Blanca

Doctor Sapena

Plaça Gómez Ulla

M 21

San Carlos

Alcalde Suárez Llanos

Gral. Elizacín

Torres Quevedo

Hnos. López de Osaba

Plaça de la Pipa

Avinguda Vázquez de Mella

Plaça del Doctor Magro

Cta. de la Fábrica

Straßenbahn Richtung El Campello

Bahnhof La Marina

19

Plaça Topete

20

Avinguda J. B. Lafora

Plaça del Carmen

SANTA CRUZ

Plaça Quijano

Playa El Postiguet

200 m

laça enalva

Mayor

Plaça del Ayuntamiento

MITTELMEER

R. Altamira

Plaça Puerta del Mar

Bahnhof Puerta del Mar

San Fernando

España

de

Vallellano

15

Conde

Ausschnitt nächste Seite

18

17

16

Hafen

⛰	**1**	Castillo de San Fernando
⛲	**2**	Mercadillo de Campoamor (Markt)
★	**3**	Stierkampfarena
⛲	**4**	Markthalle
🏨	**5**	Hotel NH Cristal
○	**6**	Theater
🏨	**7**	Hotel Leuka
❶	**8**	Rest. Nou Palas
❶	**9**	Rest. Piripi
❶	**10**	Rest. Lo de Reme
❶	**11**	Rest. El Bocaíto
🏨	**12**	Abba Centrum Alicante
Ⓑ	**13**	Busbahnhof
●	**14**	Deutsches Honorarkonsulat
★	**15**	Explanada de España
❶	**16**	Rest. La Brújula
❶	**17**	Rest. Dársena
🏨	**18**	Hotel Meliá Alicante
⛰	**19**	Castillo de Santa Bárbara
●	**20**	Fahrstuhl zum Castillo
Ⓜ	**21**	Archäologisches Museum

**Barrio
Santa
Cruz**

Und schon ist man mitten drin im Gassengewirr des *barrio,* wie die Einheimischen ihr Altstadtviertel nennen. Die Gebäude schwanken zwischen leicht **renovierungsbedürftig** und **würdevoller Patina.** Die Gassen sind eng und schattig. Vor allem in der calle Gravina stehen noch ein paar historische Häuser aus dem 17. Jahrhundert. Kleine schmiedeeiserne Balkone schmücken die Häuser. Eine urige Bar reiht sich hier an die andere. Weiter aufwärts steigend erreicht man schließlich Santa Cruz, ein lebendiges, lebhaftes Viertel. Nachbarn halten ein Schwätzchen, Kinder rennen um die Ecken, und die Alten hoffen, dass es bald Mittagessen gibt. Fast erstaunt es, ein so authentisches Viertel derart dicht an der Flaniermeile zu finden.

**Concatedral
San Nicolás
de Barí**

In der Altstadt wird man irgendwann auch auf die Concatedral San Nicolás de Barí treffen. Erbaut wurde sie zwischen 1616 und 1662 auf den Resten einer ehemaligen Moschee. Die „Nebenkathedrale", so die Übersetzung des Begriffs Concatedral, ist dem **Schutzpatron der Stadt,** San Nicolás, gewidmet. Ein Bildnis des Heiligen befin-

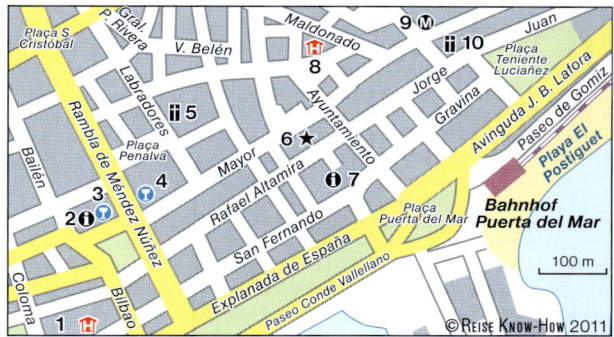

Alicante, Zentrum	⑪ 5	Concatedral
		San Nicolás de Barí
🏠 1	Hostal San Fernando	★ 6	Rathaus
🛈 2	Touristeninformation	🛈 7	Touristeninformation
☎ 3	Bar Lizarrán	🏠 8	Hotel Les Monges
☎ 4	Cervecería La Rambla	Ⓜ 9	Museo de la Asegurada
		⑪ 10	Kirche Santa María

Costa Blanca

det sich im Inneren. Dort fällt vor allem die gewaltige, 45 Meter hohe Kuppel auf. Auch der kunstvolle Altar lohnt einen Blick.

Etwas außerhalb vom alten Viertel stößt man auf die Hauptarterie der Stadt, **Rambla Méndez Núñez.** Hier verlief früher eine im Jahr 1536 erbaute Stadtmauer, die den heutigen historischen Teil umschloss. In ihrem oberen Bereich stößt sie auf einen großen, runden Platz, **Plaza Lucreros,** an dem momentan an der Verlängerung der Straßenbahnlinie gearbeitet wird. Von dort verläuft heute eine wichtige Geschäftsstraße, die **calle Alfonso X. el Sabio.** Ein paar Blocks auf dieser Straße Richtung Castillo, passieren Sie die historische Markthalle mit ihrer schönen Fassade.

Schlemmerpalast: Die Markthalle

Leben auf der Plaza

An dieser Stelle soll ausnahmsweise mal ein Klischee bedient werden: Skandinavische Häuser sind eher liebevoll und gemütlich eingerichtet, während spanische dagegen tendenziell eher nüchtern ausfallen. Ein Vorurteil? Natürlich! Aber mit einem klitzekleinen Körnchen Wahrheit. Und warum ist das so? Wegen des Klimas. Also noch ein Klischee? Vielleicht, aber es ist unübersehbar, dass Spanier sich gerne draußen aufhalten, den Kontakt zum Nachbarn, zum Freund, zum Bekannten suchen. Spanier sind nicht gerne allein, und wo findet man am einfachsten Kontakte? Auf der Plaza.

Die *plaza*, mit „Platz" nur unzureichend übersetzt, ist nämlich nicht nur irgendein Platz. Sie ist Schaubühne, Treffpunkt, Wartesaal, Wohnzimmer, und sie befriedigt die Neugier. Die wichtigste Plaza liegt immer im Zentrum eines Ortes, dort, wo die örtlichen Autoritäten, also Rathaus, Kirche und Bar, angesiedelt sind. Aber jede Stadt hat mehrere Plazas, und überall spielt sich das gleiche Schauspiel ab.

Pensionistas haben ihren Stammplatz, sitzen auf Bänken oder mitgebrachten Klappstühlen, kennen sich seit Urzeiten, erzählen sich den neuesten Klatsch oder schweigen sich durch den Tag, beobachten dabei ganz genau, was passiert. Sie bleiben bis zum Mittagessen. Dann wird es zu heiß, alle verkrümeln sich, die Plaza leert sich.

Erst nach Abklingen der Hitze gegen sechs oder sieben Uhr kommen sie alle wieder heraus. Nicht nur die Rentner, auch die Jugendlichen, die Hausfrauen, einfach alle. Immer in Gruppen, niemals allein. *Paseo* nennt man das, was mit „Spaziergang" nicht adäquat übersetzt werden kann. Es geht nämlich nicht ums Bewegen, sondern mehr darum, sich zu zeigen. Die Mütter ziehen gemessenen Schrittes vorbei auf dem Weg zum Kaufmann. Meist haben sie eine halbwüchsige Tochter untergehakt im Schlepp. Gemeinsam kauft man für das Abendessen ein. Die Pensionistas haben wieder ihren Stammplatz eingenommen. Eine Mädchengruppe schiebt sich plappernd und kichernd in Richtung einer Horde Jungs. Die kommen lässig, locker daher: „Eh, tío macho, oígame!" („He, Alter, Macker, hör mal!") Keine der Gruppen achtet auf die andere, aber alle haben alles im Blick. Irgendwann treffen sich beide. Die Jungs rempeln sich gegenseitig an, schubsen sich zu den Mädels. Die kreischen ein bisschen, beschweren sich, und alles plappert noch aufgeregter durcheinander. Schwierige öffentliche Kontaktaufnahme! Die Pensionistas beobachten das Spektakel von ihrem Schattenplatz aus und schwadronieren von damals: „Weißt du noch? Anno neuzehnhundert ... " Und auch die lieben Kleinen lässt man toben. Eine Tante, Oma oder Nachbarin hat immer Zeit, stellt einen Stuhl vor die Tür in den Schatten und hockt sich hin. Bald kommt die nächste, und wieder ist man nicht allein. Auf der anderen Seite der Plaza steht der Zeitungsverkäufer seit dem frühen Morgen. Immer noch kommt irgendjemand und kauft ein Rätselheft, einen Kaugummi oder plaudert eine Runde.

Plaudern ist überhaupt das wichtigste Ritual – und grüßen! Jeder Bekannte wird gegrüßt: „Adiós" oder „'ta luego". Etwas besser Bekannte erfahren noch eine Steigerung: „¿Qué tal?" („Wie geht's?") „Danke gut, bis morgen dann." Bleibt jemand stehen, wird die Unterhaltung fortgesetzt. „Was für eine Hitze!" geht immer, oder auch „Wie geht's der Tochter, dem Sohn, der Oma?" Was man aber niemals will, ist eine ernste Antwort, einen Austausch von Argumenten, von Wissen, gar von Fakten. Nein, es geht nur um Zeitvertreib und darum, Freunde zu treffen. Denn auf einer Plaza braucht man sich nicht zu verabreden. Es kommen sowieso alle. Und falls man sich doch einmal verabredet, dann heißt es: „Um sieben am Brunnen!" oder so ähnlich. Eine Einladung nach Hause ist ganz und gar unüblich.

723cbFoto: jf

Costa Blanca

Unter den Palmen der Explanada lässt man es sich gut gehen

Castillo de Santa Bárbara

Vom **Barrio Santa Cruz** kann man zum Castillo de Santa Bárbara aufsteigen, der Weg ist allerdings nicht ganz leicht zu finden. Die alte Festung liegt auf dem 166 Meter hohen Berg Monte Benacantil, der sich unmittelbar am Ufer des Meeres erhebt. Von diesem **strategisch äußerst günstigen Punkt** überblickten die jeweiligen Herrscher die gesamte Bucht und das weite Hinterland. Drohte Gefahr, konnten die Wachleute rechtzeitig Alarm schlagen.

Dieser Lage bedienten sich alle Herrscher, aber erst die **Mauren** errichteten im 9. Jahrhundert auf dem Berg eine Festung. Später, während der Regentschaft des spanischen Königs *Felipe II.* im späten 16. Jahrhundert, wurde die Burg gründlich ausgebaut. Sie besteht aus drei Teilen. Der höchstgelegene stammt teilweise noch aus dem 11. Jahrhundert. Der mittlere Teil wurde im 16. Jahrhundert erbaut und beherbergt neben einer Waffenkammer auch einen Salon für *König Felipe II.* Der dritte Teil ist neueren Datums und stammt aus dem 18. Jahrhundert.

Nett lässt es sich heute oben in der Festung herumspazieren. Weit wandert der Blick über die Stadt und das Meer. Zur kontemplativen Erbauung wurden etliche moderne Kunstwerke unterschiedlichster Stilrichtungen auf dem Gelände platziert. Es sind noch Teile der Festungsmauer aus der maurischen Zeit erkennbar und sogar Teile der noch älteren römischen und karthagischen Phase. Auf dem höchsten Punkt erhebt sich noch immer der **Torre de Homenaje,** von wo man den besten Blick hat, damals wie heute.

Das Castillo de Santa Bárbara trägt übrigens diesen Namen, weil *Alfonso el Sabio* (der Weise) die Burg am 4. Dezember 1247 den Mauren entreißen konnte, am Namenstag der heiligen Barbara.

Der Besucher wird wohl in erster Linie den fantastischen Ausblick genießen wollen. Im Sommer finden außerdem **kulturelle Veranstaltungen** auf der Burg statt, über die das Fremdenverkehrsamt informiert. Seit 1998 kann hier auch die **Colección Capa** bestaunt werden. Es handelt sich dabei um Skulpturen verschiedener spanischer Künstler des 19. und 20. Jahrhunderts, die der spanische Professor *Eduardo Capa* zusammenstellte.

Zu erreichen ist das Castillo auch über eine Zufahrtsstraße von Norden her oder per Fahrstuhl von der Avda. Jovellanos, gegenüber der Playa Postiguet. Vorher muss man aber durch einen Tunnel von 200 Metern laufen.

● **Geöffnet:** April–Sept. 10–22 Uhr, Okt.–März 10–20 Uhr; der Eintritt ist frei, der Fahrstuhl kostet 2,50 €.

Museo Arqueológico Provincial

Auf der anderen Seite des Monte Benacantil befindet sich das Museo Arqueológico Provincial. Bereits 1932 gründeten Archäologen dieses Museum, in dem Fundstücke aus Alicante und Umgebung aus den Zeiten der **Iberer, Römer** und **Mauren** ausgestellt sind. Bedeutendstes Exponat ist die Figur der Dama de Cabezo Lucero aus der iberischen Epoche. Das Museum erhielt eine Auszeichnung als **bestes Museum Europas.** Ein Grund hierfür ist die moderne und sehr plastische Präsentation mittels Videoanimation, wobei Bilder auch an die Decke oder auf den Boden projiziert werden. Dem Besucher wird so die jeweilige Epoche wahrhaft vor Augen geführt.

● **Geöffnet:** Di–Sa 10–19 Uhr. So 10–14 Uhr, Mo geschlossen; Eintritt: Erw. 3 €, Kinder 1,50 €. Zu finden ist das Museum im ehemaligen Hospital San Juan de Dios, Plaza del Doctor Gómez Ulla s/n.

Castillo de San Fernando

Das Castillo de San Fernando liegt auf dem Berg Monte Tossal. Um vom Archäologischen Museum aus hinzugelangen bietet es sich an, die Plaza de España mit der Stierkampfarena zu passieren. Mit dem Bau der Burg wurde Anfang des 19. Jahrhunderts begonnen, als die Franzosen vor den Toren der Stadt standen. Das Castillo wurde aber nie richtig fertig gestellt. Heute sieht man bis auf ein paar **Mauerreste** nicht mehr allzu viel.

Costa Blanca

Auch von diesem Platz genießt der Besucher einen schönen Blick über Alicante und seine Vororte bis zum Meer. Ein **Park** schließt sich an. In den Sommermonaten finden hier oft Kulturveranstaltungen statt.

Praktische Tipps

Unterkunft

Wer als Tagesbesucher kommt, denkt nicht unbedingt an eine Übernachtung. Für diejenigen, die länger bleiben wollen, folgen hier ein paar Tipps:

● **Hotel Meliá Alicante** €€€€, Plaza del Puerto 3, http://es.solmelia.com, Tel. 965 205 000, Fax 965 142 633. Das Haus steht am Hafen und damit auch nur wenige Minuten vom Zentrum entfernt. Es ist zwar ein wirklich riesiges Haus mit 544 sehr gut eingerichteten Zimmern, aber von denen genießen Gäste einen tollen Blick aufs Meer. Im 5. Stock liegt eine Rezeption und eine Bar mit einem vergleichbaren tollen Fernblick, außerdem bietet das Hotel WiFi.

● **Hotel Leuka** €€€, c/ Segura 23, Tel. 965 202 744, Fax 965 141 222, www.hotelleuka.com. Knapp 100 Zimmer hat dieses Haus am Rande der Altstadt und auch nicht weit von der geschäftigen Zone entfernt. Zur Explanada sind es zehn Minuten Fußweg.

● **Hotel NH Cristal** €€€, c/ López Torregrosa 11, Tel. 965 143 659, Fax 965 206 696, www.nh-hotels.com. Das Haus liegt ruhig in einer Seitenstraße und doch relativ zentral, denn zur Altstadt sind es keine 10 Minuten Fußweg. Funktional und modern eingerichtete Zimmer.

● **Les Monges** €€, c/ San Agustín 4, Tel. 965 215 046, www.lesmonges.net. Kleine Pension mit 15 Zimmern in Barrio Santa Cruz. Alle Räume sind unterschiedlich eingerichtet und dekoriert. Allzu viel darf man nicht erwarten, dafür ist es preiswert.

● **ABBA Centrum Alicante** €€€€, c/ Pintor Lorenzo Casanova 31, Tel. 965 130 440, Fax 965 928 323, www.abbacentrumalicante.com. Das Haus liegt ziemlich zentral, unweit vom Busterminal und hat 150 gute Zimmer auf sieben Etagen.

● **Hostal San Fernando** €€, c/ San Fernando 34, Tel. 965 213 656. Nett gestaltetes Haus mitten in der Nachtlebenzone mit zehn einfachen Zimmern, außerdem liegt das Haus nur 200 m vom Strand entfernt.

Jugend-herberge/ Camping

● Jugendherberge, Avenida Orihuela 59, Tel. 965 113 044, Fax 965 282 754, hat insgesamt 188 Betten.

● Die nächstgelegenen Campingplätze befinden sich in El Campello und San Juan, Beschreibung siehe dort.

Essen & Trinken

- Entlang der **Explanada** kann man nett draußen sitzen und gut speisen, beispielsweise in der Pizzería Tarantino (leckere Desserts) oder in der Chocolatería Valor. Im **Barrio Santa Cruz,** also in der Altstadt, liegen die meisten Bars mit viel Jungvolk. Etwas gesetzteres Publikum verkehrt in den Lokalen entlang dem **Paseo Gadea.**
- **Restaurante Dársena,** Muelle de Levante 6, am Sportboothafen, Tel. 965 207 399. Mo geschlossen. Ein Klassiker seit weit über 30 Jahren, spezialisiert auf Reisgerichte.
- **Restaurante Lo de Reme,** c/ Isabel La Católica 6, Tel. 965 123 902, So geschlossen. Dieses kleine Lokal liegt zwischen Bahnhof und Busbahnhof. *Reme* (Abkürzung für den Vornamen des Inhabers *Remedios Sabater)* bietet klassische Hausmannskost mit Produkten, die der Markt je nach Jahreszeit bietet. War zuletzt nur über Mittag offen.
- **Restaurante Nou Palas,** Avda. de la Estación 9, Tel. 965 227 555. Gute Auswahl an Hausmacherkost.
- **Restaurante Piripi,** c/ Oscar Espla 30, Tel. 965 227 940. Hervorragende Reisgerichte und Tapas.
- **Restaurante El Bocaíto,** c/ Isabel la Católica 22, Tel. 965 922 630. Angesagte Bar mit leckeren Tapas.
- **Lizarrán,** Rambla Méndez Núñez 18, Tel. 965 206 830. Ist zwar eine Bar, die zu einer Kette gehört, bietet aber dennoch exzellente baskische Tapas.
- **Cervecería La Rambla,** La Rambla, Ecke Portal del Elche. Strahlt altehrwürdigen Charme aus, beliebter Treff mit Draußensitz-Möglichkeit.
- **La Brújula,** Muelle Levante 6, Tel. 965 202 093. Ein Fischrestaurant am Hafen, das sich sowohl optisch als auch preislich von den meisten anderen abhebt. Soll heißen: Die Fassade ist schlicht, die Preise sind okay und die Speisen sind gut.

Adressen

- **Bahnhof:** Avda. La Estación s/n, Tel. 902 240 202.
- **Busbahnhof:** c/ Portugal 17, Tel. 965 130 700.
- **Flughafen:** Tel. 966 919 000.
- **Deutsches Honorarkonsulat:** Plaza Calvo Sotelo 1–2, 5. Stock, Tel. 965 217 060.
- **Polizei:** Tel. 965 107 200.
- **Krankenhaus:** Tel. 965 268 000.
- **Ärztlicher Notruf:** Tel. 965 247 600.

Einkaufen

- **Bodega Esteban de la Rosa,** c/ Italia 4, Tel. 965 921 738, breite Auswahl an *vino,* es sollen über 5000 Sorten sein.
- **La Granadina,** c/ Gerona 7, Tel. 965 211 151, ein Käsespezialist mit über 70 Sorten im Angebot.
- **Pascual,** Avda. Alfonso X. el Sabio 15, Tel. 965 140 139. Wer Keramikware sucht, sollte hier mal stöbern.
- **Salzones Quintana,** c/ Quintana 40, Tel. 965 214 842, berühmt für seinen guten Schinken.

Costa Blanca

Feste

- **Erste Juniwoche:** Moros y Cristianos im Stadtviertel San Blas.
- **24. Juni:** San Juan – Patronatsfest, bei dem Figurengruppen aus Pappmaschee verbrannt werden.
- **2. Sonntag nach Gründonnerstag:** Romería de la Santa Faz, u.a. Umzüge mit Feuerwerk.
- **9. Oktober:** Tag der Comunidad Autónoma.

Markt

- **Donnerstag** und **Samstag** vormittags, auf dem Campoamor nahe der Stierkampfarena.
- **Briefmarken und Münzen:** Sonntagvormittag, Plaza del Ayuntamiento.
- **26.–27. Juni:** mittelalterliches Markttreiben, Plaza de Quijano.

Arenales del Sol

Überblick

Arenales del Sol ist ein kleiner Ort unweit des Flughafens von Alicante. Es ist die größte einer Vielzahl von **urbanizaciones,** die alle Fantasienamen wie Gran Vista („Tolle Aussicht") oder Costa Hispania tragen. Arenales del Sol liegt direkt an Strand und Meer, wohingegen etliche andere Apartmentsiedlungen sich ein wenig zurückversetzt im Hinterland befinden. Die Umgebung zeigt sich karg, trocken und nur vereinzelt begrünt. Der Strand von Arenales del Sol geht nahtlos in eine **Dünenlandschaft** namens Dunas de Carabassí über. Unmittelbar dahinter liegen die *urbanizaciones.*

Die Strände

Es gibt zwei recht große Sandstrände, die aber nur mäßig besucht werden. Möglicherweise schreckt der nahe Flughafen doch etliche Alicantinos ab, außerdem sind die nördlich der Stadt gelegenen Playas einfacher zu erreichen, sogar die Straßenbahn fährt dorthin. Die Strände von **Arenales del Sol** jedenfalls sind nicht schlecht, haben eine Breite von ungefähr 50 Metern und bringen es auf eine Gesamtlänge von fast sieben Kilometern. Ganz im Süden dieser Strandzone liegt sogar eine Dü-

nenlandschaft, **las Dunas del Carabassí,** die mit ihrer spärlichen Vegetation fast schon ein wenig wüstenähnlich ausschaut.

Ausflug ins Hinterland

Relativ weit im Hinterland von Alicante liegen noch einige Orte, die Sie auf einer Rundtour kennen lernen können, übrigens nicht nur von Alicante aus.

Elda-Petrer Zwei Namen, ein Ort – oder zumindest beinahe, denn es trennt sie etwas Entscheidendes: die Sprache. **Elda** (53.000 Einwohner) **spricht Spanisch, Petrer** (25.000) dagegen **Valencianisch.** Beide Orte teilen sich ein Rathaus und sind durch eine Straße getrennt, der Avenida de Madrid.

1609 wurden die letzten Araber vertrieben und danach gezielt neue Bewohner anderer Regionen angesiedelt. So ließen sich die Menschen in Ortsteilen ihrer jeweiligen Heimatsprache nieder und so ist es bis heute geblieben. Heute hat Elda eine starke **Schuhindustrie,** während in Petrer mehr allgemeine Lederverarbeitung stattfindet. Zu besichtigen? Nicht so viel, die Reste einer Burg, ein Schuhmuseum (Avda. de Chapí 32 in Elda) und natürlich gibt es reichlich Einkaufsmöglichkeiten für Lederwaren.

Villena Die heutige Kleinstadt (32.000 Einwohner) hat lange zurück liegende historische Wurzeln, möglicherweise bis zu den Römern. Ganz geklärt ist dies nicht, aber zur Zeit der arabischen Besatzung existierte bereits eine Burg, die die christlichen Eroberer übrigens mehrmals vergeblich zu stürmen versuchten. Diese Burg, **Castillo de la Atalaya,** (auch genannt: *de los Pacheco*, da diese Familie hier lange Zeit herrschte), ist heute noch recht gut erhalten und zeigt sich richtig wehrhaft mit Türmen, dicken Mauern und Schießscharten.

Costa Blanca

Biar   Auch in diesem kleinen Ort von 4000 Einwohnern
steht ganz klassisch leicht erhöht eine Burg, deren
Ursprünge auf die arabische Epoche des 13. Jahrhunderts datieren. Sie gilt als **die besterhaltene
Burg in der ganzen Umgebung.**

Das Haus derer zu Pacheco: Castillo de la Atalaya

Elche

- **Valencianisch:** Elx
- **Einwohner:** 230.000
- **PLZ:** 03202
- **Entfernung nach Alicante:** 23 km
- **Touristeninformation:** Ajuntament d'Elx, Filet de Fora 1, Tel. 966 658 140, Fax 966 658 141, www.turismedelx.com

Überblick

Elche ist eine mittelgroße Industriestadt, die aber durch den größten **Palmenhain** Europas, das tief religiöse Mysterienspiel und den Fund der Büste „Dama de Elche", einer iberischen Gottheit, historische Bedeutung erlangt hat. Die genaue Zahl der Palmen kennt niemand. Selbst die Stadtväter geben nur eine grobe Schätzung ab: Zwischen 200.000 und 300.000 Palmen wachsen in und um Elche. Immerhin besteht Einigkeit darüber, dass die Phönizier um 300 v. Chr. mit den Anpflanzungen begannen. Nun ist es nicht so, dass buchstäblich an jeder Ecke eine Palme steht. Sie konzentrieren sich hauptsächlich in größeren Gartenanlagen, wie dem in Privatbesitz befindlichen Huerto del Cura oder dem öffentlichen Parque Municipal. In beiden kann man durch wahre Palmenwälder spazieren. Weitere historische Bauten gehen auf die Epoche arabischer Herrschaft zurück. Sie liegen dicht beisammen im Bereich der Altstadt.

Anfahrt

Anreise per Bus oder Bahn

Wer die Möglichkeit hat, per Bus oder Bahn anzureisen, sollte diesen Weg wählen. Sowohl der Busbahnhof als auch die Bahnstation „Elche-Parque" liegen am Rande der Altstadt, **nur ca. zehn Minuten Fußweg** entfernt. Über die c/ Nuestra Señora de la Cabeza gelangt man ins Zentrum. Ausgeschildert ist Huerto del Cura. Auf dem Weg dorthin passiert man aber schon die Altstadt. Der

Costa Blanca

Hauptbahnhof befindet sich zwar etwas außerhalb der Altstadt, aber allzu weit ist es auch nicht.

**Anreise
per Auto**

Wer über die Autobahn kommt, sollte bis zur Abfahrt Nr. 73 fahren und dann der Beschilderung „centro urbá" folgen. An der auffällig breiten, durch einen Grünstreifen getrennten Avda. del Ferrocarril heißt es dann, nach einem **Parkplatz** Ausschau zu halten. Spätestens nach dem Passieren der markanten Lok sollte man parken, denn sonst entfernt man sich wieder vom Zentrum. Ein Tagesbesuch kann problemlos zu Fuß absolviert werden. Über die Avda. Nuestra Señora de la Cabeza gelangt man in die Altstadt, während die hinter dem Bahnhof verlaufende Avda. de la Estación den Palmengarten Parque Municipal passiert. Wer hingegen der mäßigen Ausschilderung zum Huerto del Cura folgt, hat gute Chancen, sich im Gassengewirr zu verfahren. Immerhin bieten sich dort aber weitere Parkmöglichkeiten.

Sehenswertes

**El Huerto
del Cura**

In dem liebevoll gepflegten Park wachsen neben diversen Palmenarten auch viele Kakteen sowie weitere tropische Pflanzen und Hölzer wie z.B. Bambus. Aber natürlich kann man auf einer Fläche von immerhin 13.000 Quadratmetern überwiegend Palmen bestaunen. Ein beschilderter **Rundweg** führt den Besucher an gut tausend Palmen vorbei, hauptsächlich Dattelpalmen, die hübsch in die Landschaft eingebettet sind und um Ruhezonen und Teiche ergänzt wurden.

In regelmäßigen Abständen wird man an den Palmen **Namensschildchen** finden. Es handelt sich um die Namen von Persönlichkeiten unterschiedlichster Professionen, denen die jeweiligen Palmen gewidmet wurden. Der Star der Sammlung ist zweifellos die „Palmera imperial", die Kaiserliche Palme. Aus einem einzigen Stamm erwachsen ihr acht Arme, die mittlerweile eine der-

Costa Blanca

artige Größe erreicht haben, dass sie abgestützt werden müssen. Der Name wurde zu Ehren der Kaiserin *Elisabeth von Österreich (Sissi)* gewählt, die den Garten 1894 besuchte. Damals war die Palme bereits über 50 Jahre alt.

● **Geöffnet:** täglich ab 9 Uhr bis Sonnenuntergang; Eintritt: Mit Audioguía Erwachsene 5 €, ermäßigt 3 €, ohne Audioguía Erwachsene 2,40 €, ermäßigt 2 €.

Museu del Palmerar

In unmittelbarer Nähe des Hotels Huerto del Cura liegt ein **Museum in einem historischen Haus aus dem 19. Jahrhundert,** das seinen Besuchern noch einen vertiefenden Einblick in die **Biologie der Palmen** sowie zur Geschichte des Palmenwaldes hier in Elche bietet.

● **Geöffnet:** Di–Sa 10–13.30 und 16.30–20 Uhr, So 10.30–13.30 Uhr; Eintritt 1 €.

Parque Municipal

Der Parque Municipal ist ein weiterer nett angelegter Palmengarten, der öffentlich zugänglich ist.

Die Dama de Elche

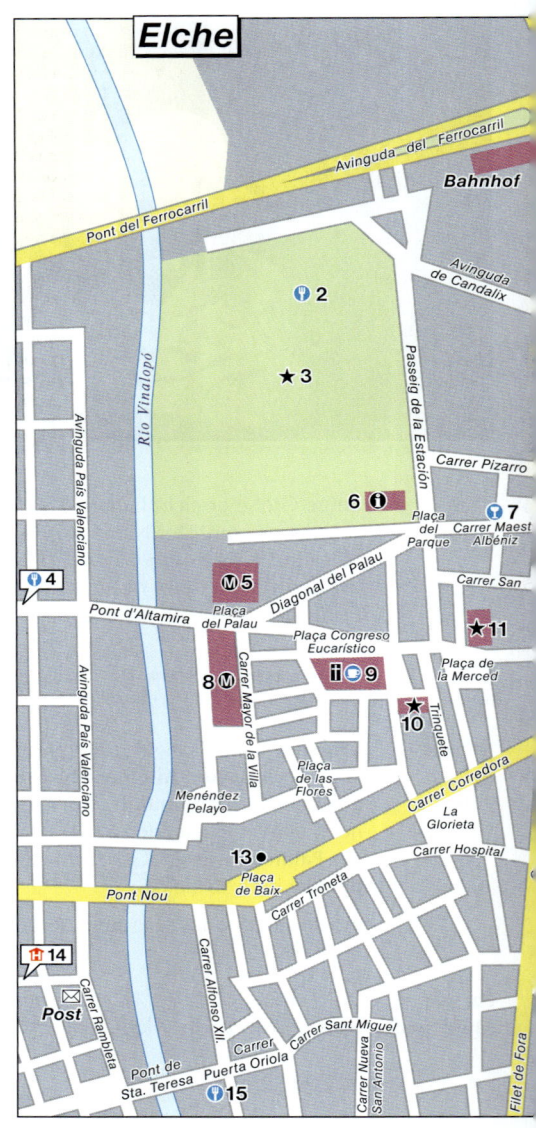

Autobahn

Avinguda del Ferrocarril

Ⓑ 1

1 Busbahnhof
2 Rest. Parque Municipal
3 Parque Municipal
4 Rest. Asador Ilicitano
5 Palacio de Altamira mit Archäologischem Museum
6 Touristeninformation
7 Viele Lokale in der Carrer Maestro Albéniz
8 Museu de la Festa
9 Basilica de Santa Maria, Café Paris
10 Torre de la Calaforra
11 Banys Àrabs
12 Bar Lizarrán
13 Ayuntamiento (Rathaus)
14 Hostal Candilejas
15 Rest. El Pernil
16 Hotel Jardín del Milenio
17 Hotel Huerto del Cura
18 Huerto del Cura

Carrer Nuñez de la Cabeza

Avinguda de Candalix

Carrer Luis Gonzaga Llorente

Alicante

Vicente

Carrer Doctor Jiménez Díaz

Carrer Gabriel y Galán

Carrer Martín

Carrer Cruz Roja

Carrer Agres

Carrer Alpujarra

Avinguda Juan Carlos

12 ⊙

0   200 m

Carrer Teniente Ruiz

Carrer Daoíz

Carrer Escultor Capuz

Carrer Beethoven

Carrrer Velarde

★ 18

Carrer Escultor Capuz

Carrer Porta de la Morera

Carrer Porta de la Morera

🏠 17

Carrer Eugenio

🏠 16

© REISE KNOW-HOW 2011

Dieser Park fällt etwas großzügiger aus, die Wege sind breiter, zwischen den Palmen findet man einige freie Flächen sowie kleine Lokale. Aber auch an Spielgeräte für Kinder hat man gedacht, und eine kleine Bimmelbahn tuckert durchs Gelände. So bietet der Park eine ideale Möglichkeit, nach einem Stadtbummel im Häusermeer ein wenig **Grün zu tanken,** bevor es wieder auf den Heimweg geht. Der Parque Municipal liegt an der Avda. de la Estación, ganz in der Nähe vom Bahnhof Elche-Parque.

Altstadt

Die Altstadt ist in weiten Teilen für den **Autoverkehr gesperrt.** Dadurch haben Fußgänger reichlich Muße, durch die teils schmalen Straßen zu flanieren und die Auslagen der Geschäfte auf sich wirken zu lassen. Etliche Bars und Cafés laden zum Verweilen ein. Meistens stehen auch draußen ein paar Tische. Am Abend herrscht hier eine lebhafte, angenehme Atmosphäre.

Palacio de Altamira

Der Palacio de Altamira befindet sich beim Parque Municipal am Rande der Altstadt. Vor dem Haupteingang steht ein Wasserspiel aus knapp einem Dutzend Springbrunnen, die ihre Fontänen synchron in die Luft schießen. Der Palast stammt aus dem 15. Jahrhundert und weist die typischen Merkmale einer **wehrhaften Burg** auf: dicke Mauern, vergitterte Fenster und hohe Türme. Auch die Lage ist gut gewählt: direkt hinter einem Flusslauf, der zusätzlichen Schutz bot. Der Río Vinalopó ist heute allerdings ausgetrocknet. Der Palast war früher Bestandteil der Stadtmauer. Einst residierten hier die jeweiligen Herrscher, wenn sie gerade in der Stadt weilten. Sogar die Reyes Católicos, die Katholischen Könige, nahmen hier damals dankbar Quartier.

In dem Gebäude ist heute das **Museu Arqueològic i Històric d'Elx** untergebracht. Ausgestellt sind Fundstücke, die bei Ausgrabungen in der Umgebung von Elche entdeckt wurden, darunter Gegenstände aus römischer, iberischer und arabischer Zeit. Das neugestaltete Museum (Diagonal del Palau 7) gibt mit vielen hochmodernen audiovisuellen Techniken einen guten Blick in das historische Erbe von Elche. Wichtigstes Exponat ist die **Dama de Elche,** die Reproduktion der Büste einer Priesterin aus der iberischen Epoche des 3. Jh. v. Chr., die im zwei Kilometer entfernten Alcudia gefunden wurde. Das Original befindet sich in einem Museum in Madrid.

● **Geöffnet:** Di–Sa 10–13.30 und 16.30–20 Uhr, So 10.30–13.30 Uhr, Mo geschl.; Eintritt: 3 €.

Basílica Menor de Santa María

Die Basílica Menor de Santa María ist schon von weitem an ihrer hübschen blauen Rundkuppel zu erkennen. Auffällig ist auch das kunstvoll verschnörkelte Portal. Die Kirche stammt aus dem 17. Jahrhundert, erlitt jedoch im Bürgerkrieg starke Zerstörungen und wurde wieder aufgebaut. Sie wirkt von außen recht wuchtig. Im Inneren steht unterhalb der Rundkuppel ein prächtiger Hochaltar. Hier wird jedes Jahr am 14./15. August das Heiligenspiel „Mysterium zu Elche" aufgeführt.

Das **Misterio de Elche** (valencianisch: *Misteri d'Elx*) ist ein Theaterstück aus dem Mittelalter, das ausschließlich in valencianischer Sprache gesungen wird. Das Wunder von Elche wird in zwei Akten aufgeführt und handelt vom Tod und von der Wiederauferstehung der Jungfrau María sowie von der wundersamen Bekehrung einer jüdischen Gruppe zum Christentum und der finalen Wiederauferstehung. Technisch anspruchsvoll schweben Engel und später auch der Heilige Vater von der Kirchenkuppel auf die Erde. Dieses gewaltige Spektakel wollen alljährlich mehr Menschen sehen als Plätze vorhanden sind. Deshalb gibt es in den Tagen vorher mehrere Generalproben, bei denen man vielleicht die Chance auf einen Platz hat.

Museu de la Festa

Das Museo de la Festa liegt gegenüber der Basilika in der Carrer Major de la Vila 25 und ist in ei-

Costa Blanca

nem historischen Gebäude aus dem 15. Jahrhundert untergebracht. In der alten Einsiedelei werden **Trachten** und Utensilien ausgestellt, die bei den Aufführungen des Mysterienspiels getragen werden.

●**Geöffnet:** Di–Sa 10–13.30 und 17–20.30 Uhr, So 10–13 Uhr, Mo geschl.; Eintritt: 3 €, So und feiertags freier Eintritt.

Banys Àrabs

Die arabischen Bäder liegen in einem gut renovierten Haus bei der Plaza de la Merced. Wäre nicht ein entsprechendes Hinweisschild angebracht, würde man vielleicht sogar daran vorbeigehen. Das sollte man aber nicht, denn zu sehen gibt es ein gut erhaltenes **öffentliches Bad der Araber** aus dem 12. Jahrhundert. Die Banys Àrabs funktionierten durch geschickt angelegte Lüftungsschächte ähnlich wie eine Sauna. Es gab Räume mit heißem Wasser, Ruheräume und Räume mit kaltem Wasser.

●**Geöffnet:** Di–Sa 10–13.30 und 16.30–20 Uhr, So 10.30–13.30 Uhr, Mo geschl.; Eintritt: 1 €, erm. 0,50 €, So frei.

Torre de la Calaforra

Einmal um die Ecke steht der alte **Festungsturm** Torre de la Calaforra, der noch aus arabischer Epoche stammt und gut erhalten ist. Er gehört zur Stadtmauer. Im 15. Jh. wurde hier direkt am Turm ein Gebäude erbaut, **zur Kontrolle der Getreideeinfuhren** und um darauf Steuern zu erheben.

Ayuntamiento

Dieses an der **Plaza del Baix** gelegene Haus ist das älteste Verwaltungsgebäude in der südlichen Comunidad Valenciana, es wurde 1441 erbaut. In den folgenden Jahrhunderten mussten vereinzelt Renovierungen durchgeführt werden, aber der Kern ist schlappe 560 Jahre alt.

Praktische Tipps

Unterkunft

●**Hotel Huerto del Cura** €€€€, Porta de la Morera 14, Tel. 966 610 011, Fax 965 421 910, www.huertodelcura.com. Gegenüber des Palmenwaldes Huerto del Cura angesiedeltes Top-Hotel, das selbst in einem sehr schönen und ruhigen Garten liegt. Die 81 Zimmer verteilen sich auf mehrere kleinere Gebäude. Ein nett angelegter Pool lockt ebenso wie die eigenen Sportanlagen.

●**Hotel Jardín del Milenio** €€€, c/ Curtidors 17, Tel. 966 612 033, Fax 966 615 204, www.hotelmilenio.com. Neues, größeres Haus mit 72 Zimmern, sehr nett im südlichen Bereich des Palmenwaldes gelegen. Rustikal-modern eingerichtete Zimmer mit einer Gesamt-Dekoration, die zur Umgebung passt und teilweise mit Nachbildungen römischer und iberischer Kunst geschmückt ist.

●**Hostal Candilejas** €€, c/ Dr. Ferrán 19, Tel. 965 466 512, Fax 965 466 652, www.hostalcandilejas.com. Kleines, seit Jahrzehnten bewährtes Haus mit 24 Zimmern.

Essen & Trinken

●**Restaurant Parque Municipal,** Paseo Estación s/n, Tel. 965 453 415. Gegenüber dem städtischen Park, mit gutem Preis-Leistungsverhältnis und guten Reisgerichten.

●**Café París,** liegt unmittelbar bei der Basilika, recht schickes Café mit Terrasse.

●Die **Calle Sant Pere,** die direkt hinter der Kirche verläuft, zählt eine hohe Kneipendichte. Etliche Bars und Musikpubs warten auf Kundschaft.

●**Asador Ilicitano,** c/ Maestro Giner 9, Tel. 965 435 864. Fleischgerichte vom Grill oder aus dem Ofen sind die Spezialitäten des Hauses.

●**El Pernil,** c/ Juan Ramón Jiménez 4, Tel. 966 613 303. Wer mal typische Küche aus der Region Elche probieren möchte, ist hier richtig. Zum Probieren gibt es ebensolche Tapas am Tresen.

●**Lizarrán,** Avda. Juan Carlos 17, Tel. 966 614 648. Baskisches Tapa-Lokal mit exzellenten Tapas. Hier gilt das Prinzip der Selbstbedienung: Die kleinen Hölzchen, die in jeder Tapa stecken, bitte auf einem Teller sammeln, danach wird zum Schluss abgerechnet.

Adressen

●**Bahnhof:** Passeig de la Estació.
●**Busbahnhof:** Avinguda de la Llibertat s/n.
●**Polizei:** Partida de Altabix s/n.
●**Post:** Camilo Flammarión, Avda. Libertad 110 und c/ Sucre 2, die beiden letzteren liegen sehr weit außerhalb.

Feste

●**Erstes Juniwochenende:** Die andalusische Bevölkerung der Stadt feiert die Romería del Rocío vor ihrer Kirche Sagrado Corazón.
●**7.–10. August:** Moros y Cristianos.
●**10.–15. August:** Virgen de la Asunción mit der Nit de l'Alba (u.a. Feuerwerk) am 13.8.
●**14./15. August:** Misteri d'Elx – Mysterienspiel mit Chorälen und Lichteffekten in der Basílica Santa María.
●**14. August:** Nit de la Roà – u.a. mit Prozession.

Markt

●**Montag** und **Samstag,** an der Plaza de Barcelona.

Santa Pola

- **Einwohner:** 31.700
- **PLZ:** 03130
- **Entfernung nach Alicante:** 18 km
- **Touristeninformation:** Plaza Diputación 6,
  Tel./Fax 966 696 052,
  www.turismosantapola.es

Überblick und Geschichte

Der **Hafen** war schon immer der Lebensnerv dieses Ortes. Bereits unter den Römern existierte hier ein wichtiger Hafen unter dem Namen *Portus Illicitanus,* was nichts anderes bedeutet als der römische Hafen von Elche, das nur elf Kilometer entfernt im sicheren Hinterland liegt. Dorthin drangen die Piraten selten vor. Die Küste überfielen sie hingegen so massiv, dass die Gegend für einige Zeit regelrecht entvölkert war. 1557 wurde dann eine Schutzburg mit mehreren Wehrtürmen gebaut. Das Piratenunwesen legte sich und die Menschen kamen zurück. Der Ort wuchs speziell ab dem 18. Jahrhundert. Der Hafen gilt heute als einer der größten und wichtigsten Fischereihäfen der Küste. Touristische Glanzpunkte kann Santa Pola nicht bieten. Die schönen Strände locken hauptsächlich spanische Touristen an.

Die Strände

Die Strände sind schön und die beiden zentralen Haupt-Playas links und rechts vom Hafen sogar recht lang mit jeweils einem knappen Kilometer. Da diese Erholungszonen mitten in der Stadt liegen, halten sich hier ganz selbstverständlich die Angestellten zur Mittagszeit auf, genau wie Hausfrauen und Rentner in der warmen Oktobersonne. Da aber die Umgebung nun doch nicht auf touristische Bedürfnisse ausgerichtet wurde, sondern gleich ganz normaler geschäftiger Alltag sich abspielt, finden sich hier eher weniger Urlauber. Ausländische noch viel weniger.

Sehenswertes

Fortaleza de Santa Pola

Die Fortaleza de Santa Pola wurde 1557 zum Schutz der Bevölkerung und des Fischerhafens vor plündernden Piraten erbaut. Verantwortlich für diese wichtige Maßnahme war der *Marquesado de Elche*. Offensichtlich war die Aktion von Erfolg gekrönt, denn die Attacken gingen zurück. 1784 wurde König *Carlos III.* nominell Hausherr. Aber was soll ein gekröntes Haupt schon mit einer Festung? Das dachte sich wohl auch eine seiner Nachfolgerinnen auf dem Königsthron. *Isabel II.* übergab die Festung hochoffiziell der Stadt Santa Pola. Aber so recht wussten die Stadtväter auch nichts damit anzufangen. Zeitweise wurden hier sogar Stierkämpfe abgehalten.

Dann aber restaurierte man die Außenmauern gründlich, entfernte alles Überflüssige im inneren Bereich und richtete ein Kulturzentrum und ein Museum ein, das **Museo del Mar.** Hier wird die Geschichte der Stadt dargestellt. Neben einer frühgeschichtlichen Höhle können Fundstücke aus römischer und iberischer Zeit besichtigt werden, etwa der (von den Römern Portus Illicitanus genannte) Hafen.

Überreste jener fernen Epoche sind auch in eine Freiluftausgrabungsstätte zu besichtigen, die unweit vom Castillo liegt.

●**Geöffnet:** 1.4.–31.10. Di–Sa 11–13 und 18.30–21.30 Uhr, 1.11.–31.3. Di–Sa 11–13 und 16–19 Uhr, So 11–13.30 Uhr; Eintritt: 1,60 €. Ticket gilt auch im Museo de la Pesca.

Museo de la Pesca

Ebenfalls im Castillo befindet sich das Museo de la Pesca, das eine Hommage an das harte Leben der örtlichen Fischer darstellt.

●**Geöffnet:** wie Museo del Mar (s.o.); Eintritt: 1,60 €. Ticket gilt auch im Museo del Mar.

Acuario Municipal

Das Acuario Municipal liegt an der Plaza Francisco Fernández Ordoñez s/n und zeigt in neun

Costa Blanca

großen Aquarien die Flora und Fauna des heimischen Mittelmeeres.

So lässt's sich aushalten

Costa Blanca

● **Geöffnet:** täglich 11–13 und 18–22 Uhr, im Winter 10–13 und 17–19 Uhr; Eintritt: 2,50 €.

El Palmeral Wie im benachbarten Elche wachsen auch in Santa Pola Palmen. Zu finden ist der Park bei dem zentralen Platz mit Namen Plaza Deputación.

Dort befindet sich auch die Casa Romana del Palmeral, eine ehemalige römische Luxusvilla.

Hafen

Santa Pola hat einen größeren Hafen als die meisten Orte mit vergleichbarer Einwohnerzahl. Das Touristenbüro lobpreist sogar, dass hier eine der größten Fischfangflotten des Mittelmeeres beheimatet sei. Unübersehbar ist das Gebäude der *Cofradía de Pescadores,* der Bruderschaft der Fischer, mit der Fischauktionshalle, der **Lonja.** Gegen 17 Uhr beginnt das Ritual der Versteigerung. Für Außenstehende ist es schwierig, etwas zu verstehen (man spricht Valencianisch), aber die Vielfalt der Fische und Meerestiere lässt einen doch staunen.

Praktische Tipps

Unterkunft

● **Hotel Patilla** €€€, c/ Elche 29, Tel. 965 411 015, Fax 965 415 295, www.hotelpatilla.com. Ein zentrales Hotel mit 72 Zimmern auf vier Etagen und einem Restaurant im Erdgeschoss. Das Haus ist im Ort ausgeschildert.

● **Hotel Polamar** €€€€, Playa de Levante s/n, Tel. 965 413 200, Fax 965 413 183, www.polamar.com. Dieses 70-Zimmer-Haus liegt zwischen Hafen und Strand. Von etlichen Zimmern genießt der Gast Meerblick.

● **Hostal Quatre Llunes** €€, c/ Marqués de Molins 41, Tel. 966 696 080, Fax 966 696 081, www.hostalquatrellunes.com. Kleines Haus mit 23 Zimmern, die korrekt eingerichtet sind, sehr zentrale Lage in einer Seitenstraße fast beim Hafen.

Camping

● **Bahía de Santa Pola,** 2. Kategorie, Ctra. Santa Pola-Elche, km 1, Tel. 965 411 012, Fax 965 416 790. Ein mittelgroßer Platz für 1400 Personen, der sich etwa einen Kilometer außerhalb des Ortes befindet. Die Parzellen liegen unter Olivenbäumen oder unter Schattendächern. Der Platz ist nicht weit von der Nationalstraße 332 (Alicante – Cartagena) entfernt; bei der unübersehbaren Tankstelle abbiegen.

Costa Blanca

Essen & Trinken

- **Restaurante Batiste,** c/ Pérez Ojeda 6, Tel. 965 411 485. Größeres, elegantes Lokal direkt am Hafen; gute Fischgerichte.
- **Restaurante Miramar,** c/ Pérez Ojeda 18, Tel. 965 411 000. Ein weiteres Fischlokal mit größerer Terrasse am Hafen; Reisgerichte und Meeresfrüchte.
- **Restaurante Nueva Casa del Mar,** c/ Pérez Ojeda 27, Tel. 965 416 703. Reis- und Fischgerichte zu erschwinglichen Preisen.
- **Restaurant Casa Juan,** Avda. de Granada 8, Tel. 966 693 495. Ein Lesertipp: gutes Fischrestaurant zu normalen Preisen.
- **Casa Pepe,** c/ Hernán Cortés 6. Rustikale Bar mit guten Tapas. In diesem Stil liegen hier noch weitere Bars, die calle Hernán Cortés ist eine Stichstraße von der am Hafen vorbeiführenden calle Fernando Pérez Ojeda.
- In den Straßen der so genannten zweiten Reihe hinter dem Strand liegen **etliche einfachere Bars und Restaurants,** die aber zur Mittagszeit alle gut besucht sind, was für ihre Qualität spricht.

Adressen

- **Ärztlicher Notdienst:** Centro de Salud, Avda. de Albacete, s/n, Tel. 965 412 940.
- **Polizei:** Plaza de la Constitución, Tel. 465 411 287.
- **Busbahnhof:** Parque El Palmeral.

- **Einkaufen:** La Casa del Vino, c/ Poeta Miguel Hernández 9. Hier kann man seine Weinvorräte auf qualitativ hohem Niveau auffüllen.
- **Post:** c/ Fernando Pérez Ojeda 7.

Feste

- **16. Juli:** Virgen del Carmen – Fest der Fischer mit Meeresprozession.
- **1.–8. September:** Virgen de Loreto – Patronatsfest, u.a. mit Umzügen durch festlich geschmückte Straßen.
- **Anfang September:** Moros y Cristianos.

Markt

- **Montag** und **Samstag,** im Mercado Central, Plaza Maestro Quislant s/n.

Ausflüge

Cabo de Santa Pola

Cabo de Santa Pola ist ein ganz im Osten gelegener **Aussichtspunkt** am Ende eines viereinhalb Kilometer langen, schnurgeraden Weges. Dort steht der weiße Leuchtturm *(faro),* der leider nicht besichtigt werden kann. Man blickt von einem über hundert Meter hohen Felsen auf das Meer und hat eine herrliche Aussicht bis nach Alicante und Torrevieja.

Salinas de Santa Pola

Wer von Santa Pola Richtung Cartagena auf der N-332 fährt, passiert die weitläufigen Salinas del Braç del Port. Hier gingen Naturschutz und ökonomische Interessen eine Symbiose ein, die offensichtlich funktioniert. Die Salinen beginnen unmittelbar hinter dem Ortsende von Santa Pola und bedecken eine Fläche von 2500 Hektar. Obwohl immer noch Salz gewonnen wird und eine stark befahrene Straße hindurchführt, haben sich die Salinen auch zu einem **Refugium für Vögel** entwickelt. Mit etwas Glück erkennt man Flamingos, diverse Entenarten, Schnäbler oder auch Fischreiher. Nicht allzu weit von einem ehemaligen Wachtturm, dem Torre de Tamarit, der unweit der Straße mitten in den Salinen steht, befindet sich ein Parkplatz.

Wer sich speziell über die Salzgewinnung informieren möchte, kann das **Museo de la Sal** auf-

Costa Blanca

suchen. Dort erhält man auch grundsätzliche Hinweise über den Park und die Tierwelt. Zu finden: Avda. Zaragoza 45, an der N-332, nur wenige hundert Meter nach Passieren der großen Kreuzung mit der C 3317 nach Elche.

● **Geöffnet:** tägl. 9–15 Uhr, Di & Do 16–18 Uhr, Eintritt frei.

Isla de Tabarca

Tabarca ist die **einzige bewohnte Insel** der Region Valencia; sie liegt ca. 25 Minuten Bootsfahrt von Santa Pola entfernt. Sie ist nur zwei Kilometer lang und bis zu 400 Meter breit. Im 16./17. Jahrhundert versteckten sich hier Piraten, die immer wieder die Küste unsicher machten. Nachdem man diese vertrieben hatte, ließ *König Carlos III.* 300 italienische Flüchtlinge, die einen Ort gleichen Namens in Tunesien verlassen mussten, auf der Insel siedeln. Heute leben nur noch wenige Menschen hier, die aber im Sommer regelmäßig Besuch von Touristen bekommen. Viel zu sehen gibt es nicht, außer einem kleinen Dorf mit ungeteerten Straßen und wehrhaften Mauern, der örtlichen Kirche und einem kleinen Wachtturm, der etwas außerhalb der Ortschaft liegt (Torreón de San José). Neu ist ein Museum, das in zwei Räumen alles Wissenswerte über die Insel darstellt, u.a. in einer audiovisuellen Show.

● Wer möchte, kann sogar übernachten. Immerhin existieren mehrere Hotels; u.a.:

Hotel La Trancada €€€€, Tel. 630 503 500, www.latrancada.com. Untergebracht in einem ehemaligen Fischerhaus aus dem 18. Jh. Moderne, farbenfrohe, aber etwas minimalistische Einrichtung.

Eine weitere Möglichkeit zum Übernachten bietet das am Ortseingang gelegene **Hostal Masín** €€€, c/ d'Enmig 22, Tel./Fax 965 960 509. Hier gibt es sieben Zimmer.

● **Fährverbindungen:** Von Santa Pola pendelt Cruceros Baeza Parodi ab 10 Uhr stündlich, der Trip dauert nur 20 Minuten; Infos unter Tel. 608 330 422, Preis 14 €. Oder mit dem Bootstaxi zum Preis von 15 € (hin und zurück), Fahrzeit 15 Minuten, Tel. 696 910 483.

Auch vom benachbarten Guardamar und sogar von Alicante verkehren Schiffe, deren Fahrplan sich aber nach dem touristischen Aufkommen richtet, die also im Sommer häufiger ablegen.

Guardamar del Segura

- **Einwohner:** 16.300
- **PLZ:** 03140
- **Entfernung nach Alicante:** 35 km
- **Touristeninformation:** Plaça de la Constitució 7, Tel. 965 724 488, Fax 965 727 292, www.guardamar.net

Überblick

Guardamar ist ein für die Costa Blanca ungewöhnlicher Ort, der trotz des nicht geringen inländischen Tourismus noch **relativ ruhig** geblieben ist. Seine Hauptattraktion sind die kilometerlangen Strände und die in diesem Küstenabschnitt **einmalige Dünenlandschaft.** Die Dorfbewohner vergangener Jahrhunderte sahen diese Wanderdünen keinesfalls als Segen an, trieb doch der ständige Wind die Dünen regelrecht voran, wodurch so manches Haus unter dem nicht aufzuhaltenden Sand begraben wurde. Das änderte sich erst, als man Ende des 19. Jahrhunderts damit begann, Pinien zu pflanzen. Diese Bäume setzten der Wanderbewegung der Dünen schließlich ein Ende. (Nichts anderes tut man übrigens an der Nordseeküste, nur wird dort Strandhafer angepflanzt.) Heute ziehen diese Dünen und die langen Sandstrände viele spanische Touristen an, wenngleich sich alles noch einigermaßen im überschaubaren Rahmen bewegt.

Die Strände

Solche Strände muss man schon suchen. Zählt man alles zusammen, summieren sich die Strände auf eine **Länge von gut 15 Kilometer.** Aber, was heißt hier „Strände"? Unterschiede gibt es nur im Namen, das sind Details, die einen Urlauber kaum interessieren dürften. Schön ist der Strand, daran dürfte es wenig Zweifel geben. Feiner, heller Sand, der nicht unterbrochen sozusagen durch den Ort und weit über seine Grenzen verläuft. Eine **Pro-**

Costa Blanca

menade gibt es, aber so richtig verdient sie diesen Namen nicht, was hier absolut positiv gemeint ist. Man kann im Ort auf einem Weg parallel zum Strand spazieren und in einem bestimmten zentralen Bereich liegen sogar **einige Lokale,** aber es gibt dort eben keinen touristischen Tingeltangel. Einige Häuser haben das Glück, direkt am Strand zu stehen, das war's im Wesentlichen. Wer weit genug läuft, hat sehr schnell ziemlich einsame Strandzonen erreicht.

Dünen und Pinien bei Guardamar

Neben diesem schönen Strand fällt besonders die Tatsache positiv auf, dass die Häuser harmonisch ins Bild passen. Sie sind relativ klein (meist 4–5 Etagen), außerdem gibt es genügend Einzelhäuser. Eine knapp ein Kilometer lange Straße verläuft etwas vom Strand versetzt, dort liegen auch einige wenige Lokale und Hotels.

Sehenswertes

Paseo Ingeniero Mira

Das Spektakulärste an Guardamar ist zweifellos die Dünenlandschaft. In früheren Zeiten kämpften die Fischer hier einen verzweifelten Kampf gegen die Wanderdünen, aber kein Mittel half dauerhaft. Erst die massive Anpflanzung von Pinien, Eukalyptusbäumen und Palmen hinderte den Sand endlich am Weiterziehen. Die verzweifelten Bemühungen der Dorfbewohner und ihre diversen Versuche, Herr über die Wanderdünen zu werden, sind wunderbar auf kleinen **Kachelmalereien** festgehalten. Diese sind entlang des Paseo Ingeniero Mira zu finden. Der Weg führt aus dem Stadtzentrum hinaus und an den Dünen vorbei zum Strand.

Parque de Alfonso XIII.

Der Namensgeber des Paseo, der Ingenieur *Mira*, fand schließlich gegen Ende des 19. Jahrhunderts die Lösung des Problems. Damals pflanzte man Schösslinge, die zu einem dichten **Pinienwald** herangewachsen sind. Diese Zone wird heute als **Naherholungsgebiet** genutzt und trägt den Namen des ehemaligen Königs *Alfonso XIII*. Aber auch außerhalb des heutigen Parks gelegene Gebiete wurden bepflanzt und sind mittlerweile von dichtem Wald bewachsen.

Ingenieur *Mira* fasste 1910 die Situation übrigens so zusammen: „Guardamar hat schon seit seiner Gründung um seine Existenz kämpfen müssen: zu Anfang gegen die Attacken der Eroberer, später gegen Erdbeben, und jetzt gegen die Invasion des Sandes."

Costa Blanca

Im Gebäude der Touristeninformation befindet sich das **Museo Ingeniero Mira,** das in einer kleinen Ausstellung das Engagement des Ingenieurs zur Rettung von Guardamar würdigt.

Mitten im Parque Alfonso XIII. liegen zwei historische Fundstätten: die **maurische Festungsanlage Rábita Califal** aus dem 10. Jahrhundert und die erst vor einigen Jahren entdeckten **Reste eines phönizischen Hafens,** möglicherweise aus dem 8. Jahrhundert v. Chr. datierend.

Archäologisches Museum

Fundstücke aus diesen beiden Epochen sowie aus der Zeit der Römer, der Iberer und der späteren Phase des Mittelalters können im Museo Arqueológico bewundert werden. Zu finden in der c/ Colón 60, im Ortszentrum, vor den Dünen gelegen. Dort sind auch einige historische Fotos ausgestellt, die die zum Teil dramatische Situation der Bedrohung durch die **Wanderdünen** zeigt. Das kommt einem als deutscher Küstenbewohner und vor allem als Sylt-Fan sehr bekannt vor. Das Museum ist ausgeschildert.

● **Geöffnet:** Mo–Fr 9–14 und 17–20.30 Uhr, Sa 10.30–14 Uhr. Der Eintritt ist frei.

Castillo

Das Castillo liegt am Ortsrand etwas erhöht. Es wurde gegen Ende des 13. Jahrhunderts erbaut, als die Gegend noch zum Königreich Aragón gehörte. Damals war die Burg eine wichtige **Festung gegen Eindringlinge,** die vom Meer und von Süden her kamen. 1829 fiel das Gebäude einem Erdbeben zum Opfer und erst 1985 begann man mit einem zaghaften Wiederaufbau. Übermäßig viel ist seitdem allerdings nicht geschehen. Man benötigt schon etwas Fantasie, um sich aus dem einzigen Türmchen, dem einzigen Kanönchen und der verbliebenen dicken Mauer eine wehrhafte Festung vorzustellen. Immerhin ist die Aussicht von oben recht nett. Man überblickt den Ort in seiner vollen Breite, die Dünen und die schönen Sandstrände.

Praktische Tipps

Unterkunft

●**Hotel Europa** €€, c/ Jacinto Benavente 1, Tel. /Fax 965 729 055. Relativ kleines Haus mit 14 Zimmern, das aber in erster Strandreihe liegt. Geöffnet: Ostern bis Oktober.
●**Hotel Mediterráneo** €€-€€€, c/ Cartagena 26, Tel. 965 729 407, Fax 965 729 109, www.hotelmediterraneo.es. Ein familiäres Haus mit 30 modern eingerichteten Zimmern, unweit der zentralen Plaza Porticada. Zum Strand sind es zehn Minuten Fußweg.
●**Hotel Parque Mar** €€€€, c/ Gabriel Miró s/n, Tel. 965 728 359, Fax 965 729 376, www.hotelparquemar.com. Wohl eines der besten Häuser am Platze. Es zählt 57 Zimmer und liegt, wie der Name schon andeutet, am Dünenpark, aber auch nur einige Schritte vom Meer entfernt.
●**Hotel Meridional,** knapp €€€€, Avda. Libertad 64, Tel. 965 728 340, Fax 965 728 306, www.hotelmeridional.es. Ein Haus mit 52 Zimmern in der ersten Strandreihe. Funktional und erst vor ein paar Jahren renoviert.

Camping

●**Mar-Jal,** 1. Kategorie, Partida Lo Chando, N 332 beim km 73,4, Tel. 966 725 022, Fax 966 726 695, www.campingmarjal.com. Unweit der Mündung des Río Segura bietet der Platz Kapazitäten für 600 Personen. Das weitläufige Gelände grenzt an die Dünenlandschaft. Dem Gast wird eine Menge geboten, inklusive eines Schwimmbades.
●**Palm mar,** 2. Kategorie, N 332 am km 70, Tel. 965 728 856, www.campingpalmmar.com. Geöffnet: Ostern–Okt. Insgesamt 580 Personen teilen sich die Parzellen, die auf einem leicht abfallenden Gelände unter Schatten liegen. Zum Strand sind es nur wenige Schritte.

Essen & Trinken

●Entlang der **Promenade** liegen einige Lokale.
●Etwas ungewöhnlich ist das **Restaurante Valentí,** Avda. Europa 4. Dieses Lokal hat eine winzige Terrasse zum Strand. Man sitzt etwas beengt, aber nett.
●**Restaurant Jaime,** Avda. de Cervantes Ecke c/ Azorín, Tel. 966 725 482. Liegt in der ersten Parallelstraße hinter dem Strand, hat gute Fisch- und Reisgerichte.
●**Restaurant Rodero,** Avda. de Europa s/n. Das Lokal liegt direkt vor der großen Sportanlage beim Strand, hat eine Terrasse und ist vor allem sehr beliebt. Hier gibt es gute Fisch- und Reisgerichte zu fairen Preisen.

Adressen

●**Busbahnhof:** c/ Molinent, Ecke c/ Sant Eugeni.
●**Polizei:** Plaza de la Constitución 5.
●**Post:** c/ Jorge Juan 11.
●**Reitausflüge:** El Refugio, Partida del Campo de Guardamar 27, Tel. 966 725 672.

Costa Blanca

Feste

● **Anfang Februar:** Mig Any – manchmal sucht man sich mit Gewalt einen Anlass zum Feiern, dieses Fest ist solch ein Fall. Offizieller Hintergrund: Es fehlen nur noch fünf Monate bis zum Fest Moros y Cristianos, na denn ...
● **Zweite Julihälfte:** Moros y Cristianos.
● **7. Oktober:** Virgen del Rosario – Patronatsfest, u.a. mit Blumenschmuck und Feuerwerk.

Markt

● **Mittwoch,** nördlich der c/ Mayor, Höhe Plaza Pescadores, hauptsächlich in den Straßen c/ San Pedro, c/ Vicente Ramos und c/ San Emigdio.
● **Flohmärkte:** Sonntags finden drei Flohmärkte statt – der Rastro Santa Ana, ein anderer in Las Dunas (Parque Sur) und der größte im Campo de Guardamar.

Strand mit ehemaligen Fischerhäuschen

Torrevieja

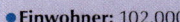

- **Einwohner:** 102.000
- **PLZ:** 03181
- **Entfernung nach Alicante:** 47 km
- **Touristeninformation:** Plaza de Capdepont s/n, Tel. 965 703 433, Fax 965 715 936, www.torrevieja.com

Costa Blanca

Überblick und Geschichte

Ursprünglich war Torrevieja nichts weiter als eines dieser kleinen Fischerdörfer, wie es sie in vergangenen Jahrhunderten entlang der ganzen Küste gab. Nachdem 1829 ein Erdbeben den Ort zerstörte, baute man ihn wieder auf, denn neben dem Fischfang beuteten die Einwohner die nahe gelegenen **Salinen** aus. Das Salz brachte den Menschen sowohl einen bescheidenen materiellen Gewinn als auch einen kulturellen. Sie handelten damit in Übersee. Sogar auf Kuba konnte man Salz verkaufen. Und von dort kam, gewissermaßen im Austausch, die Tradition der **Habaneras** nach Torrevieja. Heute feiert man alljährlich im August ein einwöchiges Fest, bei dem sich etliche Chöre zum friedlichen Habaneras-Wettsingen treffen.

In den 1980er Jahren veränderte sich das Ortsbild radikal: Torrevieja wurde ein **Zentrum ausländischer Zweitwohnungen.** Die Entwicklung verlief buchstäblich Schwindel erregend. Zunächst baute man Wohnblocks im Bereich des Strandes und des Hafens. Später verfeinerte man das Angebot. Es entstanden Reihenhäuser, Kettenhäuser, Doppelhäuser und vereinzelt auch frei stehende Villen. Ein Ortsprospekt verkündet, dass über 90.000 Immobilien gebaut wurden und 300 Immobilienfirmen hier tätig sind. Über viele Kilometer ziehen sich heute die zumeist weißen Häuser bis ins Hinterland.

Entlang der Durchgangsstraße N-332, die am Ortsrand vorbeiläuft, reihen sich diverse Geschäfte, Supermärkte, Dienstleister, Lokale, etc. auf. Von hier werden die ganzen Residenten und Urlauber versorgt, sei es mit Lebensmitteln oder auch mit einem Handwerker. Dies ist die eine Seite von Torrevieja. Dann gibt es aber auch noch eine andere und die finden Sie beim **Hafen.** Dort ist spürbar, dass es ursprünglich einmal nur ein einfacher Fischerort war, der 1931 Stadtrechte erhielt, weil er eine gewisse Größe erreicht hatte. Nicht, dass es nun puppenstubenmäßig idyllisch dort wäre, das nun auch nicht, aber es ist eben erkennbar, dass Torrevieja auch einen alltäglichen, einen „normalen" Kern hat und nicht ausschließlich aus Ferienwohnungen besteht. Entlang des Hafens sind sogar einige recht hübsche **Flanierzonen** entstanden.

Die Strände

Das eigentlich Überraschende ist, dass es keine nennenswerten Strände gibt. Sicher, es finden sich im Ort selbst wenigstens zwei halbwegs größere Sandstrände, von denen besonders der nördliche immer gut besucht ist. Der südliche liegt beim Hafen und wirkt durch die Umgebung der Häuser und Hafenanlagen nur mäßig idyllisch, aber natürlich wird er trotzdem besucht. Daneben existieren noch **ein paar kleinere Buchten,** die teilweise sogar sehr steinig sind. Also: ein Strandparadies ist Torrevieja nun gerade nicht.

Sehenswertes

Die Uferpromenade vor dem Zentrumsbereich wurde ausgesprochen reizvoll gestaltet. Diese „Paseos", wie sie genannt werden, entwickelten sich zum gesellschaftlichen Treffpunkt und zur Flaniermeile. Leicht verwinkelt angelegt, mit originellen Bänken, Palmen und einigen wenigen Terrassenlokalen, bieten sie ein harmonisches Bild. Selbst eine Möglichkeit zum Baden wurde geschaffen, über eine Leiter kann man an den kleinen Felsen hinunter ins Wasser steigen. An diesen Paseos stehen auch **einige Skulpturen,** so beispielsweise das Monumento al Hombre del mar (Monument des

Seemannes) sowie die sitzend und verträumt aufs Meer schauende Figur *La Bella Lola*.

Die Kirche **Iglesia de la Inmaculada Concepción** stammt aus dem Jahr 1844. Sie wurde auf den Resten einer schlichten Kirche des 18. Jahrhunderts errichtet, die beim Erdbeben 1829 komplett zerstört wurde. Beachtenswert ist der barocke Altar. Zu finden: Plaza Constitución s/n, nur drei Blocks vom Hafen entfernt.

Die **Plaza de la Constitución** zeigt sich recht klein, ist aber dennoch angenehm gestaltet, dort steht auch das Ayuntamiento (Rathaus).

Das **Museo del Mar y de la Sal** ist mitten im Zentrum, nicht weit vom Hafen entfernt, in der c/ Patricio Pérez 10 zu finden. Es informiert über die Salzgewinnung und stellt Funde aus dem Meer aus, dazu Schiffsmodelle.

●**Geöffnet:** Mo–Sa 10–14 und 16–21 Uhr, So 10–13.30 Uhr. Der Eintritt ist frei.

Trotz ihrer Beliebtheit findet sich auf der Promenade immer noch ein Plätzchen zum Ausruhen

In Zusammenarbeit mit dem Museo del Mar konnte ein von der spanischen Marine **ausrangiertes U-Boot** mit Namen „Delfín" nach Torrevieja geholt werden, es liegt heute im Hafen und darf besichtigt werden. Direkt daneben liegt ein weiteres außer Dienst gestelltes Schiff, das ehemalige Patrouillenboot vom Zoll „Albatros III".

●**Geöffnet:** Nov.–Mai Mi–So 10–15, Juni–Sept. 17–22 Uhr. Der Eintritt ist frei.

Das **Museo de Semana Santa** in der c/ Formentera s/n beherbergt eine Ausstellung zu den *pasos,* den geschmückten Figuren und Heiligenstatuen, die während der Osterprozessionen durch die Straßen getragen werden.

●**Geöffnet:** Mo–Fr 10–13 und 17–20 Uhr. Der Eintritt ist frei.

Parque Aromático

Im Jahr 2008 wurde dieser „Duftpark" eingeweiht, der zu „einem aromatischen Erlebnis" (Zitat) einlädt. Auf 70.000 m² Fläche wurde eine gärtnerisch außerordentlich hübsch gestaltete Anlage geschaffen, die vor allem auch die Genusssinne anspricht durch gezieltes Anpflanzen von Duftkräutern wie Lavendel, Salbei u.ä.

Zu finden: im nördlichen Bereich unweit Hotel Sant Jaime und der N-332 zwischen Av. Torreblanca und der Av. Corinto.

●**Geöffnet:** ab 9 Uhr, im Winter bis 20 Uhr, im Sommer bis 24 Uhr.

Praktische Tipps

Unterkunft

Mehrere Tausend Betten dürfte es in Torrevieja geben, aber das Unterkunftsverzeichnis listet nur 16 Hotels auf, u.a.:
●Das einst sehr beliebte **Hotel Fontana** an der Rambla Juan Mateo 19 war zuletzt 2 Jahre geschlossen, soll aber im Laufe des Jahres 2011 nach umfänglichen Renovierungsarbeiten wieder eröffnet werden.
●**Hotel Masa** €€€-€€€€, c/ Alfredo Nobel 150, Tel. 966 921 537, Fax 966 922 172, www.hotelmasa.com. Genau 50

Zimmer hat dieses Haus, das in der ersten Reihe direkt an einer Küstenstraße liegt. Man schaut also schön aufs Meer, muss aber einen längeren Fußmarsch zum Stadtzentrum in Kauf nehmen. WiFi.

●**Hotel Madrid** €€-€€€, c/ Villa Madrid 15, Tel. 965 711 350, Fax 966 701 212, www.ansahotel.com, bietet 40 Zimmer. Es liegt an der Straße, die zum Hafen führt, also zentral.

Camping

●**La Campana,** 2. Kategorie, Ctra. 332 Torrevieja-Cartagena, km 4,5, Tel. 965 712 152. Geöffnet: 1.4.–30.9. Ein Platz für knapp 500 Personen. Schatten durch Bäume. Die Nähe zur Nationalstraße macht sich bemerkbar.

Essen & Trinken

●Die nächtliche Ausgehmeile konzentriert sich auf die Gegend **zwischen Hafen und Playa del Cura,** speziell in den Straßen c/ del Mar, c/ Patricio Zamut und c/ Gumersindo.

●**Restaurante Miramar,** Paseo Vista Alegre s/n, Tel. 965 713 415. Ein Lokal so nah am Hafen kann nur Fischgerichte bieten, könnte man meinen. Die gibt es tatsächlich. Aber auch die Reis- oder Nudelgerichte lohnen durchaus einen Versuch.

●**Restaurante Bahía,** Avda. Libertad 3, Tel. 965 713 994, Mo geschlossen. Ein Klassiker, der seit Jahren einen vernünftigen Standard hält, ohne in Versuchung zu geraten, touristische Menüs anzubieten. Zu finden etwa 150 m vom Monumento al Hombre del Mar entfernt.

●**Mesón de la Costa,** c/ Ramón y Cajal 27, Tel. 966 703 598. Fisch und Meeresfrüchte werden hauptsächlich in diesem Lokal angeboten, das eine etwas rustikalere Einrichtung hat und erst kürzlich renoviert wurde. Zu finden: eine Parallelstraße neben der Uferpromenade Paseo Juan Aparicio.

Adressen

●**Post:** Caballero de Rodas 59.
●**Busbahnhof:** c/ del Mar s/n.
●**Einkaufen:** Especialidades Maciá, c/ Azoría 12. Delikatessengeschäft mit guter Auswahl, u.a. Käse und *vino*.

Feste

●**16. Juli:** Virgen del Carmen – mit Meeresprozession.
●**Ende Juli/Anfang August:** Festival der Habaneras-Chöre.
●**1.–17. Dezember:** Inmaculada Concepción – Patronatsfest mit einer nächtlichen Prozession am 8.12.

Markt

●**Freitag,** im Altstadtbereich zwischen Guardia Civil und Playa El Cura, hauptsächlich in den Straßen c/ Morriones, c/ Patricio Zammit, c/ Fuensanta und c/ Almudena.

Ausflüge

●**Schiffsausflüge:** Mehrmals täglich fährt ein Boot zur Isla Tabarca.

Costa Blanca

Parque Natural
de las Lagunas de la Mata y Torrevieja

Im Nordwesten von Torrevieja liegen zwei riesige Lagunen, die über die Straße nach Rojales zu erreichen sind. Die **Laguna Salada de Torrevieja** misst 1400 Hektar und ist mit dem Meer durch einen Kanal verbunden, der den Namen Acequión trägt. Ursprünglich wurde diese Verbindung schon 1492 gebaut, um Fische in die Lagune zu locken. Das funktionierte jedoch nicht, und so wird seit dem 18. Jahrhundert Salz gewonnen.

Die benachbarte **Laguna Salada de la Mata** hat eine Fläche von 700 Hektar und ist mit der anderen Lagune im nördlichen Bereich durch einen Kanal verbunden. Beide wurden 1988 unter Naturschutz gestellt.

Besucher können auf **Wanderungen** entlang der Lagunen Vögel beobachten. Selbst per Fahrrad könnte man sie umrunden, wobei aber eine Distanz von immerhin 34 Kilometern zurückgelegt werden müsste. Die Vegetation zeigt sich unter-

schiedlich, je nach Salzgehalt der Salinen. Und so nisten auch die Vögel an bevorzugten Stellen.

● **Info:** Gute Hinweise erhält man im Centro de Información bei der Laguna de la Mata. Zu finden: An der Ctra. 332 in Richtung Alicante fahren. Kurz vor dem Kanal (Canal de las Salinas) im Ortsteil La Mata auf der linken Seite.

Ausflug nach Orihuela

Etwa 35 km westlich von Torrevieja liegt dieser Ort (etwa 60.000 Einwohner), die ein reichhaltiges historisches Erbe zu bieten hat, denn eine erste Siedlung existierte bereits im 8. Jahrhundert. Alles beherrschend war schon immer die erhöht stehende Burg, auf Spanisch: castillo, die eine strategische Bedeutung hatte. Der Weitblick lohnt immer noch einen Aufstieg, von der eigentlichen Burg ist nicht mehr so viel übrig geblieben.

Die **gotische Kathedrale** wurde auf den Resten einer Moschee aus dem 12. Jh. erbaut und 1564 geweiht, in den folgenden Jahren dann mehrfach umgebaut. Der Turm zählt noch zum ältesten Teil, ebenso wie der Kreuzgang, er stammt aus dem Jahr 1560.

Die **Iglesia de las Santas Justa y Rufina** steht nicht weit entfernt an der Plaza de las Salesas und ist noch älteren Datums. Erbaut wurde diese Kirche in der ersten Hälfte des 14. Jahrhunderts. Der quadratische Turm, an dessen Spitze übrigens phantasievolle Tierskulpturen angebracht sind, zählt auch hier die meisten Jahre.

Das Convento de Santo Domingo an der calle Adolfo Claravana ist ein gut erhaltenes Kloster aus dem 15. Jahrhundert und war über vier Jahrhunderte sogar Universität. Sehenswert sind hier die Außenfassade, der barocke Kreuzgang der Uni-

Costa Blanca

Heavy Metal, aber doch ernste Musik:
Musikerskulpturen aus Bronze auf der Promenade von Torrevieja

057cbFoto: jf

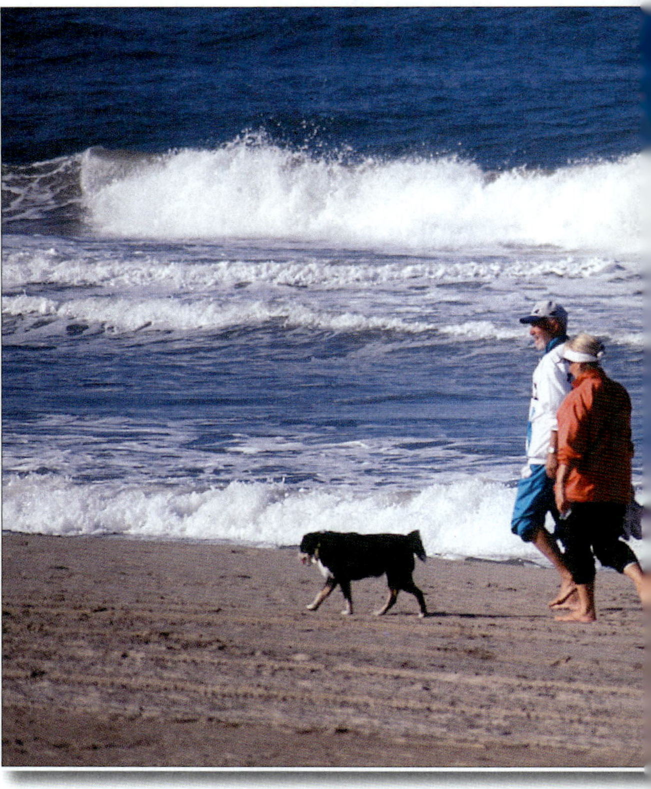

versität sowie der Kreuzgang des Klosters, der im Renaissancestil erschaffen wurde.

Gleich um die Ecke befindet sich das Geburtshaus des Dichters **Miguel Hernández,** in dem heute ein kleines Museum untergebracht ist.

Torre de la Horadada

Überblick

Torre de la Horadada ist eine Ortschaft innerhalb der Gemeinde Pilar de Horadada. Der Name be-

Costa Blanca

schreibt einen Wachturm aus dem 16. Jahrhundert, der sich an exponierter Stelle an der Küste erhebt. Er ist die einzige Reminiszenz an die Vergangenheit. Ansonsten **regiert hier die Moderne.** Entlang der gesamten Küstenlinie bis zur Provinzgrenze nach Murcia wurde eine *urbanización* neben der anderen gebaut. Mal in riesiger Kreisform, meist aber buchstäblich in Reih und Glied. Häufig

Traum vieler Touristen: der tägliche Strandspaziergang

handelt es sich um so genannte Chalets oder kleinere Einzelhäuser, viel öfter findet man aber Reihenhaussiedlungen.

Natürlich lockt sie alle das **Klima.** Man befindet sich hier bereits in Südspanien, wo weitestgehend warme Temperaturen vorherrschen. Im Sommer wird es sogar sehr heiß, die benachbarte Küste heißt nicht umsonst Costa Cálida („Heiße Küste"). Aber scheinbar überwiegen die Vorteile eines milden Herbstes oder gar Winters.

Die **künstlich geschaffenen Orte** tragen Namen wie Mil Palmeras, obwohl man nicht eine einzige Palme sieht, oder Victoria Playa, auch wenn die *urbanización* gute zwei Kilometer vom Meer entfernt liegt. Immerhin befinden sich etliche Ferienhaussiedlungen sogar zehn bis fünfzehn Kilometer entfernt im Inland.

Für die ausländischen Gäste wird alles Nötige angeboten, vom **Supermarkt** bis zum deutschen, englischen oder holländischen Klempner. Auch die entsprechenden Restaurants sowie Parabolantennen dürfen nicht fehlen. Denn natürlich will jeder Resident sein heimatliches Programm im Fernsehen empfangen können. Dafür sorgen dann deutsche, englische und holländische Fernsehtechniker. Alles wie zu Hause also, nur wärmer.

Bei allem Respekt, aber im Ortsteil Pilar de Horadada, der ein paar Kilometer im Hinterland liegt, wird man wenig Spannendes entdecken. Die örtliche Kirche stammt aus dem Ende des 19. Jahrhunderts, das war es im Wesentlichen schon. An der Küste in Torre de la Horadada steht der alte Wachturm aus dem 16. Jahrhundert noch, außerdem ist die Plaza Latina ganz reizvoll gestaltet, dort liegen auch einige Lokale.

Die Strände

Mehrere Strandzonen öffnen sich, zumeist haben sie feinen, hellen Sand und sind nicht übermäßig lang. Die längsten Stände mit jeweils knapp über 1000 m Länge liegen jeweils etwas außerhalb von Torre de la Horadada.

Habaneras – das kubanische Erbe

Auf den wichtigsten Festen werden sie vorgetragen – die Habaneras. Das Wort *Habaneras* stammt von dem Begriff **La Habana** ab, wie die kubanische Hauptstadt auf Spanisch heißt. Aus heutiger Sicht ist es kaum zu glauben, aber Kuba galt neben Venezuela jahrzehntelang als Auswandererparadies für Spanier. Tausende machten sich auf, um in Übersee Geld zu verdienen und im hohen Alter, nach teilweise 40 Jahren in der Fremde, zurückzukehren. *Indianos* wurden diese „Gastarbeiter" auch genannt, weil sie in Las Indias arbeiteten. Damit war natürlich nicht der asiatische Sub-Kontinent gemeint, sondern Las Nuevas Indias, („Neu-Indien"), wie *Kolumbus* die neu entdeckte Welt nannte.

Eine Mischung aus Heimweh, Sehnsucht und Schwermut, gepaart mit Alkohol, ließ die Ausgewanderten in den Kneipen von Havanna **traurige Lieder** anstimmen, Habaneras eben. Diese Gewohnheit setzte sich nach der Rückkehr der Indianos in der spanischen Heimat fort. Wenn das Wetter zu schlecht war, um auf das Meer hinauszufahren, trafen sich die Fischer in der Taverne, saßen traurig herum, ein Glas in der Hand, und stimmten Lieder an – Fernsehen gab's noch nicht.

In Torrevieja bildete sich schon frühzeitig eine sehr rührige Vereinigung, die dieses Liedgut pflegte. Ein **dreistimmiger Chor** (Tenor, Bariton und Bass) bildet die Grundeinheit, begleitet von **Gitarren** und **Akkordeon.** Habaneras gehörten in die Kneipen, so die vorherrschende Meinung. Dann kam der Tourismus und das Bild begann sich zu wandeln. So wurden irgendwann Habaneras zu festen Zeiten gesungen. Und von da an war es nur noch ein kleiner Schritt bis zu öffentlichen Auftritten. Das gefiel längst nicht allen, aber der Stein rollte und konnte nicht mehr gestoppt werden.

Heute finden Auftritte von sehr **professionellen Habaneras-Gruppen** statt, die viele Zuhörer anlocken. Die Tradition der Habaneras wird übrigens auch hoch oben an der Costa Brava im Ort Calella de Palafrugell gepflegt. Zum Gesangswettbewerb reisen deshalb auch katalanische Gruppen an. Aus den ehemaligen Kneipengesängen der Auswanderer wurde eine touristische und ökonomische Größe.

Costa Blanca

Costa Cálida

Überblick

Im Ensemble der großen und bekannten spanischen Küsten spielt die Costa Cálida eher eine Nebenrolle. Obwohl sie sich immerhin über stolze 250 Kilometer am Mittelmeer entlangzieht, hat die **„Heiße Küste"** keinen vergleichbaren Ruf erworben wie beispielsweise die benachbarte Costa Blanca. Zu schroff, zu abweisend, zu wüstenartig zeigt sie sich über weite Strecken.

Eine Besonderheit an diesem Küstenabschnitt ist das **Mar Menor:** das angeblich größte natürliche Schwimmbecken der Welt. Dieser Binnensee ist durch einen 22 Kilometer langen und sehr schma-

Seite 252/253: Die heiße Küste mit schattigen Palmen am Strand

Costa Cálida

len Küstenstreifen vom Mittelmeer getrennt. Somit kann der Badegast zwischen dem ruhigen Binnensee Mar Menor und dem offenen Mittelmeer wählen. Dieses und das beständig warme, in den Sommermonaten heiße Klima bescherten der Küste einen ausgesprochenen Touristenboom. Rund um das Mar Menor baute man Tausende von Wohnungen für Sonnenhungrige.

Somit zeigt sich die Costa Cálida von **zwei Seiten:** Im nördlichen Teil, von der Provinzgrenze bei San Pedro del Pinatar bis nach Cartagena, finden sich überwiegend schöne Strände und eine breite touristische Infrastruktur. Im südlichen Bereich, von Cartagena bis Águilas, dominieren schroffe,

Jenseits der Küste ist die Landschaft oft wenig attraktiv

steile und vor allem felsige Küsten. Hier hat der Tourismus nur in wenigen Orten Fuß gefasst, und das auch nur verhalten.

Wer diese Strecke befährt, erlebt fast schon eine wüstenähnliche, sehr einsame und sehr karge Landschaft. Ausgerechnet hier kann man erstmals beobachten, was noch weiter südwestlich die Landschaft regelrecht verschandelt hat: riesige **Gewächshäuser,** die man hier *invernaderos* nennt. Es sind nichts weiter als riesige Plastikplanen, unter denen all das Gemüse reift, das wir Nord- und Mitteleuropäer außerhalb der Saison essen wollen.

Der Tourismus prägt zwar weite Teile dieser Küste, aber die Gegend ist auch historisch interessant. Die Stadt Cartagena blickt auf eine **3000-jährige Geschichte** zurück und zeigt, dass schon in grauer Vorzeit Römer und Byzantiner diesen Küstenabschnitt entdeckt hatten – lange, bevor ein Begriff wie Costa Cálida überhaupt geprägt wurde.

Murcia

- **Einwohner:** 437.000
- **PLZ:** mehrere von 30001–30008
- **Touristeninformation:**
  Oficina de Turismo Municipal, Plaza Cardenal Belluga, Tel. 968 358 749, Fax 968 358 748, www.murciaciudad.com

Trotz der 437.000 Einwohner (siebtgrößte Stadt Spaniens) haftet der **Provinzhauptstadt** Murcia in Spanien eher der Ruf einer etwas abseitig-ländlichen Metropole an. Völlig zu Unrecht! Murcia ist eine quicklebendige Stadt mit einem charmanten innerstädtischen Kern und mehreren herausragenden Sehenswürdigkeiten.

Sehenswertes

Die Kathedrale

Mit dem Bau wurde 1388 begonnen, aber erst vier Jahrhunderte später war sie vollendet. Durch die lange Bauzeit flossen **verschiedene Baustile** ein, vor dem Haupteingang dominiert eine gewaltige barocke Fassade. Ebenso beeindruckt der 92 Meter hohe Kirchturm, an dem ebenfalls zwei Jahrhunderte lang gearbeitet wurde. Wer das Gotteshaus betreten will, muss ein wenig aufpassen. Durch die Mitteltür darf nur der Papst eintreten, durch die linke die kirchlichen Autoritäten, und nur durch die rechte Tür kommen die Besucher und Gläubigen. Im Inneren befinden sich 23 Kapellen unterschiedlichster Stilrichtungen, so beispielsweise im hinteren Bereich die Capilla del Socorro mit einem von *Salzillo* geschnitzten Bildnis des heiligen Hieronymus. Die Hauptkapelle ist mit einem kunstvollen Gitterwerk abgeschlossen.

Stadtzentrum

Von der Kathedrale führt die Fußgängerzone calle Trapería hoch zur Plaza Santo Domingo vorbei an etlichen hübschen Häusern und vielen kleinen Geschäften. Hier liegt auch das ehrwürdige **Casino** der Stadt. Gemeint ist kein Spielkasino, sondern mehr ein gesellschaftlicher Treffpunkt für (zumeist) ältere Herrschaften. Mal einen Blick hineinwerfen! Im Eingangsbereich fällt ein Stilmix auf zwischen Modernismen und maurischer Architektur. Sehr gemütlich wirkt der verplüschte **Lesesaal,** in dem Mitglieder gegen eine erschwingliche Jahresgebühr die aktuellen Zeitungen lesen können. Ein Kleinod liegt im hinteren Bereich, der **Salón de Baile** (Tanzsaal). Ein wie aus der Zeit gefallener Saal mit gewaltigen Kristallüstern (110 Leuchten, 620 Kristallteile). Wenn man eine Münze neben dem Eingang opfert, wird der Raum illuminiert und es erklingt Walzermusik.

Weiter die calle Trapería hoch, findet man unter der Hausnummer 1 über der Tür zwei Bildnisse von Indianern aus Südamerika, so wie die ersten

Costa Cálida

Eroberer im 16. Jahrhundert es aus der Ferne darstellten, soll heißen: ziemlich verfremdet.

An der **Plaza Santo Domingo** steht ein schönes weißes Gebäude und die Kirche Santo Domingo. Geht man nun geradeaus weiter, erreicht man die **Gran Vía Alfonso X.,** eine Flaniermeile unter Palmen, die im allgemeinen Sprachgebrauch der Murcianer auch *Tontódromo* genannt wird, was man frei mit „Angebermeile" übersetzen kann. Trotzdem lässt es sich hübsch dort spazieren, außerdem erreicht man an deren Ende die Plaza Circular mit einem Springbrunnen in der Mitte und etlichen Geschäften. Biegt man links ab in die schmale Gasse c/ Arco Santo Domingo, gelangt man zur Plaza Julián Romea. Dort steht das schneeweiße **Teatro Romea** aus dem Jahr 1862. An der Außenfassade erkennt man Bildnisse der Komponisten *Liszt, Schubert* und *Beethoven* sowie der großen spanischen Autoren *Calderón, Lope de Vega, Quevedo* und *Cervantes*.

Vom Theater sind es nur wenige Schritte bis zur **Gran Vía,** einer der verkehrsreichsten Hauptstraßen der Stadt, an der ebenfalls sehr viele Geschäfte zu finden sind. Durch die kleine Straße Platería erreicht man die schöne **Plaza Santa Catalina,** an der die Statue einer weinenden Jungfrau steht. Nur einmal ums Eck schließt sich die nicht minder reizvolle **Plaza de las Flores** an. Hier werden an Allerseelen Blumen verkauft, aber auch sonst füllen sich beide Plätze schnell mit Menschen, die in einer der vielen Bars ein Schlückchen trinken. Insgesamt eine sehr angenehme Atmosphäre.

Biegt man zweimal ums Eck, folgt vor der calle Verónica die **Markthalle** mit einem riesigen Angebot an Gemüse, Obst, Fleisch, Fisch, Trockenfrüchten etc.

107cb Foto: sm

Costa Cálida

Museo Salzillo

Etwas entfernt von dieser innerstädtischen Zone liegt an der Plaza San Agustín 3 das Museo Salzillo. Hier werden Arbeiten des aus Murcia stammenden genialen **Bildhauers und Schnitzers** *Francisco Salzillo* (1707–1783) gezeigt. Man steht wirklich nur staunend vor diesen filigranen, detailgenauen Figuren und bewundert die unglaubliche Ausdruckskraft, die *Salzillo* in seine Kunstwerke legte. Es handelt sich überwiegend um religiöse Szenen, von denen einige noch heute bei den Osterprozessionen durch die Stadt getragen werden. Dieses Museum erhält mein Prädikat „unbedingt anschauen!"

● **Geöffnet:** Di–Sa 10–14 und 17–20 Uhr, So 11–14 Uhr, Mo geschlossen; Eintritt: 5 €.

Praktische Tipps

Unterkunft

● **Hotel Rincón de Pepe** €€€€, c/ Apóstoles 34, Tel. 968 212 239, Fax 968 221 744, www.nh-hoteles.com. Größeres Haus im Zentrum der Stadt nur wenige Schritte hinter der Kathedrale gelegen. Funktional-modern, im Keller die Bar La Muralla mit Originalüberresten der einstigen arabischen Stadtmauer.

● **Hotel La Huertanica** €€, c/ Infantes 3–5, Tel. 968 217 668, Fax 968 212 504, www.hotellahuertanica.com. Kleines Haus (31 Zimmer), ebenfalls sehr zentrale Lage hinter dem Casino.

● **Hotel Hispano I.** €€, c/ Trapería 8, Tel. 968 216 152, Fax 968 216 859, www.hotelhispano.net. Eine gute Wahl, was das Preis-Leistungs-Verhältnis angeht. 46 vernünftige Zimmer, die meisten mit Bad, außerdem in sehr zentraler Lage, unweit der Kathedrale.

Essen & Trinken

Vor allem an den oben erwähnten Plätzen befinden sich etliche Bars und Restaurants, wo man meist auch nett draußen sitzen kann. Große Auswahl an der Plaza Cardenal Belluga direkt vor dem Haupteingang der Kathedrale.

● **Restaurante Doña Lola,** Plaza Cristo del Rescate 1, Ecke c/ Simón García, Tel. 968 220 096. Gemütliches, von zwei Brüdern geführtes Lokal, das traditionelle Küche aus Murcia serviert. Doña Lola war übrigens die Mutter der beiden.

● **Restaurant Paco Pepe,** c/ Madre de Dios 14, Tel. 968 219 587, So geschlossen. Klassische Regionalküche und breite Tapas-Auswahl sowie eine gute Weinauswahl der Region. Zu finden ebenfalls nahe der Kathedrale in einer sehr geschäftigen Straße.

Mar Menor

Das Mar Menor ist **einer der größten Binnenseen** auf der Iberischen Halbinsel. Die gesamte Küstenlinie beträgt 73 Kilometer, wobei der See nur eine Tiefe von maximal sieben Metern erreicht. Durch einen schmalen Zufluss ist das Mar Menor mit dem Mittelmeer verbunden. Eine schmale, 22 Kilometer lange Landzunge, genannt La Manga („der Ärmel"), schirmt den See vom Mittelmeer ab. Sie wird von schönen Stränden geprägt und ist heute beinahe durchgehend mit Ferienwohnungen bebaut.

In den Sommermonaten zieht es vor allem **spanische Touristen** an diesen Küstenabschnitt. Aber auch Ausländer kommen in immer stärkerem Maße. Die Küste bietet nämlich selbst im Winter eine der wärmsten Klimazonen ganz Spaniens. Und so ist es kein Wunder, dass die umliegenden Orte sich in Pensionärs- und Zweitwohnungsghettos verwandelt haben.

Mitten im Mar Menor liegen einige Inselchen, von denen die **Isla Mayor** die größte ist. Sie wird auch La Isla del Barrón genannt, da sie in Privatbesitz ist und nicht betreten werden darf. Nun spekuliert man natürlich, wem diese Insel denn nun gehört. Einem reichen Russen, flüstern die einen – einer einsamen Prinzessin, die anderen.

Wie auch immer, man sollte möglichst nicht dort anlanden, auch nicht als **Surfer.** Die tummeln sich nämlich gern am Mar Menor. Flaches Wasser und fehlende Wellen stören nicht weiter. Zu beachten ist der stetige Wind, der ganz schön kräftig pusten kann. Da sollte man sich nicht täuschen.

Die kleineren Orte auf dem Festland entlang der Küste des Mar Menor bieten unter touristischen Gesichtspunkten nur begrenzt Spannendes, die *urbanizaciones* auf der Landzunge La Manga überhaupt nichts. Natürlich erfreuen sich die Urlauber an den Stränden, am Nachtleben und am warmen (heißen) Klima. Man muss aber auch hinnehmen, dass die Ufer des Mar Menor über weite Strecken zubetoniert sind. Auf La Manga gibt es kilometerlang fast keine Baulücken mehr.

Costa Cálida

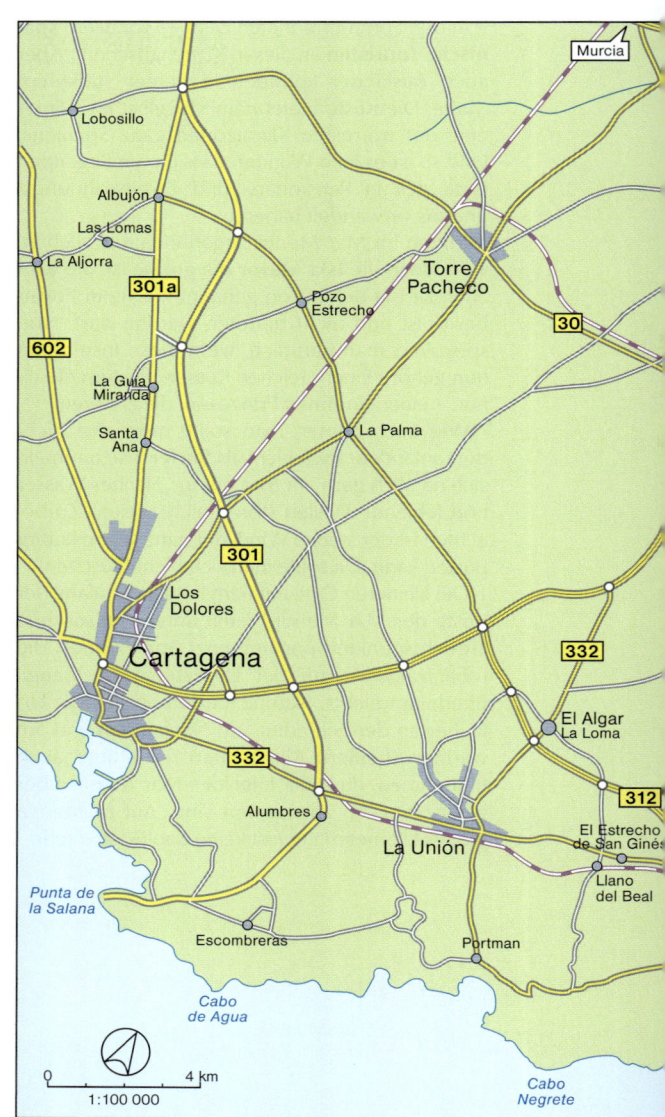

Mar Menor

3319 · 301 · San Pedro del Pinatar · San Javier · Colonia Ruiz de Alda · Santiago de la Ribera · 301 · 34 · Flughafen Murcia-San Javier · Los Icázares · Veneziola · Punta del Pudrider · El Carmoli · Mar Menor · Isla Perdiguera · Los Urrutias · Hafen Tomás Maestre · Las Brisas · Punta del Cocedor · La Dominique · Isla Grosa · Isla Mayor · El Pedrucho · Montemares · Los Nietos · Los Nietos Viejos · La Manga · Los Belones · Camping La Manga · Playa Honda · PARQUE REGIONAL CALBLANQUE · Cabo de Palos · Cabo de Palos · Hafen

© REISE KNOW-HOW 2011

Costa Cálida

San Pedro del Pinatar

- **Einwohner:** 23.700
- **PLZ:** 30740
- **Entfernung nach Alicante:** 70 km
- **Touristeninformation:** Avda. de las Salinas 55 (Edificio CIT), Tel. 968 182 301, Fax 968 183 706, www.sanpedroturismo.com, geöffnet: Mo–Fr 9.30–13.30 Uhr

Überblick und Geschichte

Dort, wo die Landzunge im Norden beginnt und das Mar Menor vom Mittelmeer trennt, liegt San Pedro del Pinatar. Gänzlich undurchlässig ist die Landzunge nicht. Eine schmale Furt sorgt für Wasseraustausch. Oberhalb dieses Durchlasses hat sich ein Gebiet von Salinen gebildet, das schon die Römer kannten. Heute stehen diese 700 bis 800 Hektar bedeckenden **Salinas de San Pedro del Pinatar** unter Naturschutz. Sie wurden aber nicht nur zur Salzgewinnung genutzt. Bereits die Römer schworen auf die Heilkraft der Erde. Und so kann man auch heute noch am Ufer der Salinen Menschen beobachten, die sich von oben bis unten mit Schlamm einschmieren und auf die heilende Wirkung in Verbindung mit dem salzhaltigen Wasser hoffen. Diese Heilkraft zog im 19. Jahrhundert zunächst nur die Bewohner der Provinz Murcia an. Später kamen Spanier sogar aus dem fernen Madrid. Bis dahin war die Zone ein verträumtes Fischerdorf. Mit der Entdeckung des Heilschlamms setzte dann zunächst ein nationaler, später sogar internationaler Tourismus ein – eine Entwicklung, die so auch andere Dörfer durchlebten, nur dass hier neben den Stränden der Heilschlamm zum Anziehungspunkt wurde.

Die Strände

Hier muss man zwischen den Mittelmeerstränden und denen am Mar Menor unterscheiden. Erstere verlaufen parallel zu den Salinen entlang der trennenden Landzunge und sind touristisch kaum ge-

nutzt, während die Mar-Menor-Strände die komplette Urlauber-Infrastruktur aufweisen.

Sehenswertes

Salinen

Die größte Attraktion des Ortes sind die Salinen im **Parque Regional Salinas y Artenales de San Pedro del Pinatar.** 1985 wurden die Salinen und die angrenzenden Strandzonen unter Naturschutz gestellt. Das Salz wurde früher in abgeteilten Becken gewonnen, indem man einfach die Verdunstung des Wassers abwartete. Danach wurde es zu regelrechten Bergen aufgetürmt. Heute wird die Salzgewinnung nur in bestimmten Sektoren praktiziert, während weite Flächen von Zugvögeln, speziell Flamingos, als Rastplatz genutzt werden.

Ein Besucherzentrum informiert über den Park sowie Flora und Fauna (Avda. de las Salinas s/n).

● **Geöffnet:** Di–So 10–14, 15–18 Uhr.

Ein Teil der Salinen kann zu Fuß oder per Rad erkundet werden. Ausgangspunkt ist der Ortsteil Lo Pagán. Am Ende des Strandes Playa Las Charcas befindet sich neben dem Parkplatz die Windmühle „Molino de Quintín". Dort beginnt die **Exkursion,** die an der Playa del Molino entlangführt. Wer ausdauernd genug ist, erreicht nach ein paar Kilometern schließlich eine zweite Windmühle, die „Molino de Calcetera". Beide Mühlen wurden zur Salzgewinnung genutzt. Heute dienen sie nur noch als fotogene Landmarken. Von der Molino de la Calcetera ist es nicht mehr allzu weit bis zur **Punta Algas,** der Südspitze dieser Landzunge. Hier befindet sich eine schmale Verbindung zwischen Mittelmeer und Mar Menor. Gegenüber endet die 22 Kilometer lange Landzunge, die das Mar Menor vom Mittelmeer abgrenzt.

Ein zweiter Zugang zu den Salinen besteht **vom Hafen aus.** Um den Puerto de San Pedro del Pinatar zu erreichen, fährt man durch den Stadtteil Barrio del Carmen und durch eine Salinenzone

Costa Cálida

namens „La Marina". Das Auto kann man hinter dem Hafen parken. Ein Fußmarsch entlang der Strände und der Dünenlandschaft endet dann schließlich auch bei der Punta Algas. Die *Lonja de pescado* (Fischversteigerung) findet von Montag bis Samstag gegen 10 Uhr statt. Zu finden: an der Explanada Lo Pagán bei der Casa del Mar.

Museo del Mar

Das „Museum des Meeres" in der c/ Lorenzo Morales (Nebenstraße an der ehemaligen N-332) bietet eine maritime Kollektion von Muscheln, Miniaturen der Fanggeräte aus dem Mar Menor, Seekarten und einer Übersicht zu Seemannsknoten.

● **Geöffnet:** Di–Fr 11–13 und 18–20 Uhr (im Winter 16–18 Uhr), Sa 11–13 Uhr.

Praktische Tipps

Unterkunft

● **Hotel Traiña** €€€–€€€€, Avda. Generalísimo 84, Tel. 968 335 022, Fax 968 335 220, www.hoteltraina.com. Fast sträubt man sich, den Straßennamen zu schreiben: Hier, im Ortsteil Lo Pagán, wird dem 1975 verstorbenen Diktator *Franco* tatsächlich noch gehuldigt. Dafür kann das Hotel nichts. Es steht etwa 400 Meter vom Strand entfernt und hat 78 sehr gut eingerichtete Zimmer.
● **Hotel Neptuno** €€€, Avda. Generalísimo 19, Tel. 968 181 911, Fax 968 183 301, www.hotelneptuno.net. Direkt am Strand steht dieses familiär geführte 40-Zimmer-Haus, das jetzt zur Best-Western-Gruppe gehört. Schlichte, funktionale Einrichtung.
● **Hostal Los Molinos** €€, Avda. del Puerto 1, Tel. 968 178 010, Fax 968 178 129. Direkt am Strand gelegen, 13 einfache, aber korrekte Zimmer. Geöffnet März bis Ende Sept.

Essen & Trinken

● **Mesón la Pezuela,** Avda. del Generalísimo 5, Tel. 968 186 691. Liegt sehr nahe zum Strand Playa de la Puntica und bietet klassische Hausmannskost an, vor allem Reisgerichte.
● **Restaurant Floridablanca,** Avda. Emilio Castellar 23, Tel. 968 181 032. Uriges maritimes Ambiente am Playa de la Puntica, leckere Fischgerichte, schöner Meerblick.

Adressen

● **Post:** c/ Generalísimo, Ecke c/ Castillo.
● **Einkaufen:** Estanco Diego José, Avda. Generalísimo 93. Bestens sortierter Zigarrenladen, der als einer der führenden in ganz Spanien gilt.

Man trifft sich am Strand

062cbFoto: jf

Feste

- **Juni:** La Feria Sevillana del Mar Menor – Versuch, die weltberühmte Festwoche aus Sevilla ans Mar Menor zu übertragen.
- **29. Juni:** San Pedro Apóstol – Patronatsfest.
- **Anfang Juli:** Flamenco-Festival.
- **16. Juli:** Virgen del Carmen – u.a. mit Meeresprozession.

Markt

- **Montag,** vormittags, c/ Víctor Pradera, Ecke c/ Libertad.
- **Donnerstag,** Lo Pagán, Avda. Salzillo.
- **Kunsthandwerk,** jeden dritten Sonntag im Monat 10–14 Uhr an der Explanada Lo Pagán.

Santiago de la Ribera

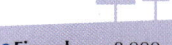

- **Einwohner:** 8.000
- **PLZ:** 30720
- **Entfernung nach Alicante:** 77 km
- **Touristeninformation:** Ayuntamiento de San Javier, Plaza de España 3, Tel. 30 730 San Javier, Tel. 968 573 700, www.sanjavier.es; Oficina de Turismo de Santiago de la Ribera, c/ Padre Juan s/n, Tel. 968 571 704

Überblick und Geschichte

Santiago de la Ribera ist ein junger Ort, der erst im Jahr 1888 gegründet wurde. Ein Mönch na-

Costa Cálida

mens *José María Barbueno Rodrígo de Villamayor* soll den Platz ausgewählt haben und eine Kapelle zu Ehren des Apostels Jacob (spanisch: *Santiago*) gebaut haben. So kam schließlich der Ortsname zustande. Aus dem kleinen Dorf wuchs eine 2200-Seelen-Ortschaft, deren Bevölkerung sich im Sommer verdoppelt – mindestens!

Wie so oft ist dies ein zweigeteilter Ort. Etwa vier Kilometer im Hinterland liegt das viel größere **San Javier,** wo es aber aus touristischer Sicht nur wenig Bedeutsames gibt. Der Ort am Strand, also **Santiago de la Ribera,** zeigt sich dagegen durchaus gefällig. Eine ausgesprochen nett gestaltete, von Palmen gesäumte Promenade, begleitet den Strand. Hier gibt es ein paar Lokale, etliche pfiffig gestaltete Sitzbänke, wenig Verkehr, also genau die richtige Mischung zum Entspannen. Okay, diese beschriebene Situation kann und wird sich im Hochsommer schon ein wenig anders darstellen, aber ansonsten geht's hier schon ruhiger zu. Direkt hinter der am Strand vorbeiführenden Straße schließt sich ein kleines geschäftiges Viertel an, selbst dort kann man entspannt spazieren gehen.

Die Strände

Der recht breite Strand wechselt mehrfach den Namen, was egal ist, denn erkennbare Trennlinien gibt es nicht. Nur am südlichen Ende begrenzt ein großes Kasernengelände klar und deutlich diese Zone.

Praktische Tipps

Unterkunft

●**Hotel Albohera** €€, c/ Marín, Ecke c/ Bolarín, Tel. 968 335 910, Fax 968 335 914, www.hotelalbohera.com. Das erste Haus am Platze hat nur 36 Zimmer und bleibt damit hübsch überschaubar.

●**Hotel Ribera** €€, Explanada de Barnuevo 10, Tel. 968 570 200, Fax 968 570 266, www.hotelribera.com. In Strandnähe gelegenes Haus mit 42 Zimmern.

●**Hotel El Marino** €€, c/ Múñoz 2, Tel. 968 572 121, Fax 968 572 211. Das kleine Haus hat 16 Zimmer auf zwei Etagen und liegt ganz nah zum Strand, unten befindet sich ein Lokal.

Camping

● **Mar Menor,** 2. Kategorie, Ctra. Santiago de la Ribera nach Los Alcázares, Tel. 968 570 133, ganzjährig geöffnet. Kleiner, nett begrünter Platz mit Eukalyptusbäumen und Pinien. Zum Strand sind es vielleicht 500 Meter.

Essen & Trinken

● Direkt am Strand liegen zwei einfache Lokale, die gute Fischgerichte anbieten; den tadellosen Meerblick gibt es frei dazu: **Pescadería Miguel und Lonja Mar Menor.**

● **La Gaviota,** c/ Luis Federico Guirao 1, Tel. 968 571 519. Das Lokal liegt auch am Strand und bietet neben Fischgerichten auch Pizza.

● **Restaurant Bellavista,** Paseo Colón 11, Tel. 968 573 154. Reis- und Fischgerichte werden in diesem sehr beliebten Lokal serviert, es liegt bei der Strandpromenade.

Markt

● Jeden **Mittwoch.**

Los Alcázares

● **Einwohner:** 15.600
● **PLZ:** 30710
● **Entfernung nach Alicante:** 85 km
● **Touristeninformation:** Avda. Cartagena (N-332), Ecke c/ Piscis, Tel. 968 171 361, Fax 968 575 249, www.ayto-losalcazares.es

Überblick und Geschichte

Los Alcázares ist **arabischen Ursprungs.** Während der maurischen Herrschaft wurde die Gegend als eine Art Erholungsgebiet gewählt – nicht zuletzt wegen der therapeutischen Wirkung der Thermalquellen. Aus dem arabischen Wort für „Palast" *(Al Kazar)* wurde dann später der aktuelle spanische Ortsname. Offiziell leben heute etwa 15.000 Menschen im Ort, tatsächlich sind es eher weniger. Während der heißen Sommermonate soll sich die Zahl aber mehr als verzehnfachen. „Wo sollen die bloß alle bleiben?", fragt man sich da unwillkürlich. Der Ort besteht nämlich nicht nur aus Ferienwohnungen, sondern er weist auch einige hübsche Häuser in unmittelbarer Nähe zum Meer auf.

Davon wird allerdings wenig wahrnehmen, wer sich nur entlang der Durchgangsstraße bewegt.

Costa Cálida

Dort rollt unablässig der Verkehr, liegen Geschäfte, einige Bars, spielt sich eben der ganz normale Alltag ab. Wer aber einfach abbiegt in eine der Stichstraßen zum Meer, findet rasch eine völlig andere Atmosphäre vor.

Sehenswertes

Besonders auffällig ist das 1904 erbaute **Hotel Balneario La Encarnación,** in dem die Gäste, wie schon in den frühen Jahren, Thermalbäder nehmen können. Noch heute findet man auch eine Art **Bäderarchitektur –** kleinere, bunte Holzhäuser, von denen ein Steg ins Meer führt. Der Ort atmet, zumindest im Bereich des Strandes und der Promenade mit den vielen Palmen, noch ein wenig vergangenen Glanz, der glücklicherweise nicht dem üblichen touristischen Geschmack zum Opfer fallen musste. Dazu trägt auch die hübsche Promenade Paseo Marítimo mit ihren zweigeschossigen herrschaftlichen Häusern bei.

Die Strände

Wie so oft wechseln die Namen des Strandes, aber das wird wohl auch nur die Eingeweihten interessieren. Der Strand jedenfalls zeigt sich feinsandig, nicht übermäßig breit, vereinzelt von Palmen durchsetzt und von einer wirklich angenehmen Promenade begleitet. Lokale gibt es auch, sie bleiben aber die klare Ausnahme, dafür stehen hier zum Teil **ziemlich schicke Häuser.** Während nur 100 Meter weiter oben der Schwerlastverkehr sich über die Hauptstraße wälzt, verspürt der Besucher hier unten eine kaum vermutete Ruhe.

Im Bereich des Strandes **Playa del Espejo** steht ein Denkmal zu Ehren der hart arbeitenden Fischer, das *Monumento al pescador.* Ein Fischer zieht mühsam ein leeres Netz hinter sich her. Dahinter symbolisieren die beiden Figuren (zwei Sirenen, die auf Seepferdchen sitzen) die zwei Meere la Mar Menor und das Mittelmeer, und sie werfen dem armen Fischer ein paar Fische hinterher.

Nie endende Plackerei: Fischerdenkmal

Unterkunft

●**Hotel Corzo** €€€–€€€€, c/ La Base 6, Tel. 968 171 451, Fax 968 171 451, www.hotelcorzo.com. Gut gelegenes und komfortabel eingerichtetes Hotel mit 24 Zimmern. Zu finden in einer Seitenstraße, fast am Ortsausgang Richtung El Algar bzw. La Manga del Mar Menor.

●**Hotel Balneario La Encarnación** €€, c/ Condesa 1, Tel. 968 575 007. Ein bald 100 Jahre altes Haus mit 37 Zimmern und einer Atmosphäre aus längst vergangenen Tagen. Die Bäder und Erholungsräume des ehemaligen Kurhotels vermitteln historisch-romantisches Ambiente. Geöffnet: Ende Mai bis 15. Oktober.

●**Hotel Los Narejos** €€, Avda. de la Constitución s/n, Tel./Fax 968 575 634, www.hotellosnarejos.com. Mit 39 Zimmern bereits das zweitgrößte Haus am Ort, aber immer noch recht familiär.

Essen & Trinken

●**La Encarnación,** im gleichnamigen Hotel. Ein romantisch-verspieltes Lokal mit einer bodenständigen Küche ohne Schnörkel.

●**El Chato,** Avda. de la Libertad 72, Ecke Los Porches, Tel. 968 170 161. Rustikale Weinbar mit Tapas, baskischen Pintxos (was dasselbe ist ...) und interessanten Menüs.

●**Restaurante Ramón,** Avda. de la Libertad 50, Tel. 968 574 173. Breite Auswahl an Tapas, außerdem auch gute Reisgerichte.

Feste

●**Anfang August:** Las Fiestas del Mar – u.a. mit einer *romería* (Wallfahrt), die teils über Land, teils auf dem Meer stattfindet.

Costa Cálida

● **3. Woche im August:** Semana de la Huerta – eines der populärsten Feste der Region mit diversen kleinen, extra aufgebauten Lokalitäten und folkloristischen Einlagen.

Markt

● **Dienstag,** am Parque de las Huertanas.

La Manga del Mar Menor

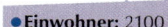

● **Einwohner:** 2100
● **PLZ:** 30380
● **Entfernung nach Alicante:** 115 km
● **Touristeninformation:** Oficina Municipal de Turismo, Gran Vía de la Manga, km 0, Tel. 968 146 136, Fax 968 564 958, www.marmenor.net

Überblick

La Manga, **„der Ärmel",** ist eine durchaus zutreffende Beschreibung dieser Landzunge. Über insgesamt 24 Kilometer erstreckt sie sich, ausgehend von dem kleinen Ort Cabo de Palos im Süden bis zur Spitze, die Las Encañizadas genannt wird. Nur dort fließt Wasser aus dem Mittelmeer ins Mar Menor. Bei Cabo de Palos misst La Manga noch gute eineinhalb Kilometer Breite, verjüngt sich aber nordwärts auf gerade mal 200 Meter.

Die Landzunge ist beinahe durchgehend bebaut. Über 18 Kilometer verläuft eine zumeist zweispurige Hauptstraße, die Gran Vía. Diese endet erst unweit der Spitze an einem gewaltigen Kreisverkehr in der *urbanización* Veneziola. Bis auf wenige freie Flächen stehen links und rechts der Gran Vía Wohnungskomplexe. Unten befinden sich meist **Lokale** oder **Geschäfte,** oben dann **Ferienwohnungen.** Von der Gran Vía zweigen, zumindest im unteren, breiteren Teil von La Manga, noch Seitenstraßen ab. Auch dort erheben sich Wohnblocks. Beim km 13 passiert man eine schmale Brücke und stößt erstmals auf ein Stückchen unbebauten Geländes. Aber wer weiß, wie lange diese Aussage noch gilt. Was hier im Som-

121cb Foto: f

mer los ist, kann man sich gut vorstellen. Immerhin muss alle Welt die einzige Straße, die Gran Vía, befahren, es sei denn, jemand wollte zum Festland schwimmen.

Die Strände

Eine Beschreibung sämtlicher Strände links und rechts des „Ärmels" würde viele Seiten füllen. An dieser Stelle soll darauf verzichtet werden, da sich die *playas* doch ziemlich ähneln. Auf jeden Fall hat niemand einen weiten Weg von der Unterkunft zum Strand. Hier eine generelle Beschreibung:

Die Strände **am Mar Menor** sind in der Regel ziemlich schmal und von etwas hellerer Farbe. Unterschiedliche Serviceeinrichtungen gibt es überall, Bademöglichkeiten sowieso. An manchen nicht so dicht bebauten Stellen treffen sich die Surfer, um auf dem Binnensee herumzusausen.

An der **Mittelmeerseite** zeigen die Strände sich generell einen Ton grauer, dafür sind sie zumeist breiter. Eine Strandpromenade ist eher selten zu

Kleinkunst: ein Sommertag am Meer auf einem Zementrelief

finden, und dass sich unmittelbar im Rücken der Sonnenanbeter die Wohnblocks in den Himmel recken, ist hier einfach eine Platzfrage. Dies gilt im Übrigen für beide Strandseiten.

Einen echten Vorteil haben diese zwei Meere mit ihren Stränden. Je nachdem, aus welcher Richtung der Wind weht, können sich die Urlauber im **Windschatten** der großen Häuserblocks sonnen. Sollte der Wind drehen, marschiert man einfach die paar hundert Meter quer über die Landzunge und legt sich an den gegenüberliegenden Strand.

Sehenswertes

Ein Gebilde wie diese **künstlich geschaffene Feriensiedlung** stellt an sich ja schon etwas Einmaliges dar. Warum also nicht einmal per Rad oder Bus die gesamte Landzunge bis zum Ende fahren und das Ganze auf sich wirken lassen? Man muss es ja nicht mögen, aber einen Eindruck hinterlässt es schon. Typisch Spanisches wird man hier allerdings nicht finden.

Das gibt es, zumindest in Ansätzen, nur noch im kleinen Ort **Cabo de Palos.** Er liegt unmittelbar an der Zufahrt zur Landzunge, und man findet dort noch ein wenig ursprünglichen Charme. Der Ort liegt auf einer etwa 400 Meter langen, schmalen Halbinsel, die sich ins Mittelmeer schiebt. Ganz an der Spitze steht ein Leuchtturm von 81 Metern Höhe. Besucher können nett am Hafen in einem der Lokale sitzen oder entlang der Promenade spazieren. Besondere Attraktionen wird man nicht entdecken, dafür so etwas wie normales dörfliches Leben.

Praktische Tipps

Unterkunft

●**Hotel Cortijo** €€-€€€, Subida al Faro s/n, Tel. 968 563 015, Fax 968 145 171. Dieses kleine, rötliche 16-Zimmer-Haus liegt an der Straße, die zum Leuchtturm führt. Optisch könnte es schöner sein, aber die Zimmer sind in Ordnung.
●**Hotel Cavanna** €€€-€€€€, Gran Vía-Plaza Cavanna (Salida 21), Tel. 968 563 600, Fax 968 564 431, www.izanhoteles.es. Das riesige Gebäude mit seinen 407 Zimmern kann man fast von überall sehen. Es steht unmittelbar am Strand zum Mar Menor und bietet eine ganze Reihe Serviceleistungen, wie Animation und Sportprogramme.
●**Hotel Mangalán** €€€€, Gran Vía km 6, salida 68, Tel. 968 337 000, Fax 968 337 002, www.hotelmangalan.com. Neues Haus mit 142 sehr gut eingerichteten Zimmern. Außer-

Costa Cálida

Der Leuchtturm am Cabo de Palos

Vom Seat 600 zur Generation Golf

Das waren noch Zeiten, damals, in den 1960er Jahren, als in Spanien die Straßen noch leer waren. Unter den wenigen Autos, die schon vor über vierzig Jahren fuhren, war eines besonders beliebt: der Seat 600.

Der kleine Wagen war eine Art nationales Heiligtum, vergleichbar mit unserem VW Käfer. 1950 wurde die *Sociedad Española de Automóviles de Turismo* (SEAT) gegründet. Sieben Jahre später rollte der erste „600er" vom Band, massiv gefördert vom Franco-Regime, das damals in Europa ziemlich isoliert war und versuchte, wirtschaftlich autark zu leben – oder besser, zu überleben. Und dazu zählte eben auch eine heimische Autoproduktion.

Klein war er, relativ flink und wendig. Wer einen „600er" besaß, war schon etwas. Man lud Freunde ein, quetschte sich zu fünft in die enge Kiste und brauste los. Hauptsächlich taten dies die Großstädter in Madrid, Barcelona und Sevilla. Es dauerte, bis der Boom auch die Provinz erreichte. Ganz Wagemutige überwanden mit ihrem kleinen Gefährt sogar die Pyrenäen und schrieben begeistert Postkarten nach Hause. Die meisten blieben jedoch im Lande. „¡Adelante, hombre del 600, la carretera nacional es tuya!" (Vorwärts, Fahrer des 600, die Nationalstraße ist dein!), so feuerte ein bekannter Schlager die Fahrer an.

Aber irgendwann kam der Umbruch. Die Importzölle auf ausländische Wagen wurden gesenkt, die Neugierde auf andere Autos stieg. Touristen kamen mit größeren, besseren, anderen Wagen und weckten Interesse, Neid und Wünsche. 1985 trat Spanien der damaligen EG bei. Dem Land ging es in den folgenden Jahren spürbar besser. Seat wurde derweil von VW übernommen und stellte neue, moderne Modelle her. Der gute alte „600er" hatte bald ausgedient.

Heute wird er noch von wenigen Liebhabern gehegt und gepflegt, aus dem Straßenbild ist er indes verschwunden. Saßen in den 1960er Jahren noch fünf junge Menschen stolz in ihrem „600er" und freuten sich, überhaupt einen fahrbaren Untersatz zu haben, gilt der Autobesitz heutzutage fast als selbstverständlich. Jugendliche Spanier kurven heute mit ihrem Golf herum und verstopfen die Straßen – genauso wie überall in Europa. In diesem Sinne hat Spanien eindeutig aufgeholt. Das Auto gehört für die Generation Golf einfach zum Leben dazu.

dem gibt es ein Restaurant, eine Bar, eine große Sonnen-
terrasse mit Pool und einen auch nicht gerade kleinen Spa-
bereich mit mehreren Saunen.

●**Apart Hotel Los Delfines** €€€€, Gran Vía La Manga (Salida 11), Tel. 968 145 300, Fax 968 145 415, www.hotel
ania.com. 150 Wohneinheiten zählt das Haus, das nicht
nur Hotelzimmer, sondern auch Apartments für bis zu fünf
Personen anbietet. Es liegt bei km 1, etwa 100 Meter vom
Mittelmeerstrand entfernt.

●**Hotel Entremares** €€-€€€€, Gran Vía-Plaza Entremares
(Salida 6), Tel. 902 258 282, Fax 968 563 211, www.entre
mares.es. Das Hotel hat 373 Zimmer und liegt direkt am
Mittelmeerstrand am Beginn der Landzunge. Es wird eine
ganze Menge an Unterhaltung geboten, u.a. ein Pool und
mehrere Bars. Die zentrale Lage ist ebenfalls vorteilhaft.
Geöffnet: 15.3.–31.10.

Camping

●**La Manga,** 1. Kategorie, Autovía de La Manga, Salida 15,
Tel. 902 021 352, Fax 968 563 426, www.caravaning.es. Es
dürfte schwer fallen, in ganz Spanien einen größeren Campingplatz zu benennen. Die Kapazität dieses Platzes wird
mit 5727 Personen angegeben. Tatsächlich erstreckt er sich
über einen ganzen Kilometer von der Rezeption bis zum
Strand. Die Parzellen sind links und rechts einer Hauptstraße zu finden. Fast alle sind durch Büsche und Bäume
abgeteilt, die gleichzeitig für Schatten sorgen. Der Boden
ist kieselig. Wer möchte, kann kleine Hütten mieten. Einige

Costa Cálida

Cabo de Palos – ein nettes Dörflein am Mar Menor

Dauercamper in Strandnähe haben sich richtige aus Stein gemauerte Häuser geschaffen, die nun wirklich nicht mehr an Camping erinnern.

Essen & Trinken

In Cabo de Palos:

●**El Pez Rojo,** am Ende vom Paseo de la Barra, Tel. 968 563 109, wird auch „Meeresbalkon" genannt, da der Laden sehr schön über dem Wasser liegt. Hier gibt's gute Fischgerichte, u.a. auch mit einem Probiermenü, das übersetzt heißt: „lang und breit" ...

●**Restaurante Miramar,** Paseo de la Barra 14, Tel. 968 563 033; Di Ruhetag. Geräumiges Lokal, das direkt am Hafen liegt und auf Fischgerichte spezialisiert ist.

●**El Mosquí,** Subida al Faro 50, Tel. 968 564 563, sieht aus wie ein gestrandetes Boot, einfache Küche, gelobt werden die Reisgerichte und der *caldero,* eine Art Eintopf, Do Ruhetag.

●**La Tana,** Paseo de la Barra 3, Tel. 968 563 003. Das maritim dekorierte Lokal liegt sehr schön an der geschwungenen Promenade, die unmittelbar am Wasser im Hafen verläuft. Toller Blick von der Terrasse und gute Fischgerichte. Dort liegen noch weitere Lokale mit ähnlichen Merkmalen, wie „El Faro" oder „La Taberna del Puerto".

Auf La Manga:

Während in Cabo de Palos eher einfache Restaurants oder Tapabars zu finden sind, locken auf La Manga mehr die Häuser mit einer so genannten **internationalen Küche.** Mit Pizza und Pasta kann man wenig falsch machen.

●**Borsalino,** Urb. Babilonia, Gran Vía, salida 18, Tel. 968 563 130. Kann man eigentlich kaum übersehen, dank der auffälligen Werbung. Französische Küche, die um Gerichte der Region ergänzt werden.

●**Paquebote,** Urb. Puerto, Tel. 968 143 922. Liegt weiter oben, fast bei der Zufahrt zum Hafen Tomás Maestre und fällt zunächst durch den Baustil auf, der einem Schiff nachempfunden wurde. Fisch- und Reisgerichte werden geboten, sowie ein schöner Blick aufs Mar Menor.

●**El Loro Verde,** Plaza Bohemia, Tel. 968 140 293. Hausmannskost, Tapas und kleine Gerichte zu guten Preisen.

●Das **Nachtleben** konzentriert sich im südlichen Bereich wie dem Komplex Las Dunas oder Alcanzaba Zoco, wo Diskos oder Musikpubs bis zum Morgengrauen den Unverwüstlichen noch einen Tresen bieten.

Adressen

●**Autovermieter:** Europcar, Urbanización Caracola, Tel. 968 146 177; La Manga Rent a Car, Urbanización Copacavanna, Tel. 968 146 000; Car menor, Urbanización Alísios, Tel. 968 140 900.

●**Tauchen:** Amarras Sub, Urbanización Puerto Tomás Maestre, Tel. 609 008 262.

●**Segeln & Surfen:** Martinique, Urbanización Martinique, km 10, Tel. 968 140 345; El Pedruchillo, Urbanización El Pedruchillo, km 8, Tel. 968 141 940; Cavanna Wind, Hotel Cavanna, Salida 21, Tel. 968 563 600.

Feste

●**27. September:** in dieser vom Tourismus geprägten Zone wird ein „Día Mundial del Turismo" gefeiert.

Markt

●**Sonntag,** in Cabo de Palos.

La Unión

●**Einwohner:** 16.000
●**PLZ:** 30360
●**Entfernung nach Alicante:** 97 km
●**Touristeninformation:** c/ Mayor 55,
  Tel./Fax 968 541 614, www.ayto-launion.com

Geschichte Bereits zu Zeiten der Karthager und Römer wurde in den nahen Bergen Eisenerz abgebaut und über den Hafen Portman verschifft. Als man jedoch im 19. Jahrhundert Silber fand, wurde die Kleinstadt zum Ziel für Glücksritter aller Art. La Unión erlebte einen derartigen Boom von **Schatzsuchern,** dass der Ort den Namen *Nueva California* („Neukalifornien") verpasst bekam, in Anlehnung an den Goldrausch, der in Amerika viele Menschen verrückt spielen ließ.

Sehenswertes Sicherlich sind auch einige reich geworden. Davon zeugen ein paar prächtige **Jugendstilvillen,** wie La Casa del Piñón in der calle Mayor, erbaut 1899, oder die ehemalige städtische Markthalle aus dem Jahr 1907.

Die Vergangenheit wird auch im **Museo Minero** (Bergbaumuseum) an der Plaza Liceo s/n bewahrt. Hier werden die einzelnen Ausgrabungstechniken anhand von Dioramen, Schautafeln, Fotos und Exponaten erklärt.

Costa Cálida

●**Geöffnet:** September–Juni Mo–Fr 10–13.30 und 17.30–19.30 Uhr, Sa nur vormittags, Juli–August Mo–Sa 10–13.30 Uhr; Eintritt: 2 €.

Praktische Tipps

Unterkunft

●**Hotel La Sierra Mar** €€–€€€, c/ Real s/n, Tel. 968 560 825, Fax 968 560 826, www.hotelsierramar.com. Das 75-Zimmer-Haus schaut von außen etwas unscheinbar aus, wurde im Stile eines Wohnblocks gebaut, die Zimmer sind vernünftig eingerichtet.

Essen & Trinken

●**Bar El Minero,** c/ Mayor 112, Tel. 968 540 034. Breite Auswahl an Tapas, die teilweise recht fantasievolle Namen tragen, außerdem werden in abgetrennten Speiseräumen Tagesmenüs und Gerichte der Region gereicht. Insgesamt ein bemerkenswertes Ambiente!

Feste

●Das im August stattfindende **Festival de Flamenco** hat mittlerweile einen überregionalen Stellenwert eingenommen. Es trägt den offiziellen Namen *Cante de las Minas* („Gesang der Minen"), womit der Ursprung erklärt wird: Früher arbeiteten Arbeiter aus Andalusien in den Minen. In Flamencoliedern klagten sie über ihre Situation. Daraus entstand schließlich ein Flamencofestival.

Markt

●**Dienstag,** an der Ecke c/ Mayor mit c/ 7 de Marzo.

Portman

Ganz in der Nähe von La Unión liegt Portman, das den Römern als **Portus Magnus,** also „Großer Hafen", bekannt war. Von hier stachen die römischen Schiffe in See, voll beladen mit Eisenerzen. Doch das ist längst Geschichte. Die ganze Gegend wurde auf der Suche nach Erzen und Silber umgegraben. Sie zeigt sich heute karg, aber mitunter schimmert ein gelblicher oder rötlicher Farbton durch. Vom römischen Hafen ist nichts erhalten, und die 1500 Meter lange Strandbucht lockt aufgrund der Umgebung wenige Besucher an.

Dennoch lohnt ein Besuch in diesem Örtchen, das sich so völlig anders zeigt als die nahen Urlauberzentren. Eine gut vier Kilometer lange Straße schlängelt sich hinunter und führt übrigens an einem Golfplatz vorbei, was schon etwas befremdlich wirkt in dieser staubtrockenen Gegend. Es geht recht steil hinunter zur Küste, weswegen immer wieder ambitionierte **Radsportler** diese Straße als **Trainingsstrecke** wählen. Glücklicherweise wurde denen ein klar erkennbarer, in grüner Farbe gehaltener Radweg markiert. Unten angekommen wirkt der Ort etwas ärmlich. Es stehen sowohl entlang des Weges als auch unten mehrere Industrieruinen und einige verlassene Häuser. Trotzdem ist der größte Teil des Ortes noch bewohnt, sogar **einige Ferienwohnungen** gibt es.

Wanderung Ein gut 300 m hoher „Berg", der **Monte de las Cenizas,** wurde Ende der 1920er Jahre zum Militärposten umgebaut, damals entstand hier eine Kaserne, von der dicke Kanonen auf feindliche Schiffe schießen sollten. Alles vorbei, aber nicht vergessen, der Militärposten steht noch dort, allerdings verlassen. **Unübertroffen** bleibt aber nach wie vor **der Fernblick,** den Sie von oben entlang der Küste genießen können. Allerdings müssen sie eine knapp einstündige Wanderung durch diese wüstenartige Landschaft unternehmen, was auch seinen ganz eigenen Reiz hat. Zunächst auf der Straße MU 312 bei Llano del Beal Richtung Portmán auf rustikalem Weg fahren und vom Endpunkt beim Parkplatz den „Aufstieg" beginnen.

Cartagena

- **Einwohner:** 211.000
- **PLZ:** 30202
- **Entfernung nach Alicante:** 108 km
- **Touristeninformation:** Plaza Almirante Bastarreche s/n, Tel. 968 506 483, Fax 968 526 912, www.cartagena.es, geöffnet: Mo–Fr 10–14 und 17–19 Uhr (Okt.–April 16–18 Uhr), Sa 10–13 Uhr

Überblick und Geschichte Im Jahr 227 v. Chr. gründeten die **Karthager** unter Führung von *Asdrubal* an einem großen Naturha-

Costa Cálida

fen eine Siedlung. Sie tauften den Ort *Quart-Hadast,* was nichts anderes als „Neue Stadt" heißt. Dann folgten die Punischen Kriege; die Römer übernahmen 209 v. Chr. das Kommando. Eine der

Die pittoreske Altstadt Cartagenas

ersten Amtshandlungen war die Umbenennung in *Cartago Nova.* In späteren Jahrhunderten folgten Byzantiner und Araber. Alle hinterließen ihre historischen Spuren. Der **Hafen** wurde von sämtlichen Herrschern genutzt. Aber erst im 18. Jahrhundert baute man Cartagena unter der Regentschaft von *Carlos III.* zu einem großen Flottenstützpunkt aus. Hoch über dem Hafen errichtete man schier uneinnehmbare Festungen. Vom Castillo de la Concepción hat man noch immer den besten Überblick über die gesamte Stadt. Von hier sieht man auch die fünf Hügel, welche einst die Stadtgrenzen markierten. Cartagena war lange ein wichtiger Marinestützpunkt, der Handelshafen hat weniger Bedeutung. In den letzten Jahren wurden mit großem Aufwand neue Ausstellungen zur Stadtgeschichte geschaffen.

Der Strand

Cartagena hat keinen Stadtstrand, die weit geschwungene Bucht wird komplett als Marinehafen genutzt.
  Etwa vier Kilometer südlich befindet sich der einzige nutzbare Strand, **Cala Cortina.** Es handelt sich um eine 250 Meter lange Bucht mit grauem, etwas gröberem Sand. In dieser kleinen Bucht liegt das beliebte Restaurant Mares Bravas.

Tagesbesuch

Cartagena eignet sich hervorragend für einen Tagesausflug. Die Sehenswürdigkeiten liegen alle dicht beieinander und können – nein, sollten! zu Fuß angesteuert werden. Durch die engen Gassen der Altstadt per Auto zu kurven, verbietet sich fast von selbst und ist auch vollkommen unnötig.

Anfahrt

Anreise per Bahn

Die Anreise mit der Bahn ist etwas umständlich, da man immer **über Murcia** fahren und dort zumeist auch umsteigen muss. Aber natürlich ist das möglich und obendrein genießt man interessante Ausblicke in das Hinterland. Die Bahn fährt mehr-

Costa Cálida

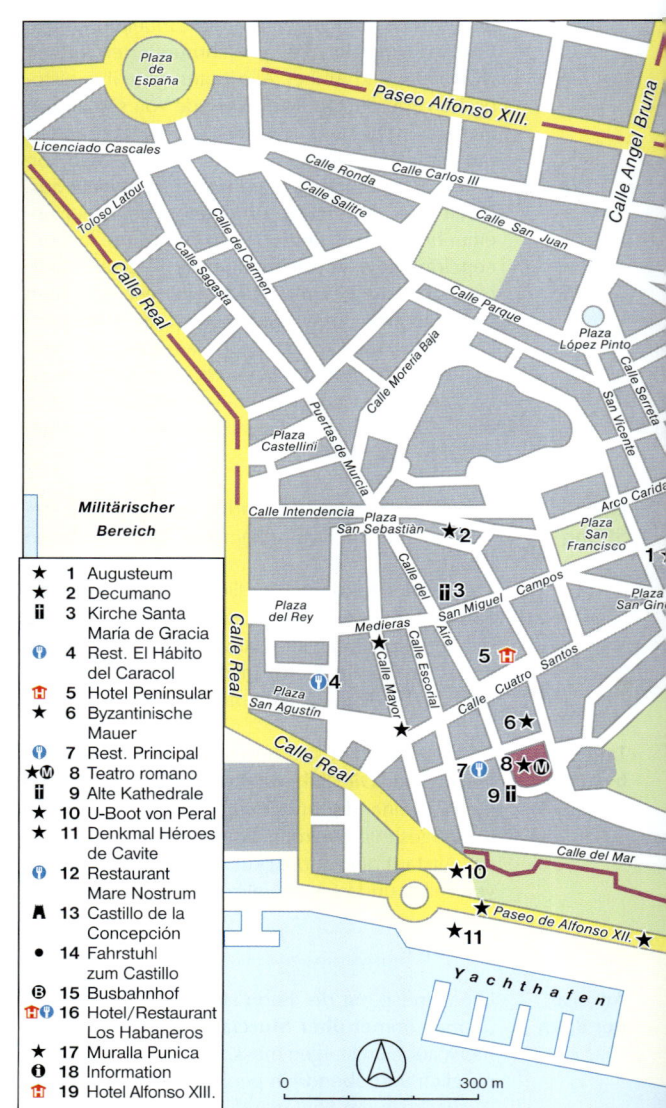

★ 1 Augusteum
★ 2 Decumano
ii 3 Kirche Santa
  Maria de Gracia
◉ 4 Rest. El Hábito
  del Caracol
🏨 5 Hotel Penínsular
★ 6 Byzantinische
  Mauer
◉ 7 Rest. Principal
★Ⓜ 8 Teatro romano
ii 9 Alte Kathedrale
★ 10 U-Boot von Peral
★ 11 Denkmal Héroes
  de Cavite
◉ 12 Restaurant
  Mare Nostrum
🅰 13 Castillo de la
  Concepción
● 14 Fahrstuhl
  zum Castillo
🅑 15 Busbahnhof
🏨◉ 16 Hotel/Restaurant
  Los Habaneros
★ 17 Muralla Punica
🛈 18 Information
🏨 19 Hotel Alfonso XIII.

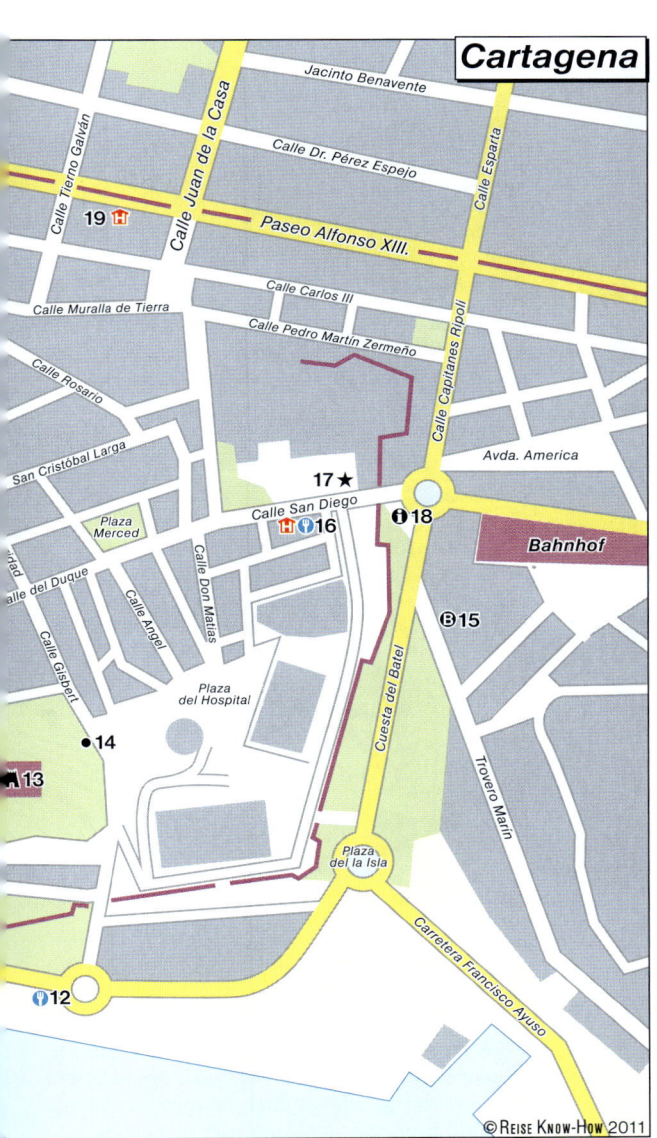

Cartagena

Costa Cálida

mals am Tag; die Fahrt dauert eine Stunde (Fahrpläne im Internet unter www.renfe.es).

Vom Bahnhof gelangt man zu Fuß in etwa 15 Minuten in das Viertel der Sehenswürdigkeiten. Zunächst geht man über die Avda. América und dann weiter geradeaus über die calle San Diego. Ab dort kann man den Ausschilderungen folgen.

Costa Cálida

Anreise per Bus Der große **Busbahnhof** liegt nahe der Plaza Almirante Bustamante, wo sich auch die Touristeninformation befindet. Hier starten und enden viele regionale Verbindungen. Zur Innenstadt geht man über die calle San Diego.

Im Vordergrund das römische Theater vor Vollendung des Umbaus

Anreise per Auto

Die innerstädtische **Ausschilderung** ist nicht schlecht. Wer sich über die N 301 der City nähert, sollte zunächst dem Hinweis „Centro Ciudad" folgen, später dann den Schildern mit der Aufschrift „Puerto".

Parken kann man entlang der Hafenpromenade Paseo Alfonso XII. oder auf einem leidlich beschil-

derten Parkplatz an der Plaza del Rey. Dazu am Ende des Paseo Alfonso XII. nach rechts abbiegen. Die Sehenswürdigkeiten sind alle im Innenstadtbereich ausgeschildert und durchnummeriert.

Stadtrundgang

Cartagena bietet eine seltene Mischung: Zum einen die pittoreske Altstadt mit ihren engen Gassen und netten, individuell gestalteten Häusern, zum anderen etliche Fundstätten aus römischer und byzantinischer Zeit, und schließlich kann man auch einen Eindruck vom alltäglichen Leben in Cartagena erhaschen.

Die wichtigsten historischen Funde werden unter dem Titel „Cartagena – Puerto de Culturas" (Cartagena – Hafen der Kulturen) in mehreren, sehr interessanten **Museen** vorgestellt, zwischen denen sogar ein Bus pendelt. Wer alle Ausstellungen besuchen möchte, sollte sich ein Sammelticket (*abono*) kaufen. Damit können Sie ganz bequem mit dem Bus alle Punkte anfahren und sogar ein spezielles Schiff nutzen, das langsam durch die Bucht von Cartagena fährt.

● Preis: 20 €, ermäßigt 16 €, Informationen: www. cartagenapuertodeculturas.com

Castillo de la Concepción

Das Castillo sollte man als Erstes aufsuchen, denn von oben genießt man einen **schönen Blick** über die Stadt. Bereits die frühen Herrscher bauten hier auf einem Hügel eine Burg, die später häufig erweitert und renoviert wurde, von der aber heute nicht mehr viel zu sehen ist. Der etwas steile Aufstieg erfolgt durch einen hübsch angelegten Park. Im restaurierten Turm befindet sich das **Centro de Interpretation de la Historia de Cartagena,** ein Bestandteil der Ausstellungsserie Puerto de las Culturas. Dort erfährt man in einer gut gemachten

Costa Cálida

Spaziergang am Paseo Alfonso XII.

audiovisuellen Show (Englisch und Spanisch) alles über die wechselvolle Geschichte der Stadt. Auch sehr gut gestaltet ist die **Muro de la Sorpresa,** die „Überraschungswand". Dort werden unterschiedlichste Aspekte der Stadtentwicklung vorgestellt. Alles sehr modern und gut aufgezogen, ohne den Betrachter zu überfrachten. Von oben genießt man einen tollen Blick über die Stadt, aber für manchen Besucher war der Anstieg früher doch zu beschwerlich. Deshalb wurde ein Fahrstuhl

Cartagena – die schönste Stadt Amerikas

Nicht nur in Spanien, sondern auch in Lateinamerika gibt es eine Stadt namens Cartagena. Ihre Ursprünge gehen auf *Pedro de Heredia* zurück, einem spanischen Abenteurer, der 1533 im heutigen **Kolumbien** eine Siedlung an einer weit geschwungenen Bucht gründete. Schnell wurde dieser günstige Naturhafen am karibischen Meer zu einem wichtigen Stützpunkt für die Spanier. Von hier floss ein Großteil der zusammengeraubten Reichtümer aus den Gold- und Silberminen ins Mutterland. Umgekehrt brachten die Schiffe auf ihrer Rückfahrt schwarze Sklaven aus Angola mit. Cartagena de las Indias, so der offizielle Name, wurde schnell zu einem der wichtigsten und wohlhabendsten Orte in Übersee. Fortdauernde Piratenüberfälle machten den Bewohnern jedoch das Leben schwer. Erst nachdem *Felipe II.* eine uneinnehmbare Festungsanlage erbauen ließ, kehrte Ruhe ein. Die Stadt prosperierte, die Übersee-Spanier bauten großzügige Villen und zeigten ungeniert ihren Reichtum. Cartagena war dank der Festung die am besten geschützte Stadt Amerikas.

So blieb es viele Jahre, und selbst nach Kolumbiens Unabhängigkeit Anfang des 19. Jahrhunderts erging man sich nicht in einer Zerstörungsorgie an allem verhassten Spanischen. Im Gegenteil, über all die Jahre wurde der innerstädtische Kern mehr oder weniger gepflegt und seitdem die UNESCO die Stadt zum **Weltkulturerbe** erklärt hat, wird im Zentrum kein Haus mehr abgerissen. Nirgendwo sind deshalb so viele Gebäude aus der spanischen Epoche erhalten geblieben. Man spaziert durch verspielt verschnörkelte Arkaden, bewundert eine nicht enden wollende Reihe von mit Blumen geschmückten Balkonen und blickt in kühle Innenhöfe, wo Springbrunnen leise plätschern und Palmen Schatten spenden. Deshalb nennt man Cartagena de las Indias auch *la ciudad más bella de América* – „die schönste Stadt Amerikas".

erbaut, mit dem Sie ganz bequem gegen eine geringe Gebühr von der calle Gisbert hochfahren können.

● **Geöffnet:** 1.7.–15.9. tägl. 10–14.30 und 16–20 Uhr, sonst Di–So 10–17 Uhr; Eintritt: 3,50 €, reduziert 2,50 €.

Ausgra-bungen   Beim Abstieg durch enge, teilweise recht steile Gassen nähert man sich einer größeren Ausgrabungsstätte, die oben vom Castillo gut eingesehen werden kann. Hier liegen in unmittelbarer Nachbarschaft ein römisches Theater, die Reste einer byzantinischen Mauer und die alte Kathedrale.

Das **Teatro romano** wurde zufällig 1987 entdeckt. Es liegt unmittelbar beim Hügel, auf dem das Castillo de la Concepción thront. Vermutlich wurde es im 1. Jh. v. Chr. von den Römern erbaut.

Die Reste der **byzantinischen Mauer** werden auf das 6. Jahrhundert datiert. Die Fundstelle ist in der Altstadt ausgeschildert.

Costa Cálida

Luftgetrocknete Antiquität: Das U-Boot von Isaac Peral

Alte Kathedrale

Die **Catedral Vieja Santa María** stammt aus dem 13. Jahrhundert. Sie wurde mehrfach umgebaut. Teilweise nutzte man sogar Steine aus dem römischen Theater. Im spanischen Bürgerkrieg wurde die Kirche stark beschädigt.

Rathaus

Nur einige Schritte weiter erreicht man einen weitläufigen Platz, an dem das pittoreske Rathaus (*ayuntamiento*) steht. Das Gebäude wurde zwischen 1901 und 1907 im **Jugendstil** erbaut. Alle drei Fassaden sind unterschiedlich gestaltet.

Denkmal zu Ehren der Helden von Cavite

Ganz in der Nähe steht ein Denkmal zu Ehren der *Héroes de Cavite,* der „Helden von Cavite", die im Krieg gegen die USA um Kuba 1892 in Cavite und Santiago de Cuba starben.

Peral-U-Boot

Noch etwas weiter Richtung Meer kann der Besucher das erste U-Boot eines Spaniers bestaunen. *Isaac Peral* entwarf es im Jahre 1884. Vier Jahre später wurde es im Hafen von Cádiz getauft.

Paseo Alfonso XII.

Nun erreicht man eine breite Promenade, den Paseo Alfonso XII. Auch wenn hier der Verkehr vorbeibraust, lohnt ein kleiner Spaziergang. Die Promenade ist recht breit angelegt und von Palmen gesäumt. Schließlich passiert man die **ehemalige Stadtmauer.** Der Bau wurde von König *Carlos III.* veranlasst und dauerte länger als zwei Jahre: vom 3. Juni 1776 bis zur feierlichen Einweihung am 3. Oktober 1786.

Calle Mayor

Dann geht es zurück zum Rathaus und in die calle Mayor. Dies ist die **eindrucksvollste Straße** der Stadt. Der Autoverkehr wurde verbannt, die Häuser sind durchweg nett gestaltet, und etliche Lokale locken zu einem Päuschen. Aber auch ein Eintauchen in die Seitengassen ist lohnenswert, denn dort finden sich urige Bars, verschnörkelte Häuser, schicke Straßenlaternen und vor allem nichts Gekünsteltes. Eines der auffälligsten Gebäude ist die

Casa Llagostera in der c/ Mayor 25. Im Jahr 1916 wurde das Haus für eine katalanische Familie erbaut, die über die Außenfassade ihren Reichtum zur Schau stellen wollte. Abgebildet sind dort die Götter Merkur und Minerva sowie die Wappen der Städte Cartagena, Murcia, Barcelona und Manlleu.

In der calle Mayor 17 steht auch das **Casino,** das sich im hübsch verschnörkelten barocken **Palacio del Marqués de Casatilly** befindet. Darunter ist übrigens kein Spielkasino zu verstehen, sondern mehr eine Art Club für eingetragene Mitglieder, mit einer Bibliothek, Lesesaal und Cafetería.

Gleich nebenan (calle Mayor 15) steht die **Casa Cervantes,** das nichts mit dem Literaten zu tun hat, sondern für den Unternehmer *Serafín Cervantes* im modernistischen Stil gebaut wurde.

Etwas weiter befindet sich das reich verzierte, im modernistischen Stil geschaffene **Gran Hotel,** mit dessen Bau 1907 begonnen wurde.

Kirche Santa María de Gracia

In der calle del Aire, einer Parallelstraße der calle Mayor, steht die Kirche Santa María de Gracia. Sie wurde im 18. Jahrhundert errichtet und war als Nachfolgerin der alten Kathedrale gedacht. Dazu kam es aber nicht. Noch heute befinden sich **Kunstwerke** von außergewöhnlichem Rang in der Kirche, so die Arbeit des Bildhauers *Francisco Salzillo* „Die vier Heiligen".

Die folgenden vier Ausstellungsräume gehören zum Verbund **Puerto de las Culturas:**

Decumano Plaza Tres Reyes

An der Plaza Tres Reyes befinden sich unterirdisch die Überreste einer 1968 entdeckten **römischen Straße** sowie öffentlicher **Bäder.** An Hand eines Modells kann man sich ein sehr plastisches Bild verschaffen, wie es einst zur römischen Zeit ausgesehen haben muss.

●**Geöffnet:** Di–So 10–14.30 Uhr; Eintritt: 2 **€**, reduziert 1 **€**.

Costa Cálida

Augusteum   Ein unterirdischer, konstant auf 18°C abgekühlter Ausstellungsraum in der c/ Caballero 2 mit **Fundstücken der römischen Epoche.** Hier befanden sich öffentliche Gebäude, in denen sich religiöse Würdenträger trafen. Neben diversen kleinen Fundsachen wie Münzen, Keramiken oder Statuen finden sich hier auch Reste von Säulen und Hausfundamente.

● **Geöffnet:** 1.7.–15.9. Di–So 10–14.30 Uhr, 16.9.–1.11. und Ostern bis 30.6. Di–So 16–19.30 Uhr, 2.11.–15.3. (10.1.–14.2. geschlossen) Di–So 14–17 Uhr; Eintritt: 2,50 €.

Muralla Púnica   Ebenfalls zufällig 1998 entdeckt wurden die Reste der **punischen Mauer.** Ihre Entstehung datiert auf das Jahr 225–220 v. Chr. Die ursprüngliche Mauer (eigentlich waren es zwei parallel verlaufende Mauern) umschloss die ganze Stadt. Ihre Höhe wird mit bis zu drei Metern angegeben. Um einen plastischen Eindruck zu vermitteln, wurde sie in Originalgröße nachgebaut. Wer möchte, steigt ganz nach oben und läuft auf einer der Mauern. Im Inneren befindet sich auch noch eine Krypta aus dem 17. Jahrhundert, errichtet von Mönchen des San-Diego-Ordens.

● **Geöffnet:** 1.7–15.9. tägl. 10–14.30 und 16–20 Uhr, sonst Di–So 10–17.30 Uhr; Eintritt: 3,50 €.

Museo del Teatro Romano   Lange Zeit war das **römische Theater** verborgen, nun ist es nach Jahren endlich freigelegt. Spaniens Star-Architekt *Rafael Moneo* (er hat in Madrid einige bemerkenswerte Bauten erschaffen) schuf das dazugehörige Museum an der Plaza del Ayuntamiento, welches aus zwei unterirdisch miteinander verbundenen Gebäuden besteht und archäologische Funde sowie die historische Entwicklung des Ortes rund um das römische Theater zeigt.

● **Geöffnet:** 1.5.–30.9. Di–Sa 10–20 Uhr, So 10–14 Uhr, sonst Di–Sa 10–18 Uhr, So 10–14 Uhr; Eintritt: 5 €.

Praktische Tipps

Unterkunft

●**Hotel Los Habaneros** €€-€€€, c/ San Diego 60, Tel. 968 505 250, Fax 968 509 104, www.hotelhabaneros. com. Ein Haus mit 63 Zimmern auf drei Etagen, das unweit vom Bahnhof liegt. Unten befindet sich ein Restaurant.
●**Hotel Penínsular** €€, c/ Cuatro Santos 3, Tel./Fax 968 500 033. Ein kleines Haus, mitten in der Altstadt gelegen, mit einfacher, aber vollkommen ausreichender Einrichtung.
●**Hotel Alfonso XIII.** €€€€, Paseo Alfonso XIII. 40, Tel. 968 520 000, Fax 968 500 502, www.hotelalfonsoxiii.com. Großes Haus mit 124 Zimmern, an einer der Hauptverkehrsstraßen der Stadt gelegen. Zum Zentrum ist es nicht weit. Die Einrichtung ist funktional.

Essen & Trinken

●**Restaurante Mare Nostrum,** Paseo de Alfonso XII. s/n, Tel. 968 522 131. In erster Reihe zum Meer beim Sportboothafen gelegenes Lokal. Von der Terrasse formidabler Blick. Der Schwerpunkt der Küche liegt auf Fischgerichten, wie könnte es anders sein?
●**Restaurant Los Habaneros,** c/ San Diego 60, Tel. 968 505 250. Gute Regionalküche und selbstgemachte Desserts, das Lokal befindet sich im gleichnamigen Hotel.
●**Principal,** c/ Principe de Vergara 2, Tel. 968 123 031. Bietet sowohl Tapas und Bocadillos als auch preiswerte Mittagsmenüs.
●**El Hábito del Caracol,** c/ San Agtín 7, Tel. 968 123 726. Zwar nur sogenannte internationale Küche und Pizza, dafür aber preiswert.
●In der calle Mayor und an der Plaza del Rey liegen etliche Tapas-Bars und Bierlokale.

Feste

●**Juni:** Gesangswettbewerb der Bürger von Cartagena.
●**Juli:** La Mar de Música – ein Musikfestival zum Thema „Meer".
●**16. Juli:** Virgen del Carmen – mit sehenswerter Meeresprozession.
●**25. August:** Romería zum Kloster San Ginés de la Jara – Wallfahrt.
●**Ende September:** Fiesta de Cartaginenses y Romanos. Am Freitag vor dem letzten Sonntag im September beginnt diese einwöchige Fiesta. Am darauffolgenden Freitag folgt die „Hauptschlacht" – zehn Tage lang wird die Epoche der Karthager und Römer auf einem 50.000 m² großen Festgelände nachgelebt, stilecht mit Kämpfen, dem Aufmarsch von römischen Legionen, mit *Hannibals* Aufbruch gen Rom, seiner Hochzeit und natürlich vielen Festzelten, in denen Schmaus und Trank jener Tage angeboten wird.

Markt

●**Mittwoch,** in der Straße Ribera de San Javier, die etwas außerhalb des Zentrums liegt.

Costa Cálida

Puerto de Mazarrón

- **Einwohner:** 11.000
- **PLZ:** 30860
- **Entfernung nach Alicante:** 140 km
- **Touristeninformation:** Plaza Toneleros s/n, Tel./Fax 968 594 426, www.mazarron.es

Überblick

Puerto de Mazarrón ist ein kleiner Ort an einer weit geschwungenen Bucht. Früher war er wohl nichts weiter als eine Anlegestelle für die Fischer, die selbst im fünf Kilometer entfernten Hauptort Mazarrón wohnten. Dann kamen die Touristen und bevorzugten natürlich Quartiere in Strandnähe. Also entstanden vor allem Ferienwohnungen und das eine oder andere Hotel. Aber alles ist noch Lichtjahre entfernt von den Auswüchsen und Bausünden der Costa Blanca oder der Costa del Sol. Vor allem liegen diese touristischen Zonen etwas außerhalb, dort allerdings wurde in letzter Zeit schon stärker gebaut. Die Gegend, so scheint es, wird so langsam von Ausländern entdeckt, für Spanier ist dies nichts Neues.

Im Juli und insbesondere im August wird es voll, dann machen die Spanier Urlaub. Außerhalb dieser „heißen" Zeit bleibt aber alles noch relativ ruhig. Wer also auf großen Trubel verzichten kann und nicht an jeder Ecke ein Geschäft mit heimischer Ware erwartet, wird ruhige Urlaubstage hier verbringen können. Der Strand ist recht ansehnlich, die Promenade ausgesprochen nett gestaltet, und man schaltet hier gleich einen Gang zurück.

Die Strände

Direkt am Ort liegen einige schöne Strände. Ansonsten findet sich eine Vielzahl von kleinen Buchten in der Nachbarschaft. Direkt am gar nicht einmal so kleinen Hafen beginnt ein ziemlich breiter und insgesamt wohl einen Kilometer langer Strand. Farblich hat er einen Stich ins Gräuliche, aber natürlich wird er trotzdem genutzt, wenn auch etwas verhalten. Er liegt sozusagen mitten im Ort, teilweise führt eine Straße vorbei, im oberen Abschnitt beim Hafen dann nicht mehr. Nebenbei läuft hier auch eine **palmenbestückte Promenade** entlang und es erheben sich ein paar Blocks mit Ferienwohnungen. Lokale gibt es natürlich auch, sie liegen mehr im Bereich des Hafens.

Weitere Strände und Strandbuchten unterschiedlichster Größe liegen jeweils links und rechts vom Ort, genau dort entstanden dann auch die Feriensiedlungen. Der größte Strand befindet sich südlich von Puerto de Mazarrón in **Bolnuevo.**

Sehenswertes

Da kann zunächst der Hafen, die Promenade und der ganze Bereich in diesem Umfeld genannt werden. Ansonsten zeigt sich der Ort schon in der zweiten Reihe ziemlich geschäftig, ohne spezielle Highlights.

Museo Arqueológico, c/ La Torre, Ecke c/ San Ginés. Dieses archäologische Museum liegt nicht weit vom Hafen entfernt. Ausgestellt sind Fundstücke, die bis zur phönizischen Zeit zurück reichen und vor allem auch die Salzgewinnung erklären, die schon die Römer beherrschten.

●**Geöffnet:** Sommer Di–So 10–13 und 18.30–21.30 Uhr, Winter Di–So 10–13 und 17–20 Uhr; Eintritt 2,50 €.

Etwas außerhalb können Sie die erstaunlichen **Erosionen von Bolnuevo** bewundern, die der ständige Wind im Laufe der Zeit zu skurrilen Steinformationen geformt hat.

Praktische Tipps

Unterkunft

●**Hotel Playa Grande** €€€–€€€€, Avda. del Castellar 19, Tel. 968 155 715, Fax 968 155 713, www.hotel-playagrande. com. Ein nicht zu großes Haus mit 35 Zimmern, das an der Strandbucht Playa de Nares liegt.

Costa Cálida

●**Hotel La Cumbre** €€€–€€€€, Urbanización La Cumbre, Tel. 968 594 861, Fax 968 594 450, www.hotellacumbre. com. Ein größeres Haus mit 119 Zimmern, das etwas erhöht im Hintergrund des Hauptstrandes steht. Man hat einen schönen Rundblick. Die Einrichtung sei, so bemerkte ein spanischer Kritiker, ein wenig im Chic der 1970er Jahre.
●**Hotel Bahía** €€, Av. José Alarcón s/n (Playa Bahía), Tel. 968 594 000, Fax 968 154 023, www.hotelbahía.net. Das Haus liegt direkt am Meer. Es ist innen funktional eingerichtete und hat 53 Zimmer zu bieten.

Camping

●**Las Torres,** 2. Kategorie, N-332 Cartagena–Mazarrón, Km 29, Tel./Fax 968 595 225, www.campinglastorres. com. Der Campingplatz hat eine Kapazität für 680 Personen und ist nett mit Orangenbäumen begrünt, zum Strand ist es nicht weit.
●**Playa de Mazarrón,** 2. Kategorie, Carretera Puerto de Mazarrón-Bolnuevo, Tel. 968 150 660, Fax 968 150 837,

Die Palmenpromenade von Puerto de Mazarrón

www.playamazarron.com. Recht großer Platz für knapp 1500 Personen am Strand von Bolnuevo. Schatten durch Palmen, Eukalyptusbäume und Mattendächer. Außerdem ein Pool, Tennisplätze und eine Bar.

Essen & Trinken

● **Restaurante Virgen del Mar,** Paseo Marítimo s/n, Tel. 968 585 057. Seit Jahren ein Lokal mit beachtlicher Qualität. Die Einrichtung mag etwas nüchtern wirken, aber die Fisch- und Reisgerichte sind hervorragend. Auch die Tapas werden geschätzt.

● **Restaurant El Puerto,** Plaza del Mar, Tel. 968 594 805. Es liegt direkt am Hafen und serviert überwiegend baskische Küche. Gar nicht so kleines Lokal. Gutes Preis-Leistungs-Verhältnis.

● **Restaurant Casa del Mar,** Tel. 968 153 842, liegt etwa 100 m weiter und noch näher am Wasser. Auch hier werden Fischgerichte zubereitet, die auch auf der kleinen Terrasse genossen werden können.

● **Miramar,** Avda. Tierno Galván 48, Tel. 968 594 050. Liegt etwas außerhalb in Richtung Bolnuevo direkt am Strand und bietet vorzügliche Fischgerichte und ebensolche mit Meeresfrüchten.

Adressen

● **Polizei:** Plaza del Mar.
● **Post:** c/ Maestro Andrés Picón s/n.

Feste

● **17. November:** Romería del Milagro – Wallfahrt in Bolnuevo. Das Fest wird am folgenden Sonntag gefeiert.

Markt

● **Sonntag,** an der c/ Parque Doñana.

Costa Cálida

Mazarrón

● **Einwohner:** 22.300
● **PLZ:** 30870
● **Entfernung nach Alicante:** 145 km
● **Touristeninformation:** siehe Puerto de Mazarrón

Überblick

Mazarrón ist eine ganz normale Kleinstadt, die ein paar Kilometer von der Küste entfernt im Hinterland liegt. Eine Hauptstraße durchschneidet den kleinen Ort, der wenig Außerordentliches zu bieten hat.

**Sehens-
wertes**

Sehenswert ist das **Rathaus** *(ayuntamiento)* aus dem 19. Jh. – ein hübsch verschnörkeltes Gebäude im modernistischen Stil an einem netten, kleinen Platz. Gleich nebenan befindet sich die Post.

Einmal um die Ecke erreicht man die **Plaza del Convento,** in deren Mitte sich ein kleiner, begrünter Platz befindet. Dort wurde ein römischer Meilenstein platziert, in Erinnerung an einen Fund aus der Römerzeit – die Reste einer römischen Fernstraße, die einst durch Mazarrón führte.

An besagtem Platz stehen auch die **Markthalle** und die **Kirche La Purísima** aus dem 16. Jahrhundert. Sie ist die Kirche des Schutzheiligen des Ortes und wurde 1690 in ein Kloster umgewandelt, daher auch der Zweitname *Convento.* Das schneeweiße Gotteshaus mit seinen leicht verblassten rötlichen Ziegeln erinnert ein wenig an eine Kirche aus einem mexikanischen Dorf.

Die älteste Kirche Mazarróns, die **Iglesia de San Andrés,** steht ein paar Straßen weiter an der calle de San Andrés. Im Jahre 1572 wurde sie eingeweiht und steht heute unter Denkmalschutz. Beachtenswert ist die Mudéjar-Decke.

Nur wenige Schritte vom Rathaus entfernt liegt eine Kirche aus der gleichen Zeit, die **Iglesia de San Antonio.** Ihr Bau wurde 1581 beendet. Hervorzuheben sind die vier Heiligenfiguren in der Kuppel.

Praktische Tipps

Unterkunft

● **Hotel Guillermo II.** €€, c/ Carmen 7, Tel. 968 590 436, Fax 968 590 609. Ein Haus mit 14 Zimmern unweit der Hauptdurchfahrtsstraße im zentralen Bereich des Ortes.
● **Hotel Reyamar** €€, Avda. Constitución 157, Tel. 968 590 120, Fax 968 592 572. Direkt an der Durchfahrtsstraße gelegenes, funktionales Hotel mit 32 renovierten Zimmern.

Camping

● Siehe unter Puerto de Mazarrón.

*Die Iglesia la Purísima erinnert
an eine mexikanische Dorfkirche*

Costa Cálida

071cbFoto: jf

Essen & Trinken

● **Bar Ramón,** Avda. Constitución 84, gegenüber dem Rathaus. Nichts Besonderes, aber genau das macht den Reiz aus. Karge Einrichtung, vernünftige Tapas und ein hinkender Wirt, der auch die Rentner duldet, die sich hier bei einem Glas Wasser durch den Tag schweigen. Gute Regionalküche.

Adressen

- **Medizinisches Zentrum:** Avda. Constitución (Hauptdurchgangsstraße).
- **Polizei:** c/ Antiguo Matadero, s/n., Guardia Civil: Avda. Constitución 17.
- **Post:** Plaza del Ayuntamiento 2.
- **Einkaufen:** Cerámica El Sótano, c/ Progreso 53-55, die Straße zweigt von der Hauptdurchfahrtsstraße Avda. Constitución ab, Tel. 968 153 178. Hier wird einheimische Keramik angeboten.

Feste

- **Anfang Dezember:** Purísima Concepción – das Patronatsfest des Ortes.

Markt

- **Samstag,** an der Plaza del Convento.

Hoffen auf „den Dicken"

Weihnachten beginnt in Spanien am 22. Dezember. Wie sehr die Spanier der verschiedenen Landesteile auch sonst auf Unterschiede achten, zumindest in diesem Punkt sind sie sich einig: Alle hoffen auf „den Dicken", spanisch: *el gordo.*

El gordo ist der Hauptgewinn der **Weihnachtslotterie.** Millionen können gewonnen werden – Euro wohlgemerkt. Zwar finden Lotterielose in Spanien stets reißenden Absatz. Aber zu Weihnachten ist alles noch viel schlimmer. Buchstäblich jeder Spanier kauft ein Los. Angeboten werden sie überall: in Geschäften, in Bars, in offiziellen Verkaufsbüros. Dort hängen die Schildchen schon ab Ende Oktober aus: „Lotería de Navidad" steht darauf, zusammen mit einer zumeist fünfstelligen Nummer. Wem diese zusagt, der kauft sich einen Anteil. Lotterienummern werden nämlich nicht im ganzen Stück angeboten, sondern anteilig. Wer möchte, kann natürlich mehrere Anteile kaufen, aber die meisten Spanier streuen ihren Einsatz und erhöhen dadurch ihre Chancen.

Je näher das magische Datum rückt, desto aufgeregter sind die Menschen und desto länger werden die Schlangen vor den Verkaufsstellen. Dann ist es endlich so weit. Am **22. Dezember, Schlag neun Uhr,** ist das Land paralysiert. Alle sitzen vor dem Fernseher. Die Bars sind brechend voll.

Águilas

- **Einwohner:** 34.500
- **PLZ:** 30880
- **Entfernung nach Alicante:** 192 km
- **Touristeninformation:** Plaza de Antonio Cortijos s/n, Tel. 968 493 173, Fax 968 446 082, www.aguilas.es

Überblick und Geschichte

Mittlerweile ist Águilas zu einer beachtlichen Kleinstadt angewachsen. Im 18. Jahrhundert war das gewiss nicht vorgesehen, als König *Carlos III.*

Selbst die Kellner beachten den Gast nur unaufmerksam. Was sonst absolut unmöglich wäre, ist heute entschuldigt. Busfahrer drehen ihre Runden mit einem Kofferradio am Ohr, in den Büros tut sich nichts. Grund: Die Waisenkinder des Colegio de San Ildefonso (ein Waisenheim bei Madrid) **singen die Gewinnnummern,** und zwar stundenlang. Dabei stehen sie auf einer Bühne, während im Hintergrund die Nummern gezogen werden. Ihre Verkündigung, also der Gesang, klang vor Euro-Zeiten so: „Doscienienientos mil peseeetaaas (200.000 pesetas), el número xyz". Stundenlang ertönte das lang gezogene „peseeetaaas". Das ist ja nun vorbei, aber mit „Euuurooo" wird's wohl auch gehen.

Immer wenn die Kinder ihre Stimme merklich heben, steht ein hoher Gewinn an. Millionen werden dann ausgesungen. Irgendwann ist es schließlich soweit, **der Dicke** ist an der Reihe. Das ganze Land hält den Atem an. Keiner will *die* Nummer verpassen. Und dann ist es tatsächlich passiert. Jubelschreie irgendwo in einem Dorf, in einer Bar, in einem Geschäftchen. Gewonnen! GEWONNEN!! Richtig groß gewonnen! Am nächsten Tag steht alles in der Zeitung. Sämtliche Gewinnnummern werden seitenlang aufgezählt und auch Fotos der jubelnden, Sekt verspritzenden Hauptgewinner dürfen nicht fehlen. Anonymität gibt es hier nicht. Heraus mit der Freude! Auf dass nächstes Jahr wieder alle Spanier ein Los kaufen und auf „den Dicken" hoffen.

Costa Cálida

in dieser unwirtlichen Gegend einen Hafen bauen ließ. Der Ort war schon seit den Tagen der Römer bewohnt, aber erst mit der Errichtung des Hafens wurde Águilas planmäßig besiedelt. Einen gewaltigen Schub bekam es durch die Touristen. Speziell in Richtung Westen wurden immer neue Apartmenthäuser entlang des Strandes gebaut, so dass sich die Stadt doch ziemlich ausdehnte. Heute hat sie einen hübschen älteren Kernbereich, der zwischen dem Hafen und der Plaza España liegt, sowie in Strandnähe eine Zone touristisch relevanter Häuser. Die Umgebung zeigt sich gebirgig, karstig und in bestimmten Küstenabschnitten mit schroffen Steilküsten.

Die Strände

Strandmäßig hat Águilas eine Menge zu bieten. Ein insgesamt wohl mehrere Kilometer langer **Sandstrand** verläuft vom Hafen aus nach Süden und wird von einer etwas nüchterneren Promenade begleitet. Dort stehen Häuser, die dem Anschein nach zumindest nicht alle touristisch genutzt werden und auch die Lokale scheinen eher auf einheimische Gäste zu warten. Im besten Sinne also eher alltäglich-normal, immer mit der Einschränkung, dass es im Sommer trotz allem ziemlich voll sein kann und wird.

Nach Norden schließen sich einige **wenige Strandbuchten** an, aber der schönere und deutlich längere Strand rollt sich gen Süden aus.

Sehenswertes

Plaza España

Reizvoll ist das Gesamtensemble des älteren Stadtkerns. Nicht, dass hier nun reihenweise spektakuläre Häuser stünden, aber im Vergleich zu den meisten Küstenorten der Umgebung findet man hier doch eine Reihe malerischer Häuser. Zentraler Platz ist die hübsch begrünte Plaza España mit ihren schmiedeeisernen Ruhebänken. Ringsum bestechen auffällig verschnörkelte Häuser, wie das **Rathaus** aus dem 19. Jahrhundert.

Die Rundbögen über den Fenstern erinnern ein wenig an die maurische Architektur. Arabische Schriftzeichen unterstreichen noch diesen Eindruck. Der Platz wurde 1874 angelegt. Im Zentrum steht ein kleiner Brunnen. Insgesamt acht Straßen münden hier ein.

Museo Arqueológico

Mitten im Zentrum, nicht übermäßig weit vom Hafen entfernt, liegt an der **calle Conde de Aranda 8** das kleine archäologische Museum in einem historischen Gebäude, das Ende des 19. Jahrhunderts gebaut wurde. Dort sind Fundstücke aller Kulturen ausgestellt, die im Laufe der Zeit in Águilas ihre Spuren hinterließen. Dort befindet sich das sogenannte **Interpretationszentrum zum Meer,** in welchem in einem Aquarium Meeresbewohner der Region präsentiert werden, sowie eine kleine Ausstellung zum Fischfang.

● **Geöffnet:** Mo 17–20 Uhr, Di–Sa 10.30–14, 17–20 Uhr, Eintritt 1,50 €.

Fischereihafen

Nur ein paar Schritte weiter erreicht man den Fischereihafen. Dort wird noch immer schwer gearbeitet. Jeder Besucher sollte deshalb seine Neugierde etwas zügeln. In der **Lonja** werden täglich Fische versteigert.

Castillo de San Juan de las Águilas

Unmittelbar am Hafen erhebt sich ein steiler, 85 Meter hoher Berg, auf dem das Castillo de San Juan de las Águilas thront. Es wurde im 18. Jh. auf den Resten einer Burg aus dem Jahr 1579 erbaut. Nach vielen Schlachten besteht es heute nur noch als **Ruine,** die aber restauriert wird. Im Schatten der Burg siedelten sich die Fischer an, die gegen häufige Piratenattacken geschützt werden mussten. Allzu viel kann man oben nicht besichtigen. Aber der Aufstieg lohnt sich wegen des unvergleichlichen Rundblickes. Dazu geht man von der Plaza España über die c/ Balart, dann kurz nach links in die c/ La Paz und wieder rechts in die c/ Murillo. Dann geht's hoch zum „Gipfel".

Costa Cálida

Praktische Tipps

Unterkunft

●**Hotel Carlos III.** €€€, c/ Rey Carlos III. 22, Tel. 968 411 650, Fax 968 411 658, www.hotelcarlosiii.com. Mitten im Ortszentrum und nur zwei Querstraßen vom Strand entfernt liegt dieses 32-Zimmer-Hotel, das familiär geführt wird.

●**Hotel El Paso** €€, c/ Cartagena 13, Tel. 968 447 125, Fax 968 447 127, www.hotelelpasoaguilas.com. Kleines Haus mit 24 Zimmern, das etwas am Rande des Zentrums liegt, eine Parallelstraße vom Bahnhof entfernt.

●**Pensión La Huerta** €, c/ Barcelona 2, Tel. 968 411 400, Fax 968 413 757. Kleine Pension mit 18 Zimmern am Ortsrand, unweit der Ausfallstraße nach Cartagena/Lorca.

**Jugend-
herberge**

●Carretera de Vera-Almería km 4, Tel./Fax 968 413 029, bietet 82 Betten.

Am Strand von Águilas

Camping

●**Bellavista,** 2. Kategorie, Ctra. Vera–Almería, km 3, Tel/Fax 968 449 151, www.campingbellavista.com. Ein kleiner Platz (117 Personen), der etwa zwei Kilometer außerhalb in Richtung Mojácar liegt und nur durch die Hauptstraße vom Strand getrennt ist.

●**Águilas,** 2. Kategorie, Urbanización Los Geráneos, Tel. 968 419 205, Fax 968 419 282, www.campingaguilas.es. Ebenfalls kein übermäßig großer Platz, der etwa zwei Kilometer östlich des Ortes in Richtung Calabardina, Cabo de Cope liegt, allerdings zwei Kilometer vom Strand entfernt.

Essen & Trinken

●**Restaurante Casa del Mar,** Explanada del Muelle s/n, Tel. 968 412 923, Mo geschlossen. Das Lokal liegt genau gegenüber der Fischauktionshalle am Hafen und bietet Fisch- sowie Reisgerichte.

●**Restaurante Las Brisas,** Explanada del Puerto s/n, Tel. 968 410 027, Mo geschlossen. Das kleine Lokal liegt zwischen Plaza España und Strand. Es bietet vor allem Fisch bzw. Reisgerichte und ist immer gut besucht.

Adressen

●**Polizei:** c/ Juan Pablo I., liegt einen Block von der Plaza España entfernt.

●**Post:** Plaza Alfonso Escámez.

●**Busbahnhof:** Paseo de la Estación s/n (drei Querstraßen vom Hafen entfernt).

●**Fahrradverleih:** Mountain Bike Águilas, c/ Barcelona 1, Tel. 968 413 984.

●**Internet:** Stop Ciber, c/ Pintor Rosales 8, Tel. 968 411 319; Ciber Consoln, Centro Comercial Águilas Plaza (WiFi).

Feste

●**16. Juli:** Virgen del Carmen – mit Meeresprozession.

●**15. August:** Sommerfest.

Markt

●**Wochenmarkt:** Mo–Sa c/ Isabel la Católica s/n.

●**Samstagsmarkt:** c/ Murcia (am Ende dieser Straße).

Ausflüge

Castillo de Cope

Castillo de Cope liegt etwa zehn Kilometer nordöstlich an einer Landspitze. Ein *castillo,* also eine Burg, hat hier wohl niemals gestanden. König *Carlos V.* ließ aber bereits im Jahre 1539 einen **Wachturm** errichten. Zu oft wurde die Küste von Piraten heimgesucht, die sich mitunter nicht einmal von der kleinen Garnison abschrecken ließen.

Costa Cálida

1582 überrannten türkische Seeräuber den Wachturm und nahmen gleich die Kanonen mit. So ging es eine Zeit lang, bis 1702 endlich 50 Mann Bewachung abgestellt wurden. Erst als die Piraten verschwanden, wurden die Soldaten wieder abgezogen und der Turm verfiel. Seitdem er nun restauriert wird, gilt er als Ausflugsziel.

Die **Torre de Cope** zählt heute zu den ältesten Wehrtürmen der gesamten Provinz Murcia. In unmittelbarer Nachbarschaft des Turmes stehen ein paar Häuser. Auch einige **Strände** befinden sich hier. Diese weisen keinerlei Serviceeinrichtungen auf und man erreicht sie nur über eine Piste. Etwas lebhafter geht es an der Playa de Calabardina zu – einem leicht gräulichen, feinen Sandstrand, der vor der gleichnamigen Ortschaft liegt. Auf dem Weg zur Torre de Cope fährt man gut einen Kilometer vor Erreichen des Turmes hindurch.

Mojácar

Dieser kleine Ort liegt etwa 40 km südlich und damit bereits in der Provinz Almería. Er soll dennoch hier eine Erwähnung finden, denn er **zählt zu den schönsten Orten weit und breit!** Fast wie ein typisches andalusisches weißes Dorf ziehen sich die strahlend weißen Häuser an einem Hang hoch. Von weitem meint man ein hingestreutes Häuflein Würfelzucker zu erkennen.

Mojácar ist zweigeteilt. Direkt an der Küste liegt eine kilometerlange Urbanización, während der alte Ort 2–3 km im Hinterland liegt und ohne Frage als eine Schönheit bezeichnet werden darf. Ein klassisches weißes Dorf, das sich steil an einem Hang hochzieht mit einer **Grundarchitektur aus fernen arabischen Tagen.** 1488 eroberten die christlichen Heere Mojácar, aber Wundersamerweise blieben viele islamische Familien. Natürlich mussten sie konvertieren, aber immerhin wurde verhindert, dass mal gleich im christlichen Siegestaumel der halbe Ort zerstört wurde. Das besorgte 1518 ein Erdbeben, aber unverzagt bauten die Einwohner ihren Ort wieder auf. Irgendwann in der 1970er Jahren war es dann soweit: Mojácar wurde „entdeckt".

Kleine, kubische weiße Häuser mit winziger Dachterrasse und viel Blumenschmuck, enge Gassen und mittlerweile am Hauptplatz schon von einer gewissen touristischen Substanz (Bars, Geschäfte ...). Das ist wohl unvermeidlich, kommen doch Tausende von Besuchern, um sich von der fast noch maurischen Atmosphäre gefangen nehmen zu lassen. Dazu aber sollte man zu Fuß hochsteigen und das Auto unten stehen lassen. Die Gassen sind schmal und steil, man kommt schon ein wenig ins Schnaufen. Trotzdem, oben belohnt ein herrlicher Weitblick bis zu den fernen Bergen die Mühsal. Außerdem kann man nur zu Fuß die Feinheiten aufnehmen.

Von der **Plaza Nueva,** dem zentralen Platz, schaut man weit hinab ins Land. Dort warten auch genügend Bars auf Gäste. Nicht weit entfernt führt ein geschwungener Weg hoch zum Aussichtspunkt **Mirador del Castillo.** Einen tadellosen Weitblick bis zur Küste und auf der anderen Seite bis zu Bergen gibt's als Belohnung. Zurück zur Plaza und weiter geht es durch die **calle Alcalde Jacinto** zur **Iglesia Santa María** aus dem Jahr 1560. Dort steht auch die Marmorfigur **La Mojaquera,** die eine Frau in typischer Tracht mit arabischem Schleier darstellt. Schließlich erreicht der Spaziergänger die hübsche **Plaza del Ayuntamiento.** Einige Lokale locken auch hier zur Verschnaufpause und nur wenige Schritte entfernt überspannt der Torbogen **Puerta de la Ciudad** die Gasse. Wer genau hinschaut, erkennt noch das Stadtwappen.

Das sind die markanten Punkte im Ort, aber man sollte nicht die vielen kleinen Details an den Häusern übersehen. Denn, das steht für den Autor außer Frage: Mojácar Pueblo ist zwar keine Idylle mehr, aber weit und breit immer noch der schönste Ort.

Costa Cálida

Lorca

- **Einwohner:** 92.000
- **PLZ:** 30800
- **Touristeninformation:** c/ López Gisbert, Palacio de Guevera, Tel. 968 441 914, Fax 968 466 157, www.lorcaturismo.es; geöffnet: Mo–Sa 9.30–14 und 16.30–19.30 Uhr, So 10–14.30 Uhr

Überblick Lorca hat eine lange Geschichte und die spiegelt sich durchaus im Stadtbild wider. Viele historische Gebäude, Kirchen, Paläste reicher Eroberer, Händler und sonstiger zu Geld gekommener Menschen sind zu finden.

„**Stadt der 100 Wappen"** wird diese 70.000-Einwohner-Stadt im heißen Hinterland genannt. Die Wappen findet man im Stadtzentrum an sehr vielen Häusern angebracht. *Casonas blasonadas* heißen diese Gebäude; sie stehen überwiegend im netten Altstadtviertel. Zentraler Punkt dort ist die **Plaza España,** an der mehrere eindrucksvolle Gebäude stehen, u.a. das Rathaus aus dem 17. Jahrhundert und die Kirche Iglesia de San Patricio mit einem beeindruckenden Altarraum. Nur ein paar Straßenzüge weiter steht der barocke **Palacio de Guevera** mit seinem schönen Innenhof und dem verspielten Eingangsbereich.

Ein Tagesbesuch

Bahnhof/ Bus- bahnhof Beide Terminals liegen direkt zusammen vor der Stierkampfarena und nur einen Block von der zentralen Achse *Avenida de Juan Carlos I.* entfernt. Von dort gelangen Sie in nördlicher Richtung gehend schnell zum Touristenbüro (ist ausgeschildert, liegt eine Querstraße nach links) und dann weiter geradeaus in Richtung Altstadt.

Sehenswert Hoch oberhalb der Stadt liegt die fotogene **Fortaleza del Sol,** errichtet unter *Alfonso X.* im 13. Jahr-

hundert. Die heutige Festung wurde zu einem lebendigen Schauraum mit Bühne, auf der Schauspieler in historischen Kostümen agieren, der Multimediashow „Zeitreise" und mehreren Dauerausstellungen. Unterhalb der Burg befindet sich das **Besucherzentrum,** Centro de visitantes, in dem ein Überblick über die Stadtgeschichte geboten wird, dargestellt mit modernen audiovisuellen Medien.

●**Geöffnet:** März–Sept. 10.30–17.30 Uhr; Eintritt 8 €; Besucherzentrum Di–So 10–14 und 16–18 Uhr; Eintritt 3,50 €.

Palacio de Guevera

Dieses Gebäude wird zu Recht auch als ein Juwel des Barocks bezeichnet und stammt aus dem 17. Jahrhundert. Heute befindet sich hier auch die Touristeninformation.

●**Besichtigungen** sind nur geführt möglich. Di–So 10–14, 17–19.30 Uhr; Eintritt 3 €.

Costa Cálida

Blick von der Burg in Lorca

Iglesia de San Mateo

Nebenan steht die Iglesia de San Mateo. Sie befand sich ursprünglich einmal an einem anderen Ort, wurde aber 1800 hierher verlegt, als ein ehemaliges **Jesuitenkloster** „frei" wurde, nachdem die vormaligen Bewohner vertrieben wurden. Bemerkenswert ist hier der Hauptaltar.

Oster-prozession

Am bekanntesten aber dürfte Lorca für seine farbenfrohe **Osterprozession** sein. Insgesamt sechs Bruderschaften gibt es, die zwei größten aber dominieren eindeutig. Es sind die Weißen (*los Blancos*) und die Blauen (*los Azules*). Sie liefern sich seit Jahren einen freundschaftlichen Wettstreit, wer die schönsten Umhänge mit handgefertigten Stickereien auf den alljährlichen Osterprozessionen trägt. Monatelang sticken die Frauen an den Kostümen, eine unglaubliche Farbenpracht und Detailgenauigkeit entsteht so jedes Jahr. Beide Bruderschaften haben eigene kleine Museen.

●**Die Blauen:** Museo de Bordados del Paso Azul in der c/ Nogalte 7. Geöffnet: Mo–Fr 11–14, 16.30–19.30 Uhr, Sa nur 11–14 Uhr; Eintritt 3 €.

●**Die Weißen:** Museo de Bordados del Paso Blanco an der Plaza Santo Domingo. Geöffnet: Di–Sa 11–14 und 17–19 Uhr, So 11–14 Uhr; Eintritt 3 €.

Praktische Tipps

Unterkunft

●**Hotel Amaltea** €€€€, Ctra. de Granada 147, Tel. 968 406 565, Fax 968 406 989, www.amalteahotel.com. Komfortables Haus mit 58 Zimmern in schöner begrünter Umgebung, ein Pool ist vorhanden. Zu finden etwa 2 km südlich des Zentrums an der Haupausfallstraße der Stadt.

Handgefertigte Stickerei für die Osterprozession

●**Hotel Alameda** €€–€€€, c/ Musso Valiente 8, Tel. 968 406 600, Fax 968 406 644, www.hotel-alameda.com. Sehr zentral gelegen an einer der Hauptachsen der Stadt, aber auch nahe am historischen Viertel. Insgesamt 40 Zimmer, die klassisch-funktional eingerichtet sind.

Essen & Trinken

●**Restaurante Casa Cándido,** c/ Santo Domingo 13, Tel. 968 466 907, nicht weit vom Museum der Weißen entfernt. Ein gemütliches, verwinkeltes Haus mit mehreren unterschiedlich großen, sehr gemütlichen Räumen. Gute bodenständige Küche, sehr beliebt vor allem zur Mittagszeit.
●**Mesón el Segoviano,** c/ Terrer Leonés 12, Tel. 968 473 185. Zentral gelegenes Lokal mit guter Regionalküche.
●**El Rincón de los Valientes,** c/ Rincón de los Valientes 3, Tel. 968 441 263. Sehr gute Regionalküche und allgemein geschätzte hausgemachte Desserts.

Feste

●**Osterwoche:** Mittlerweile eine touristische Attraktion ersten Ranges. Der freundschaftliche Wettstreit der einzelnen Bruderschaften, wer die schönsten Stickereien zu bieten hat, spaltet die halbe Stadt, und entsprechend neugierig warten die Bewohner vor allem auf die Umzüge der Blauen und der Weißen. Aber auch der Schweige-Umzug, der um Mitternacht des Gründonnerstags von der Iglesia de San Cristóbal kommt, ist äußerst eindrucksvoll.
●**8. September:** Virgen de las Huertas, Patronatsfest mit großer Wallfahrt.
●**Oktober:** Festival de Flamenco.

Costa Cálida

725cb Foto: jf

Anhang

Literaturtipps

- *Allebrand, Raimund:* **Alles unter der Sonne.** Halbwahrheiten, Irrtümer, Gemeinplätze zu Spanien werden beleuchtet und der spanischen Realität gegenübergestellt. Für ein tieferes Verständnis empfehlenswert. Manche Passagen sind nicht ohne Humor geschrieben. Horlemann Verlag, 2000.
- *Aub, Max:* **Bittere Mandeln.** Band 6 einer sechsteiligen Roman-Reihe zum spanischen Bürgerkrieg. Im März 1939 ist der Krieg entschieden. Die Republikaner versuchen, ihr nacktes Leben zu retten. Ein Gerücht macht die Runde: In Alicante warten Schiffe auf die Flüchtlinge. 30.000 völlig verzweifelte Menschen strömen in Panik dorthin. Eichborn Verlag, 2003.
- *Chirbes, Rafael:* **Krematorium.** Bauunternehmer *Rubén Bertomeu*, reich geworden durch diverse Projekte, die er an der Costa Blanca hochgezogen hat, reflektiert sein Leben und das seiner Familie anlässlich des Todes seines Bruders. Der Autor geht dabei über das Schicksal der Familie hinaus und zeigt das Bild einer Mittelmeerküste, die der Tourismus zerstört hat und gleichzeitig einige ziemlich reich gemacht hat, wie eben Rubén. Er zeigt auch das Schicksal der Linken nach der Franco-Zeit und was aus ihren Träumen und Idealen geworden ist, alles verdichtet auf einen einzigen Tag. Kunstmann Verlag, 2008.
- Der Costa-Nachrichten-Verlag hat seinen Sitz an der Costa Blanca und gibt mehrere Bücher zur Region heraus, beispielsweise über **Sagen und Märchen** oder die **Faszinierende Meereswelt** oder auch zum **Wanderparadies Costa Blanca.** Zu beziehen sind die Bücher über den Verlag W. Jenior in Kassel.
- *Huber, Andreas:* **Sog des Südens.** Das Leben von Schweizer Rentnern an der Costa Blanca wird dargestellt, sowie deren Probleme im Alltag thematisiert. Seismo Verlag, 2005.
- *Pielow, Winfried:* **Das Alphabet.** Briefe aus Spanien an eine daheim Gebliebene. Sie schildern den Alltag der gelangweilten Nordeuropäer in einer Feriensiedlung unter spanischer Sonne. Verlag W. Jenior, 1993.
- *Sobik, Helge:* **Der Mann, der mit den Gambas zaubert. Funkelnde Costa Blanca.** Der Autor blickt hinter die Kulissen der Ferienküste. Schaut den Einheimischen über die Schulter, beschreibt aber auch teils selbstironisch, teils kritisch (aber sehr vorsichtig formulierend ...) seine eigenen Erfahrungen beim Bau eines Ferienhauses. Erläutert den Erfolg einer deutschsprachigen Zeitung und folgt dem Duft der Orangen. Helge Sobik bietet somit dem Leser, der sich vielleicht gerade auf „seinem" Costa-Blanca-Strand sonnt, tiefgründige Einblicke, die es auch an einer zubetonierten Küste gibt. Picus Verlag, 2008.

●**Spanisch – Wort für Wort,** Kauderwelsch Bd. 16. Spanisch zum Einsteigen und Auffrischen, ermöglicht die schnelle Verständigung. Ergänzend hierzu gibt es den **AusspracheTrainer** auf Audio-CD. Eine Kombination von Lehrbuch und AusspracheTrainer bietet **Kauderwelsch digital,** die CD-ROM-Version des Kauderwelsch-Bandes. Mit ihr kann man bequem am heimischen PC üben. REISE KNOW-HOW Verlag.

●**Spanisch Slang,** Kauderwelsch Band 57. Alltagsspanisch für Fortgeschrittene, vom Autor dieses Buches. REISE KNOW-HOW Verlag.

●**Spanisch Kulinarisch,** Kauderwelsch Band 151. Die Verständigungshilfe für Restaurant und Supermarkt, mit Vokabeln von *tapa* bis *tortilla*. REISE KNOW-HOW Verlag.

Kleine Sprachhilfe

An der Costa Blanca wird Spanisch gesprochen. Valencianisch ist aber auch verbreitet, vor allem in den nördlicheren Regionen. Beide Sprachen leben heute gleichwertig nebeneinander. Viele Schilder sind zweisprachig gehalten. Die wichtigsten Floskeln werden deshalb hier sowohl auf Spanisch als auch auf Valencianisch vorgestellt.

Es können an dieser Stelle jedoch nur ein paar Phrasen genannt werden, die man schnell erlernen kann und auf die keine komplizierte Antwort zu erwarten ist. Das reicht natürlich nicht zur Kommunikation. Dazu ist wenigstens ein Volkshochschulkurs nötig. Angebracht ist aber auch ein vertiefender Blick in den Kauderwelschband Nr. 16 **„Spanisch – Wort für Wort"** aus diesem Verlag. Er führt den Leser auf leichte, aber unterhaltsame Weise in das Sprachsystem ein.

Aussprache und Betonung

Spanisch

Zur **Aussprache:**

●Jedes Wort wird so ausgesprochen, wie es geschrieben wird, d.h. es werden keine Buchstaben zusammengezogen.
Beispiel: *bien* (gut) wird „bi-en" gesprochen.

●Einzige Ausnahme: **gue** und **gui** werden „ge" und „gi" gesprochen.
Beispiel: *guerra* (Krieg) – „gerra"

●**c** wird weich gesprochen, wie englisches „th", wenn „e" oder „i" folgt.

●**c** wird wie „k" gesprochen, wenn a, u, o folgt. Beispiel: *casa* (Haus) – „kasa".

●**ch** – „tsch". Beispiel: *mucho* (viel) – „mutscho".

●**j** – „ch", wie in „acht". Beispiel: *Juan* – „chuan".

Anhang

●**ll** – „lj", fast wie deutsches „j". Beispiel: *Mallorca* – „Majorka".

●**ñ** – „nj". Beispiel: *España* – „Espanja".

Ein Hinweis auf ein vom Deutschen abweichendes Phänomen: Das umgedrehte Fragezeichen (¿) vor dem Fragesatz ist eine typische spanische Besonderheit. Analog wird vor einem Befehlssatz ein umgedrehtes Ausrufungszeichen gesetzt (¡).

Bei der **Betonung** gibt es **zwei Grundregeln:**

●Grundsätzlich werden die Wörter auf der vorletzten Silbe betont, wenn sie auf einem Vokal *(a, e, i, o, u)* bzw. auf *-n* oder *-s* enden.

●Endet ein Wort auf einem Konsonanten (außer: *-n* und *-s)*, wird die letzte Silbe betont.

●Abweichungen von dieser Regel zeigen die Akzente an. In diesem Fall wird dann der Buchstabe betont, über dem der Akzent steht.

Valencia-
nisch
●Die **Betonungsregeln** lauten wie im Spanischen, die Betonung liegt meist auf der vorletzten Silbe. Steht ein Akzent auf einem Buchstaben, wird dieser betont. Wörter, die auf *-r* enden, werden auf der letzten Silbe betont.

●Es gilt ebenfalls, dass die Worte so **ausgesprochen** werden, wie sie geschrieben sind, also auch bei französisch anmutenden Begriffen nicht in eine französische Aussprache fallen.

●Unbekannt dürfte die Buchstabenkombination **ll** sein, hier wird das „l" lang ausgesprochen, nicht zum „lj" zusammengezogen, wie im Spanischen.

●Die spanische ñ wird meist durch **ny** ersetzt und „nj" ausgesprochen.

●**tx** wird zu „tsch", wie in „Matsch".

●Ähnlich hören sich **eig, aig, uig, oig** an, sie werden „tsch" gesprochen, also *Passeig* = „Passetsch".

●**ç** wie in *Plaça* (Platz) wird wie „ß" gesprochen, also: „Plassa".

●**tge** oder **tje** wie in *Platges* (Strände) oder *Platja* (Strand) wird wie „dsch" gesprochen, also wie „Pladsche" oder „Pladscha".

Wichtige Begriffe und Phrasen

	Deutsch	Spanisch	Valencianisch
Höflich-	Hallo	*hola*	*hola*
keits-	Guten Tag	*Buenos días*	*Bon dia*
floskeln	Auf Wiedersehen	*Adiós*	*Adéu*

	Gute Nacht	*Buenas noches*	*Bona nit*
	Bis später	*Hasta luego*	*Fins després*
	Wie heißt du?	*¿Cómo te llamas?*	*Com et dius?*
	Ich heiße	*Me llamo...*	*Em dic...*
	Wie geht's?	*¿Cómo estás?*	*Com estàs?*
	Sehr gut, danke	*Muy bien, gracias*	*Molt bé, gràcies*
	Bitte	*Por favor*	*Si us plau*
	Vielen Dank	*Muchas gracias*	*Moltes gràcies*
	Gern geschehen, macht nichts	*De nada*	*De rès*
	Ja	*Sí*	*Sí*
	Nein	*No*	*No*
	In Ordnung	*Vale*	*Val, d'acord*
Verständigung	Ich verstehe nichts	*No entiendo*	*No entenc*
	Sprechen Sie Deutsch?	*¿Habla Usted alemán?*	*Parla alemany?*
	Tut mir Leid, ich spreche kein Spanisch	*Lo siento, no hablo español*	*Ho sento, no parlo espanyol*
	Tut mir Leid, ich spreche kein Katalanisch	*Lo siento, no hablo catalán*	*Ho sento, no parlo català*
Zeiten	Jetzt	*Ahora*	*Ara*
	Spät	*Tarde*	*Tard*
	Später	*Más tarde*	*Més tard, després*
	(der) Morgen	*Mañana*	*Matí*
	Nachmittag	*Tarde*	*Tarda*
	Nacht	*Noche*	*Nit*
	Gestern	*Ayer*	*Ahir*
	Heute	*Hoy*	*Avui*
	Morgen	*Mañana*	*Demà*
	Tag	*Día*	*Dia*
	Woche	*Semana*	*Setmana*
	Monat	*Més*	*Mes*
	Jahr	*Año*	*Any*

Anhang

Wochen-tage	Montag	*Lunes*	*Dilluns*
	Dienstag	*Martes*	*Dimarts*
	Mittwoch	*Miércoles*	*Dimecres*
	Donnerstag	*Jueves*	*Dijous*
	Freitag	*Viernes*	*Divendres*
	Samstag	*Sábado*	*Dissabte*
	Sonntag	*Domingo*	*Diumenge*

Monate	Januar	*Enero*	*Gener*
	Februar	*Febrero*	*Febrer*
	März	*Marzo*	*Març*
	April	*Abril*	*Abril*
	Mai	*Mayo*	*Maig*
	Juni	*Junio*	*Juny*
	Juli	*Julio*	*Juliol*
	August	*Agosto*	*Agost*
	September	*Septiembre*	*Setembre*
	Oktober	*Octubre*	*Octubre*
	November	*Noviembre*	*Novembre*
	Dezember	*Diciembre*	*Desembre*

Straßen	Straße	*Calle*	*Carrer*
	Platz	*Plaza*	*Plaça*
	Prachtstraße	*Avenida*	*Avinguda*
	Promenade	*Paseo*	*Passeig*

Touristi-sche Begriffe	Geschlossen	*Cerrado*	*Tancat*
	Geöffnet	*Abierto*	*Obert*
	Toiletten	*Servicio*	*Serveis*
	Toiletten	*Baño*	*Bany*
	Männer	*Hombres*	*Homes*
	Frauen	*Señoras*	*Dones*
	Doppelzimmer	*Habitación doble*	*Habitació doble*
	Einzelzimmer	*Habitación simple*	*Habitació senzilla*
	Zimmer ...	*Habitación*	*Habitació*
	... mit Bad	*... con baño*	*... amb bany*
	... mit Dusche	*... con ducha*	*...amb dutxa*
	Flugplatz	*Aeropuerto*	*Aeroport*

Hafen	*Puerto*	*Port*
Bahnhof	*Estación de tren*	*Estació de tren*
Busbahnhof	*Terminal de ... ... Autobús*	*Estació d' ... ... autobusos*
Preis	*Precio*	*Preu*
Eintritt	*Entrada*	*Entrada*
Eintrittskarte	*Billete*	*Bitllet*
Rückfahrkarte	*Billete de ida ...*	*Bitllet d'anada ...*
	... y vuelta	*... i tornada*

Wichtige Phrasen	Wie teuer ist es?	*¿Cuánto vale?*	*Quant val?*
	Wie kann ich ... nach ... gehen?	*¿Cómo podría ... ... ir a ...?*	*Com puc ... ... anar a ...?*
	Wo liegt ...?	*¿Dónde está ...?*	*A on està ...?*
	Wie spät ist es?	*¿Qué hora es?*	*Quina hora és?*
	Ich suche ...	*Estoy buscando ...*	*Estic buscant ...*
	Ich benötige...	*Necesito ...*	*Necessito ...*
	Ich möchte...	*Quiero ...*	*Vull...*
	Ich hätte gerne...	*Querría ...*	*Voldría ...*
	Geben Sie mir...	*Déme ...*	*Doni'm ...*
	Haben Sie...?	*¿Tiene ... ?*	*Té ... ?*

Zahlen	0	*cero*	*zero*
	1	*uno*	*un/una*
		(aber: un kilo, una cerveza)	
	2	*dos*	*dos/dues*
	3	*tres*	*tres*
	4	*cuatro*	*quatre*
	5	*cinco*	*cinc*
	6	*seis*	*sis*
	7	*siete*	*set*
	8	*ocho*	*vuit*
	9	*nueve*	*nou*
	10	*diez*	*deu*
	11	*once*	*onze*
	12	*doce*	*dotze*

Anhang

13	*trece*	*tretze*
14	*catorce*	*catorze*
15	*quince*	*quinze*
16	*dieciséis*	*setze*
17	*diecisiete*	*disset*
18	*dieciocho*	*divuit*
19	*diecinueve*	*dinou*
20	*veinte*	*vint*
21	*veintiuno*	*vint-i-un*
22	*veintidós*	*vint-i-dos*
29	*veintinueve*	*vint-i-nou*
30	*treinta*	*trenta*
31	*treinta y uno*	*trenta-i-un*
40	*cuarenta*	*quaranta*
50	*cincuenta*	*cinquanta*
60	*sesenta*	*seixanta*
70	*setenta*	*setanta*
80	*ochenta*	*vuitanta*
90	*noventa*	*noranta*
100	*cien*	*cent*
101	*ciento uno*	*cent u*
102	*ciento dos*	*cent dos*
110	*ciento diez*	*cent deu*
138	*ciento treinta y ocho*	*cent trenta-i-vuit*
200	*doscientos*	*dos-cent*
300	*trescientos*	*tres-cent*
400	*cuatrocientos*	*quatre-cent*
500	*qinientos*	*cinc-cent*
600	*seiscientos*	*sis-cent*
700	*setecientos*	*set-cent*
800	*ochocientos*	*vuit-cent*
900	*novecientos*	*nou-cent*
1000	*mil*	*mil*
2000	*dos mil*	*dos-mil*

Die Zahlen ab 1000 aufwärts werden wie im Deutschen gebildet, indem jeweils *mil* angehängt wird.

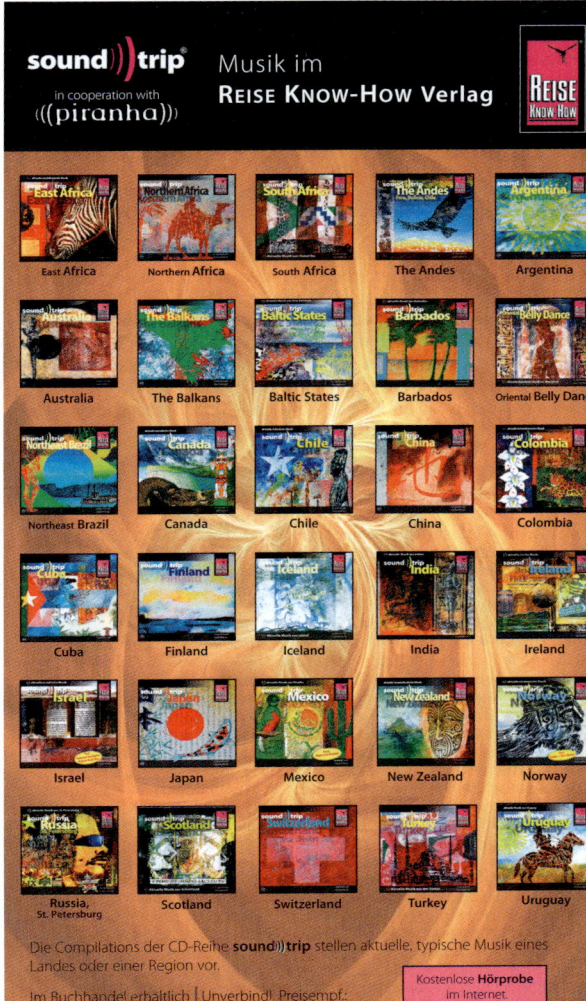
Anhang

HILFE!

Dieser Reiseführer ist gespickt mit unzähligen Adressen, Preisen, Tipps und Infos. Nur vor Ort kann überprüft werden, was noch stimmt, was sich verändert hat, ob Preise gestiegen oder gefallen sind, ob ein Hotel, ein Restaurant immer noch empfehlenswert ist oder nicht mehr, ob ein Ziel noch oder jetzt erreichbar ist, ob es eine lohnende Alternative gibt usw.

Unsere Autoren sind zwar stetig unterwegs und versuchen, alle zwei Jahre eine komplette Aktualisierung zu erstellen, aber auf die Mithilfe von Reisenden können sie nicht verzichten.

Darum: Schreiben Sie uns, was sich geändert hat, was besser sein könnte, was gestrichen bzw. ergänzt werden soll. Nur so bleibt dieses Buch immer aktuell und zuverlässig. Wenn sich die Infos direkt auf das Buch beziehen, würde die Seitenangabe uns die Arbeit sehr erleichtern. Gut verwertbare Informationen belohnt der Verlag mit einem Sprechführer Ihrer Wahl aus der über 220 Bände umfassenden Reihe „Kauderwelsch" (siehe unten).

Bitte schreiben Sie an: REISE KNOW-HOW Verlag Peter Rump GmbH, Postfach 140666, D-33626 Bielefeld, E-mail: info@reise-know-how.de
Danke!

Kauderwelsch-Sprechführer – sprechen und verstehen rund um den Globus

Afrikaans ● Albanisch ● Amerikanisch – *American Slang, More American Slang,* Amerikanisch oder Britisch? ● Amharisch ● Arabisch – Hocharabisch, für Ägypten, Algerien, Golfstaaten, Irak, Jemen, Marokko, ● Palästina & Syrien, Sudan, Tunesien ● Armenisch ● *Bairisch* ● Balinesisch ● Baskisch ● Bengali ● *Berlinerisch* ● Brasilianisch ● Bulgarisch ● Burmesisch ● Cebuano ● Chinesisch – Hochchinesisch, kulinarisch ● Dänisch ● Deutsch – *Allemand, Almanca, Duits, German, Nemjetzkii, Tedesco* ● *Elsässisch* – *British Slang, Australian Slang, Canadian Slang, Neuseeland Slang,* für Australien, für Indien ● Färöisch ● Esperanto ● Estnisch ● Finnisch ● Französisch – für Restaurant & Supermarkt, für den Senegal, für Tunesien, *Französisch Slang, Franko-Kanadisch* ● Galicisch ● Georgisch ● Griechisch ● Guarani ● Gujarati ● Hausa ● Hebräisch ● Hieroglyphisch ● Hindi ● Indonesisch ● Irisch-Gälisch ● Isländisch ● Italienisch – *Italienisch Slang,* für Opernfans, kulinarisch ● Japanisch ● Javanisch ● Jiddisch ● Kantonesisch ● Kasachisch ● Katalanisch ● Khmer ● Kirgisisch ● Kisuaheli ● Kinyarwanda ● *Kölsch* ● Koreanisch ● Kreol für Trinidad & Tobago ● Kroatisch ● Kurdisch ● Laotisch ● Lettisch ● Lëtzebuergesch ● Lingala ● Litauisch ● Madagassisch ● Mazedonisch ● Malaiisch ● Mallorquinisch ● Maltesisch ● Mandinka ● Marathi ● Mongolisch ● Nepali ● Niederländisch – *Niederländisch Slang,* Flämisch ● Norwegisch ● Paschto ● Patois ● Persisch ● Pidgin-English ● *Plattdüütsch* ● Polnisch ● Portugiesisch ● Punjabi ● Quechua ● *Ruhrdeutsch* ● Rumänisch ● Russisch ● *Sächsisch* ● *Schwäbisch* ● Schwedisch ● *Schwiizertüütsch* ● *Scots* ● Serbisch ● Singhalesisch ● Sizilianisch ● Slowakisch ● Slowenisch ● Spanisch – *Spanisch Slang,* für Lateinamerika, für Argentinien, Chile, Costa Rica, Cuba, Dominikanische Republik, Ecuador, Guatemala, Honduras, Mexiko, Nicaragua, Panama, Peru, Venezuela, kulinarisch ● Tadschikisch ● Tagalog ● Tamil ● Tatarisch ● Thai ● Tibetisch ● Tschechisch ● Türkisch ● Twi ● Ukrainisch ● Ungarisch ● Urdu ● Usbekisch ● Vietnamesisch ● Walisisch ● Weißrussisch ● *Wienerisch* ● Wolof ● Xhosa

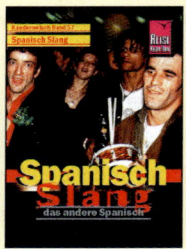

Anhang

REISE KNOW-HOW
das komplette Programm
fürs Reisen und Entdecken

**Weit über 1000 Reiseführer, Landkarten, Sprachführer und Audio-CDs
liefern unverzichtbare Reiseinformationen und faszinierende Urlaubsideen
für die ganze Welt – *professionell, aktuell und unabhängig***

Reiseführer: komplette praktische Reisehandbücher für fast alle touristisch interessanten Länder und Gebiete **CityGuides:** umfassende, informative Führer durch die schönsten Metropolen **CityTrip:** kompakte Stadtführer für den individuellen Kurztrip **world mapping project:** moderne, aktuelle Landkarten für die ganze Welt **Edition REISE KNOW-HOW:** außergewöhnliche Geschichten, Reportagen und Abenteuerberichte **Kauderwelsch:** die umfangreichste Sprachführerreihe der Welt **Kauderwelsch digital:** die Sprachführer als eBook mit Sprachausgabe **KulturSchock:** fundierte Kulturführer geben Orientierungshilfen im fremden Alltag **PANORAMA:** erstklassige Bildbände über spannende Regionen und fremde Kulturen **PRAXIS:** kompakte Ratgeber zu Sachfragen rund ums Thema Reisen **Rad & Bike:** praktische Infos für Radurlauber und packende Berichte von extremen Touren **sound)))trip:** Musik-CDs mit aktueller Musik eines Landes oder einer Region **Wanderführer:** umfassende Begleiter durch die schönsten europäischen Wanderregionen **Wohnmobil-TourGuides:** die speziellen Bordbücher für Wohnmobilisten

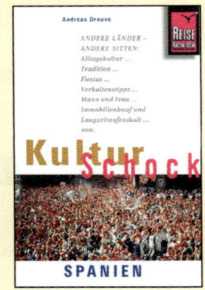
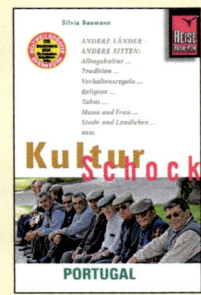
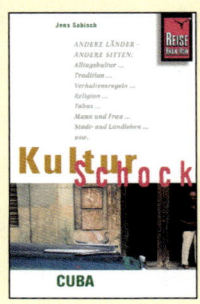

Anhang

Register

Anhang

Anhang

408cb Foto: he

Der Autor

Hans-Jürgen Fründt rauschte 1975 als gehetzter Interrailer erstmals durch Spanien. 1984 kam er dann als Sprachstudent nach Madrid. Seitdem beschäftigt er sich auch journalistisch mit Spanien. Mittlerweile sind insgesamt 15 Bücher über das Land entstanden, erschienen in drei Verlagen. Ein Titel wurde bereits in mehrere Sprachen übersetzt. Insgesamt hat Fründt inzwischen 45 Bücher geschrieben, für mehrere Verlage. Neben Spanien, das fast so etwas wie die zweite Heimat des Autors geworden ist, schreibt er auch über seine erste Heimat, Schleswig-Holstein. Im REISE KNOW-HOW Verlag sind insgesamt vier Titel zum Land zwischen den Meeren erschienen („Sylt", „Fehmarn", „Ostseeküste Schleswig-Holstein" und „Nordseeküste Schleswig-Holstein"). Als kleines Schmankerl publiziert er seit über 20 Jahren zur Dominikanischen Republik, u.a. auch bei REISE KNOW-HOW. Dieser geballte Erfahrungsschatz schlug sich mittlerweile in mehreren Artikeln für alle großen deutschen Reisemagazine nieder.